植民地・こども・「新教育」

植民地教育史研究年報◉2011年………14

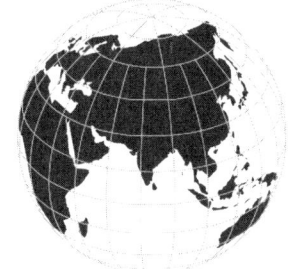

日本植民地教育史研究会

皓星社

植民地・こども・「新教育」

2011　植民地教育史年報　第14号　目次

巻頭言 ……………………………………………………………… 西尾達雄　3

Ⅰ．シンポジウム　植民地と新教育――1920年代を中心に――

シンポジウム開催趣旨……………………………………………… 佐藤広美　8
『南満教育』における新教育の思潮 ……………………………… 山本一生　11
『台湾教育』と『第一教育』に見る新教育 ……………………… 岡部芳広　29
植民地期朝鮮における「新教育」
　　――『文教の朝鮮』の言語教授法記事を中心に―― ……… 韓 炫精　42

Ⅱ．研究論文

日本統治下台湾の「国語講習所」における社会的指導の実際
　　――新竹州「関西庄国語講習所」の日誌（1937）より――… 藤森智子　66
植民地期朝鮮における初等教科書の'伝記物語'の考察
　　――'人物の目録'と'挿絵'の特徴を中心に―― …………… 韓 炫精　90
植民地下における朝鮮人母親の「皇国臣民」化と「国語」教育 … 有松しづよ　109
「満洲国」初等教育就学者数の推移とその分析 ………………… 黒川直美　126
「昭南島」における「文化人」
　　――こども向け新聞からの考察―― ………………………… 松岡昌和　141
旧南洋群島公学校補習科教科書『地理書』をめぐる諸問題
　　――委任統治政策との関わりにおいて―― ………………… 小林茂子　160

Ⅲ．研究資料

在日コリアン一世の学校経験――李殷直氏の場合――
　　………………………………………… 李省展・佐藤由美・芳賀普子　180
小原國芳の旧外地における新教育啓蒙活動について…………… 白柳弘幸　199

Ⅳ．旅の記録

台湾教育史遺構調査（その4） …………………………………… 白柳弘幸　210
朝鮮人学徒「志願兵」たちの記念碑「1・20碑」
　　韓国ソウル　東星中高等学校キャンパス…………………… 芳賀普子　217

Ⅴ．書評

稲葉継雄著『朝鮮植民地教育政策史の再検討』………………… 佐藤由美　226
国分麻里著『植民地期朝鮮の歴史教育』………………………… 佐藤広美　235

Ⅵ．図書紹介

笹川紀勝他著『日本の植民地支配の実態と過去の清算
　　―東アジアの平和と共生に向けて』………………………… 西尾達雄　244

王徳威著『叙事詩の時代の抒情　江文也の音楽と詩作』………… 岡部芳広　255
阿部洋編著『日本植民地教育政策史料集成（台湾篇）』
　　第95巻〜第106巻 ……………………………………… 弘谷多喜夫　259
上甲まち子他著
　　『植民地・朝鮮の子どもたちと生きた教師　上甲米太郎』…… 佐野通夫　262

VI．彙報 ………………………………………………………… 白柳弘幸　267

編集後記…………………………………………… 岡部芳広、佐野通夫　273
著者紹介……………………………………………………………………… 274
CONTENTS ………………………………………………………………… 276

巻頭言

西尾達雄＊

　"フクシマ"から一年が経とうとしている。福島第一原発から約20キロにサッカー練習施設「Ｊヴィレッジ」がある。福島県浜通り南部の広野町と楢葉町に跨がって立地している。原発事故に伴い、2011年3月15日以降スポーツ施設としては全面閉鎖し、国が管理する原発事故の対応拠点となっている。この施設は、東京電力によって原発増設の「見返り」として130億円をかけて建設され、地域振興事業の一環として福島県に寄付され、日本サッカー協会とＪリーグの出資によって設立されたものであった。このことが多くの人々に知らされたのは、まさにこの事故によってである。11面の天然芝とスタジアム、近代的なトレーニングルームを持ち、1997年に建設されて以降、日本代表から少年団に至るまで、約100万人が施設を利用してきたという。地域経済に与えた影響も大きく、ナショナルセンターとして日本サッカーの発展に寄与してきたことは間違いない。日本サッカー協会は、Ｊヴィレッジがいつの日か地域復興とともに復活し、再び日本サッカーの強化・普及に貢献してくれることを心待ちにしていると、表明している。しかし、"トイレのないマンション"といわれる原発そのものの危険性、巨大地震が予測される今日、待つだけではなく、そのあり方を含めて、スポーツマンとしてのフェアーな精神を発揮した提言が必要ではないか。

　私は、若い頃サッカーをやっていた。朝鮮体育・スポーツ史を調べるきっかけも、なぜ韓国や北朝鮮のサッカーは強いのか、ということであった。今は、見るのが楽しみになっている。その一つがワールドカップ（Ｗ

＊北海道大学教員

杯）の観戦。日本がはじめてW杯に参加を決めたのが1997年11月16日、マレーシアのジョホールバルで行われた試合である。マスコミはこれを"ジョホールバルの歓喜"と呼び、日本サッカー史上に輝く快挙となっている。しかし、私たちの世代でも、この燦然と輝く都市名にハッとした人は少なかったのではないだろうか。

　1942年1月31日、日本軍は、太平洋戦争初期にイギリス領マレーおよびシンガポールへの侵攻作戦を展開した。山下奉文将軍率いる軍が占領したのがジョホールバルであった。ここを拠点に2月8日、シンガポール占領をめざし、ジョホール海峡を渡った。占領されたシンガポールは昭南市とされ日本軍政下におかれた。しかし、猛烈な反日運動が起こり、大量の中国系住民が虐殺された。その戦争記念碑（The Civilian War Memorial）がシンガポールのダウンタウンに建っている。

　この事実は、今も教育を通して次の世代に伝えられている。シンガポール在住のA氏によれば、「シンガポールでは日本統治時代を忘れない教育が徹底していた」という。

　「息子は地元の幼稚園に通ったが、参観日には必ずシンガポールの歴史を辿る劇があり、シンガポール人が鉄砲を持った日本兵に連行される場面を幼稚園児が演じた。8月9日の建国記念日には日本軍の残虐さをアピールするマスゲームがあるし、観光地であるセントーサ島の降伏館にはブキティマ高地の戦闘後に山下奉文がイギリス軍に降伏を求める場面や、逆に1945年にイギリス軍に日本軍人が降伏する様子が蝋人形で表現されている。テレビでは毎週のように占領時代に肉親が日本兵に連行され拷問を受けたことなど戦時中の出来事を証言する番組が放映されていた。」

　「しかし」とつづけてA氏は、さらに次のように述べている。

　「それは反日感情には向かわず、愛国心を忘れると他国に国を蹂躙されるという愛国教育に使われていたように思う。私の周りにいたシンガポール人は過去と現在や未来を割り切って考えていたようで、基本的に親日派だった。そのため、シンガポール生活において、日本が過去にしたことで非難されるようなことはなかった。ただし、日本統治時代に対する現地の人々の思いを忘れず理解し尊重することが重要で、彼らを刺激するような不用意な発言をしないように注意していた。」「加害者の子

孫としての日本人であることを忘れては、シンガポールをはじめ大戦中に侵略した国々の人とほんとうの友人にはなれないと思う。」

　A氏の認識に異論があるかも知れない。しかし、A氏が言うように、過去を忘れず、日本が植民地・占領地において何をしたのか、その事実をきちんと知ることは大切である。

　ジョホールバルは、「歓喜」の地だけではなく、「日本の侵略と虐殺」の歴史を背負っていることも理解しなければならない。そこで日本が行った教育事実を解明し、そこに生きる人々に「信」を得ることが本会の出発点である。

　私たちは今、会員を中心に2010年から2012年までの科研費プロジェクトを行っている。テーマは、「日本植民地・占領地教科書と『新教育』に関する総合的研究～学校教育と社会教育から」である。これまで資料収集と6回の報告会を行い、本研究の方向性とそれぞれの課題を明確にしてきた。その活動の成果の一つが昨年6月に開かれたシンポジウム「植民地と『新教育』——1920年代を中心に——」である。当日の内容は、本誌に掲載されている。コーディネーターの高い要求に新鋭の論者が果敢に挑んだものである。そこでは、1920年代の教育雑誌を通した満州、朝鮮、台湾の教育事実の特徴が示されている。今年3月のシンポジウムは、この成果を受けて計画されている。韓国、台湾、日本から教育史研究者を招き、1930年代の教育事実の解明と「新教育」の関わりを比較検討しようとするものである。どのような成果が生まれるか、大いに期待したい。そしてこの活動が本誌の充実と本会の発展に繋がり、会員諸氏の研究に貢献できることを願っている。

Ⅰ．シンポジウム

植民地と新教育
――1920年代を中心に――

シンポジウム開催趣旨

佐藤広美*

　コーディネーター役佐藤広美と報告者の山本一生（満州）、岡部芳広（台湾）、韓炫精（朝鮮）は、数度の集まりをもち、シンポジウムのねらいをどうするのかを話し合ってきた。結論は、3者共通の課題を設けて、参加者に議論の素材を提供してみる、ということにした。すなわち、1920年代における、それぞれの地域の「教育会」の機関誌を中心にして、新教育に関わる論文や記事をていねいに紹介し、その違いや共通性などを描き出してみる、ということである。雑誌に書かれた新教育の思想や実践が、いかに「同化」「植民地主義」と関わっているのか、という議論の呼び水になることを期待してである。朝鮮は『文教の朝鮮』が、満州は『南満教育』が、台湾は『台湾教育会』が、対象になるだろう。

　たとえば、『南満教育』には、松月秀雄が「ダルトン・プラン」（1924年4月）、畑中幸之助が「能力別学級編成について」（1925年2月）、秋山真造が「修養教育と職業教育」（1925年9月）を論じている。こうした論文は数多い。これらはいったいどのような評価を今日得るであろうか。さらに、1925年に、大正期新教育運動のオピニオンリーダーである沢柳政太郎が中国に赴き、「日本人の位置」（11月）を書いている。おそらくその中身は、彼の「東洋主義」「文化的汎アジア主義」ではなかったか。山本はこれらをいかに「料理」してみせてくれるのか、興味深い。山本の報告を含め、岡部、韓のそれぞれが期待されるだろう。

2

　「新教育と植民地――1920年代を中心に――」というテーマは、いったい、どのような問題を問うことになるのか。第一に思うことは、この

---

*東京家政学院大学教員

テーマは、近代日本教育史の展開において、日本国内と植民地との関連を鋭く問う問題関心をもつということである。

大正期新教育に関する代表的研究に、中野光の『大正自由教育の研究』(1968年)がある。この本は、新教育を帝国主義との関連で解いた研究であり、その第1章は「「新教育」の胎動と帝国主義への志向」となっていた。また、堀尾輝久は、新教育を天皇制との関連で、あるいは、日本ファッシズムとの関連で、分析した(『天皇制国家と教育』1987年)。臣民→公民→皇民の人間像を提示し、皇民は、公民(大正期)を媒介にして大衆的基盤を獲得した臣民であった、という図式は有名であった。

これら「帝国主義と新教育」、「天皇制(日本ファッシズム)と新教育」というテーマに対し、「植民地と新教育」は、いったい、どのような新たな意味をもつのだろうか。それが明らかにされなければならない。

あきらかに、中野や堀尾の研究は、植民地における新教育の実際に触れることは少ない。日本国内の政治力学の文脈で語られていると、とりあえず言うことが出来よう。

植民地と新教育は、どのような、新しさを示すことが出来るのだろうか。すぐに思いつくのは、抑圧された側、支配された側、差別された側からの、視点がより強く打ち出されてくるということであるが、どうだろうか。このテーマに含まれるだろう内容豊かな観点を明らかにしていきたいと思う。

先の中野、堀尾の研究に対抗する「遺産史的」研究もある。戦後教育改革を遺産継承の視点で捉える研究などもその例だろう。こうした研究に対しても、植民地と新教育というテーマは、何をあらたに語ることになるのか。突きつめてみたい。

3

第二に、時期区分に関してである。1920年代は、あきらかに、新教育運動の本格的展開期である。しかし、日本国内では、1920年代後半には、この運動は衰退する。そうであれば、まずは、1910年代における、とくに第一次世界大戦を挟んだ支配層の危機感をもっと重視して、それとの関連で新教育を分析する必要性がある。西洋近代に対する国際性の獲得と一方におけるアジア主義とのせめぎ合いの構図のなかでの新教育理解ともいえるだろうか。朝鮮でいえば、やはり、1910年の韓国併合

や1919年の独立運動等を入れた、総括である。1920年代は、その前史を当然に意識しなければならない。

　また、次の1930年代も問題になる。1920年代の新教育は、1930年代にはいって、どのように変容していったのか。それを「変容」としてとらえていいのかどうか、をも含めて検討する必要があるだろう。1920年代の新教育は、1930年代の総括をもってはじめてその本質が理解される、といえないだろうか。

　思うに、これも直感だが、植民地の教育こそ、「新教育でなければならなかった」といえるのではないだろうか。似而非児童中心主義こそ、支配の最先端であり、実験場であった植民地に適応できたし、それが有効であったのではないだろうか。そのような仮説も検討に値するように思う。植民地教育における内地延長主義と現地適応主義との関連や、日本国内への逆流（実験的成果の国内への環流）現象の検討も、植民地と新教育というテーマを置くことで、かえって、解きやすくなる、ということはないだろうか。

4

　第三に、最後に問いたいことは、植民地主義批判に関わってである。たとえば、吉野作造は、1919年の朝鮮独立運動や、あるいは、1920年代前半の関東大震災に関わっての論文で、日本の植民地主義批判や日本の帝国主義に対する朝鮮民族解放闘争への共感を示した。この吉野の「批判」や「共感」は、私にとって驚きだし、新鮮であった。問題にしたいことは、こうした吉野の思想と比べて、では、新教育の思想家や実践者は、どうであったのか。その違いを問いたいと思う。この問いは、国家と教育、政治と教育の関連を問う、深い理論問題に通じるだろう。

5

　上記2から4までのことは、あくまで、佐藤個人の問題関心であった。「新教育と植民地」のテーマは、もっと多様な論点があってしかるべきだと思うし、当日の討論では、そうあることを期待したい。

　3人の報告者は、きっと、多様な論点をつくる、ていねいな話しをしてくれるにちがいない。

『南満教育』における新教育の思潮

山本一生＊

はじめに

　本報告は、1920年代の満洲（本報告では関東州と満鉄沿線に限定する）において、なぜ新教育が展開したのか、教育雑誌『南満教育』を通してその軌跡を描き出すことを目的とする[1]。この雑誌を分析対象とすることで、日本の対外侵略と新教育との関係を具体的に探る。こうした問題関心から参考となるのが、磯田一雄の研究である。磯田は帝国主義的な教育と児童中心主義との関係について以下のように指摘している。

> 　大正新教育運動は、樋口勘次郎や谷本富に見られるように、その初期には海外に雄飛して日本の国家の発展に役立つような人物を育てる帝国主義的な教育を目ざしていたが、やがて児童中心主義の影響を受けて、子どもの興味や個性的な発達によりふさわしい教育を求める運動へと路線を転換していく、というように見られている。だが右の二つの側面は必ずしも切り離されるものではない、ということが特に植民地「満洲」においてはいえるのではないだろうか[2]。

　このように磯田は「帝国主義的な教育」と「児童中心主義」とが矛盾しないことを指摘している。この点で参考となるのが、今井康雄の新教育についての解釈である。今井は「新教育は、子どもの自発性を抑圧する硬直した学校教育のあり方に対する批判の運動であるとともに、国家を自発的に支える主体的国民の形成、という時代の要請に応える教育で

＊日本学術振興会特別研究員

もあった」と指摘している[3]。そこで本報告ではこの今井の新教育解釈に基づき、新教育が満洲でどのように展開したのか、教育雑誌『南満教育』を通して新教育と植民地教育との関係を論じる。その際、第一に主知主義的教育批判ないし画一教育批判、第二に児童中心主義を基準とし、こうした思想によって国家を支える主体的国民の形成を志向する記事を取り上げる。

『南満教育』を分析する上で参考となるのが、満洲国における日本語教育に関する川村湊の指摘である[4]。現地人に対する日本語教育は「美文や名文をなぞって形式だけは立派な作文を書くという、古い形式の作文教育が行われていた」(p.161)が、満洲の日本人子弟への作文教育は「対象をよく観察すること、見たままを書き、余計なレトリックや調子によって美文化せず、しかも思った通り、感じた通りにそのまま正直に書く」(p.163)ことが求められていたという。この点を踏まえ、川村は「満洲国における日本語教育の「作文教育」の二重基準（ダブルスタンダード）」(p.164)があるのではないか、と指摘している。しかし、満洲での新教育は「現地人＝旧教育／日本人＝新教育」という二項対立図式のみで捉えてよいのだろうか。本報告では『南満教育』から満洲国以前の新教育に基づく日本語教育実践を紹介することで、この構図に若干の修正を加える。

1．1920年代における満洲新教育の系譜

満洲における新教育は、どのような主体によって担われたのだろうか。まず取り上げるべき主体は、南満洲鉄道株式会社（以下単に「満鉄」とする）である。満鉄では学務課長保々隆矣を中心にして、満鉄教育研究所を満洲教育専門学校（以下教専と略称）に改組し、附属小学校でのダルトンプランの実践など組織として新教育に取り組んだ。この満鉄新教育とでもいうべき新教育の中心地が、奉天であった。なお満鉄新教育の実践については、教専の同窓会である陵南会発行の『満洲忘じがたし』をはじめ、野村章[5]や竹中憲一[6]が取り上げている。ここでは先行研究について詳細に検討する余裕はないが、いずれも「師範タイプ」を批判

した保々隆矣に注目している点においては共通している。

　一方、関東州を中心とする新教育の系譜があった。その主体は南満洲教育会教科書編輯部である。この組織は満鉄と関東庁の共同事業として設立され、『満洲補充読本』など現地に適応する教材作りの中心的存在となった。従来この編輯部で注目を集めてきた人物が石森延男であり、磯田一雄を中心に研究がなされている[7]。

　このように、満鉄と教科書編輯部が日本側の統治機構による組織だった新教育の主体と言えよう。その一方で、磯田が「「新教育」といっても、それはまことに多様な思想的背景を持って」いることを指摘し、その多様性に注目している[8]。すなわち、満洲における多様な「新教育」の姿を検討することが求められよう。その多様性とは、管轄学校全体での教材の開発といった大規模な教育政策だけでなく、学校ごと（さらには教員ごと）といった小規模な「新教育」実践に注目する必要がある。そこで本報告では南満洲教育会が発行した教育雑誌『南満教育』を主な史料として、各学校における「新教育」実践の展開を分析する。

　なお、満洲において新教育を展開したのは日本側のみではない。槻木瑞生は、奉天の王荊山が設立した私立自強学校に言及し、地域エリートが日本の新教育との交流を行っていたことを指摘する[9]。しかし本報告では史料の性格上、満鉄及関東庁における日本側の教育しか追うことが出来ないことを予め付言しておく。

　以上満洲の新教育の系譜を概観してきた。その結果先行研究では満鉄や教科書編輯部といった日本の統治権力側の新教育の系譜が主な研究対象となってきたことがわかる。学校レベルでの研究となると、教専とその附属小学校を中心に行われてきた。その一方で、地域エリートが設立した学校での新教育への注目がなされつつある。こうした研究の蓄積を踏まえ、本報告では『南満教育』における新教育の実践がどのように行われたのか、学校レベルで把握することを試みる。

　本報告で検討する『南満教育』とはどのような資料なのか。まずは書誌情報を見ていこう。同誌は1909年11月20日に創刊された。なお発行母体の南満洲教育会は1909年8月5日に発足している。現在のところ確認できた37号（1924年1月発行）から155号（1935年12月発行）各号の目次に掲載された全執筆者数は591人であった。うち複数執筆者

が209人で、全体の35.4%であった。また団体の投稿は64件、筆名使用者は44人であった。所属別で見ると、判明分の延べ数は以下の通りである。満鉄は452人、うち小学校210人、公学堂82人、中等学校45人、視学43人、その他72人であった。関東庁は409人、うち小学校164人、公学堂65人、中等学校102人、視学6人、師範学堂24人、その他48人であった。教科書編輯部は42人であった。このように、満鉄の方が関東州より50人ほど多いものの、総じて満鉄と関東庁の教育関係者が投稿する雑誌であった。すなわち、『南満教育』は満洲教育界のおよその傾向を代表すると見なしてよいと考えられる。

以上書誌研究として『南満教育』を分析した。では満洲における新教育の勃興は、いつ頃から始まったのだろうか。以下では関東州における新教育について、『関東州教育史』から見ていこう。

> 学校開設当初から大正五六年頃までは概ね内地教育の延長に過ぎず教師中心主義の教授であつたが大正八九年頃から漸く覚醒期に入り教育の郷土化が重んぜられるに至り満洲補充教科書を編輯して一方教授の実際化を重んじて理科教授の振興を見るに至つた。次いで大正十二年頃から自学自習時間の特設、学級文庫、児童図書室が設置され、更に実験実測等による体験教育が濃厚に加味される様になつた。／然るに昭和二年頃になつてから、自発的学習の長所は尊重するも、教師の具案的なる指導の貴重な部面のあることを認め、教育の郷土化、経済化を図り個性調査の研究となり生活指導の教育実績を期せんとする様になつて来た[10]。

1917年ごろまでの「教師中心主義」、1919年頃から「覚醒期」、1927年頃から自発的学習と教師の指導との折衷期と時期区分ができよう。また「覚醒期」の1923年頃から「自学自習時間の特設、学級文庫、児童図書室が設置され、更に実験実測等による体験教育が濃厚に加味される様になつた」という。本報告ではこの「覚醒期」のうち、1923年以降を中心に検討することとなる。

どのような記事を「新教育」と見なすかは非常に困難であるが、本報告では主知主義的教育批判と児童中心主義が主張されている記事を中心

に、さらに現地化を主張する記事も「新教育」として抽出した。その結果、記事掲載の時期は1924年1月から1927年11月に亘った[11]。うち記事数は管見の限りでは173件である。こうして抽出した新教育関係の記事を①実践報告　②自説の主張という2つのパターンに分類した。以下ではこの2パターンを、それぞれの表を用いて分析する。

2-1.実践報告の特徴

【表1】実践報告

氏名	出身校	所属	記事題名（号数）
猿渡達喜		奉天公学堂	「自由発表主義話方教授の主張と実際（1）（2）」（40、41）
藤波銀次郎		鉄嶺尋常高等小学校	「尋常科第二学年の読方教授（1）（2）」（39、40）
加藤薫次		蓋平公学堂	「公学堂の綴り方」（41）
越川直作	東京師範学校	金州尋常高等小学校長	「我が校の林間聚落について」（52）
稲賀襄	広島高等師範学校	関東庁視学→旅順高女	「作文に現はれた女性の感想一斑」（54）
吉浦豊吉		大石橋小学校	「分離教室の実際（1）（2）（3）（4）（5）（6）（7）（8）（終焉）」（53、55、57、58、59、60、61、62、63）
安田伊三郎	福井師範学校	安藤尋常小学校	「私の試みつつある読方科の学習指導法（1）（2）」（46、47）
尾崎虎太郎	山口県師範学校	撫一小	「綴り方成績処理法管見」（68）「綴り方教授上の諸注意」（72）
黒原鶴彦		開原公学堂	「算術学習指導の態度」（68）
川村彦男		大連大正校	「綴方簿の研究」（68）
幼英		金魏普	「綴方簿の研究」（68）
奉天公学堂		奉天公学堂	「新しい試み（学校通信）」（71）
中谷定治	関西大学経済学科	熊岳城公学堂	「綴方指導案（上）（下）」（73、74）

表1を見ると、関東州（大連、旅順）からの実践報告は少ないことが分かる。すなわち、実践報告に関しては満鉄側が熱心であったといえよう。日本人教育に関して報告者の関心を引くのは安東と大石橋で行われた「能力別学級」である。そこで第一節では「能力別学級」を分析する。

現地人教育についてみると、奉天公学堂での実践報告が関心を引く。そこで第二節では奉天公学堂での実践を分析し、先に述べた川村湊の「現地人＝旧教育／日本人＝新教育」という構図に修正を加える。

2-1-1　安東小学校の能力別学級

この課題では近藤朝雄（安東小学校）と吉浦豊吉（大石橋小学校）の二人が『南満教育』に実践報告とその所感を掲載している。

近藤朝雄は「能力別編成に対する所感」（55号、1925年12月15日）において以下のように述べている。

> 我校に能力別学級編成を一部の学年に試行したのは、大正十一年七月から本年三月末まで二年と八箇月の日子を経過してゐる。而して多数の中等学校入学者を出したる結果、甚だしき児童数の減少を帰し、高等科まで継続して之が研究を続行する事能はずして、自然之が編成解散の時期に至つた。

安東小学校では1922年7月から一部の学年で能力別学級を実施していたが、中等学校入学者が増えたため高等科まで在籍する生徒が激減し、継続して能力別学級を続けることができなくなり、1925年3月に「自然之が編成解散の時期に至つた」という。このことから安東小学校では能力別学級を主に高等科で実施していたと考えられるが、中等学校進学者が増えたために児童数が減少してうまく機能しなくなったことが伺える。

さらに近藤は「劣等児は劣等児と交友し優児は優児として、一の城壁を設くるに至ることは、一人家庭生活に於て見得る現象のみならず、学校生活に於ても窺ひ得る事実であり、無邪気に伸びんとする児童に悪影響を及ぼしつつあることは明かに認められる」（p.33）と述べ、能力別に学級を分けること自体に疑問を抱いている。

2-1-2　大石橋小学校の分離教室

一方大石橋小学校ではどうだったのだろうか。吉浦豊吉は「分離教室の実際（1）」（53号、1925年10月15日）の中で「満鉄学務課では大石

橋小学校にこの種教育の研究を許した。其の結果生れたのが我が分離教室の制度で今や満二箇年半の経験を積み得たるを以て茲にその一端を発表する次第である」(p.42) と記し、大石橋での能力別学級（以下分離教室）は満鉄学務課の認可の下で実施されたことが分かる。吉浦は「今後の教育は、個人差に立脚した教育であらねばならぬ」という課題意識から「私が特殊教育研究といふ題目のもとに内地留学を命ぜられ劣等児、低能児の教育研究をなした」(p.46) という。

「分離教室の実際（2）」(55号、1925年12月15日) ではより具体的な実践報告が載せられる。生徒は成績、精神検査、知能指数、親の判断などに基づいて分類される。特に重要な基準となったのが、「知能検査法」であった。吉浦は以下のように述べている。

　　本校に於ては大正十一年十月より十二月までの間に於て幼稚園より尋常六年までの児童全部を久保学士の大正十一年式知能検査法により調査を完了したが其の結果によると個人差が多いことが驚く程で或学年の如きは精神年齢の分布が六箇年に亘つてゐる。これから見ると劣等児のみを特別指導して優秀児を放任すべきものではない。上下両階級の生徒を普通学級より切り離すべきものである事を痛切に感じた (p.15)

1922年末に幼稚園から尋常6年までを対象に、「久保学士の大正十一年式知能検査法」に基づいて調査を行った。その結果「精神年齢の分布」のばらつきが大きかったため「劣等児のみを特別指導して優秀児を放任すべきものではない」と判断し、「上下両階級の生徒を普通学級より切り離」すことを決定する。なお分離教室には「全部収容法」と「一部収容法」とがあり、大石橋小学校は後者を採用する。

なぜ「劣等児」が多いのかという問題について、吉浦は「満洲は内地の小都会などに比して入退学が甚だしく殊に内地より転じ来るものの内には数ヶ月学校生活を休んで居たものなどがあり従つて成績劣等者が多い」(p.21) のではないかと推測している。

では2年半の分離教室の実践の結果、吉浦はどのような結論に至ったのか。「分離教室の実際（終編）」(63号、1926年8月15日) では「劣等児以下に対する教育の効果は前に述べた如く自活出来得ざりしものも

自活し社会に害毒を流すものも教育の効果により害を流さぬやうに到るは社会の等しく認めてゐるところである」(p.50)とし、「劣等児」が「社会に害毒を流す」ことがなくなることが分離教室の効果だと述べている。さらに端的に、「手足まどひが取り除かれる事になるから非常に普通学級教授の能率を高めるのである」(p.56)とし、分離教室は「劣等児」を排除することで普通学級の能率を高めると結論づける。吉浦には近藤のような生徒を分離することへの戸惑いは見られない。

2－1－3　安東と大石橋の比較検討

　以上、安東と大石橋での能力別学級の実践報告を紹介した。両者を比較すると、安東の近藤は能力別学級に疑問を抱いたが、大石橋の吉浦は劣等児の分離は普通学級教授の能率を高めると評価している。

　なぜ、このような違いが生じたのか。以下の2点が考えられる。第一に、対象とする学年が高学年か、それとも全学年を含むのか、という違いである。安東では高学年を対象としたため、中等学校進学者が増えると高等科まで在籍する生徒が減少し、継続して能力別学級を編制することができなかった。一方大石橋では幼稚園から尋常6年まで網羅することで、対象生徒の減少に悩む必要はなかった。第二に、生徒を優劣によって分離することの是非である。安東の近藤は優劣によって生徒を分離することは「一の城壁を設くるに至」り、「児童に悪影響を及ぼしつつある」と否定的に評価している。一方で大石橋の吉浦は優劣による分離は効率を上げると積極的な評価を下している。

　安東と大石橋では他にどのような主張がなされていたのか。まずは安東から紹介する。矢野道雄「ダルトン案に対する考察（2）」(48号、1925年3月10日)ではダルトン案を批判的に検討している[12]。矢野は「児童の個人的全我的活動を高調する教育の立場から此の研究室制度は非常に価値があり、権威あるものであることは否定出来ぬ」(p.36)と高く評価しつつも、問題点として参考書の充実の困難、専門教師制度によって教師と児童との「霊的接触」が希薄となることを挙げている。さらに「現行国定教科書はダルトン案実施上支障なきや……請負制度を主義とするダルトン案の立場から現行国定教科書は果して満足なものであるか」(p.38)と国定教科書を批判し、「国定教科書の改刪を企てなけれ

ばならぬ難関が潜んではゐないか」(p.39)とまで主張する。

次に、能力別学級について報告した近藤朝雄の別の論考を見よう。「教育者の自覚」(43号、1924年9月20日)は安東小の『教育攻究会』の研究題目であった本題に対する意見である。新教育の隆盛下であっても教師の存在を重視し、「新教育の主張者の中には(…)教育者の存在的意味を軽視」しているのではないかと疑義を呈し、「教育者の存在的価値は、教育の事象の存在する限り軽視せらるべきものではない」(p.20)と主張する。さらに満洲と「内地」とを比較して、以下のように述べる。

> 満洲の教育者は、質に於て内地教育者の粋を集め、其の設備に於て殆ど完備し、家庭や社会民衆の多くは知識階級にある。従つて吾人教育者が奮起一番社会化の中心たるを自負し、社会民衆をして教育の事業に、価値的に参加せしむるに於ては、優に内地教育の進歩を凌駕するの可能性を有する事を、断言して憚らぬ (p.22)

満洲の教育者は「質に於て内地教育者の粋を集め」、家庭や社会民衆の多くが「知識階級」であるため、「内地教育の進歩を凌駕するの可能性」があるとまで主張している。以上の二人の論考から、安東小学校では新教育をかなり高いレベルで実践していたと考えられる。

つづいて、大石橋についてみていこう。校長の嶋田道隆は「我が校の訓育方針」(48号、1925年3月10日)において、同校の自治的訓練の組織としての「学友会」について紹介している。同会は大正12年10月に設立され、訓練要目は以下の通りである。

> 一、自律的自由によつて責任を自覚せしむること二、独立自治の観念を拡充して共同の必要を体得せしむること三、質実剛健の気風を作興して勤敏業に服するの習慣を養ふこと四、批判考察の能力を発揮して文化の改新をはかる風習を養ふこと五、国家的精神を旺盛ならしむると共に国際的人道的行動を正大ならしむること (p.17)

「自律的自由」「独立自治」「批判考察」「国家的精神」「国際的人道的行動」がキーワードである。つまり主体的人格の形成にその狙いがあったと考

えられる。こうした実践を中等教育以上ではなく、小学校段階で行った点にその特徴が伺える。このような方針を背景として、大石橋では吉浦のような生徒の分離を是とし、「国家を自発的に支える主体的国民の形成（今井）」を実践していたのである。

２−２．現地人教育に関して

２−２−１　語句練習

　加藤薫治（蓋平公学堂）は「公学堂の綴り方」（41 号、1924 年 6 月）の中で「公学堂の所謂綴り方は創作にあらずして語句使用の練習であると私は考へます」（p.30）と述べ、問答法・写生法・視写法・課題法・随意選題・訳文の紹介を行っている。「創作にあらずして語句使用の練習である」という主張に、川村が指摘するような「現地人＝旧教育」という認識が確かにあったことが伺える。

２−２−２　新教育を用いた公学堂での実践

　しかし、『南満教育』では「現地人＝旧教育」実践だけが報告されていたわけではない。一方で現地人の主体性を喚起する教育法も行われていたのである。以下では広瀬慶次（大連伏見台公学堂）と猿渡達喜（奉天公学堂）の実践報告を紹介する。

　まずは広瀬慶次「ダルトン案に対する公学堂教育の態度」（42 号、1924 年 7 月）を見よう。広瀬は「児童を敬せよ」というパーカーストが引用したエマースンの語を用い、「敬するところの源泉は立派な人間として、中華国民の次世代の建設者であるといふ意味に於てでなければならぬと信じて疑はないのである」（p.21）と主張する。すなわち日本の次世代を養成するのではなく、あくまで中華民国人の次世代を養成することを志すのである。具体的にどのように指導するのかという点については「日常の教授方法に於ては自学自習の良習慣をつけるやうに漸次導くがよいと思ふ」と、自学自習を取り入れることを提案している。

　つづいて、猿渡達喜「自由発表主義話方教授の主張と実際（1）（2）」（40 号、1924 年 4 月および 41 号、同年 6 月）を見よう。「奉天公学堂は、

日本語教授法を以て聞えた、鹿子生氏を堂長と戴いて居たので、（…）直接教授法につきては深く研究せしめられた」と、鹿子生儀三郎の存在を強調している。しかし猿渡は「心中なほ一点の不満なき能はざるところがあつた」として鹿子生の直接教授法に不満を抱いていた。そのような時、「先夏、蘆田氏の、自由選題綴方教授の意見を聞くに及び、これにヒントを得て、今迄の直接教授に一歩をすすめて、生れ出でたのが、左に述べんとする自由発表主義話法教授の意見」であるという。つまり猿渡は蘆田恵之助の自由選題綴方教授に刺激され、鹿子生の直接教授法を批判的に検証したのである。では猿渡が自由発表主義話方教授に込めた意図はどのようなものだったのか。

　　　自己の思想なり、感情なりを、自己の言葉を以て、一度なり二度なり、なるべく多く、発表した時、始めて、其の言葉が、自己の言葉となる（40号、p.45）
　　　話すこと、問ふことが皆　事実を基礎とし、是非斯くあらねばならぬと論ずる。そこに力が湧き、情味が湧き、真の生きたる、活用の出来る、言語が生れる（41号、p.48）
　　　其の場面をつくり、必要を感ぜしめて教ふることが新語教授のコツである（41号、p.48）

基本的には直接教授法を下敷きにした授業実践であるが、その意図は自ら発表せざるをえない場面作りに重点が置かれている。ここに「主体的参加」を促す契機が見え、新教育の流れを汲む教育実践であることが分かる。このことから、「現地人＝旧教育」だけではなく、現地人教育を新教育に基づいて行った実践を確認できよう。つまり満洲の日本語教育は、「現地人＝旧教育／日本人＝新教育」というほど単純な構図ではないのである。

3. 自説の主張の特徴

【表2】自説の主張

氏名	出身校	所属	記事題名（号数）
広瀬慶次		大連伏見台公学堂	「ダルトン案に対する公学堂教育の態度」(42)
永野善三郎		安東尋高小	「殖民精神の基調を論じて教育上の根本方針に及ぶ (1)(2)」(39、40)
久須生		沙河尋高小	「余か徳育について (1)(2)」(39、40)
木村冬子			「在満邦人の欠陥と児童の品性」(39、40)
近藤朝雄		安東小学校	「個性尊重の制約」(41) 「教育者の自覚」(43) 「能力別編成に対する所感」(55)
池内健太郎		撫順小学校	「教育内容の充実と拡張に就き(1)(2)」(40、41)
矢野道雄	福岡師範学校	安東尋常高等小学校	「ダルトン案に対する考察(1)(2)」(47、48)
藤原信造		熊岳城公学堂	「芸術教育思想の由来を顧みて時局に対する一面観に及ぶ(2)」(47)
須山礼次		開原公学堂	「予の教育思潮に対する態度」(50)
今永茂		教科書編輯部	「植民地化の真髄（教育所論5）」(51) 「与論と教育と（教育所論6）」(52) 「岐路に立ちて（教育所論8）」(54)
沢柳政太郎			「日本人の位置」(54)
秋山真造	東京高等師範学校 京都帝大	満鉄視学	「満洲に於ける教育上のモンロー主義」(66)
大林恵美四郎	広島高等師範学校 教育科	奉天医大	「学校教育の目標並に取扱上の研究(1)(2)(3)」(59、60、61)
上田恭輔		満鉄秘書役	「満洲日本人小学校使用の教科書編纂に就て」(62)
浦田繁松		教科書編輯部	「上田恭輔氏の教科書編纂上の意見を読んで」(63)
上原種豊	鹿児島県師範学校	長春小学校長	「満蒙教育の使命」(66)
国本小太郎	熊本師範学校	大連朝日小学校長	「発展から洗練へ整理へ さうして充実へ」(66)
本田秋義		四平街公学堂	「新教育礼賛と其の態度」(71)
坂口豊作		開原公学堂	「図画教育に就ての所感」(72) 「図画教育の最高使命と吾人の態度」(73)

　直接新教育について言及しているわけではないものの、「満洲における日本人」についての論説を取り上げることで、新教育を受容した満洲

側の特徴を捉え返すことが本章での課題である。そして自説の主張を表2にまとめた。興味深いのが、満洲という現地とどう向き合うのか、いわば「現地適応主義」とそれへの疑問である。この課題を第一節で扱う。また南満洲教育会は沢柳政太郎を招聘し、講演を行っている。その内容と『南満教育』での反応について、第二節で見ていこう。

3-1 「現地適応主義」とそれへの疑問

「満洲日本人小学校使用の教科書編纂に就て」（62号、1926年7月）において、上田恭輔（満鉄秘書役）は満洲補充読本の編纂およびその使用状況について以下のように述べている。

> 近年在満邦人間の教育当局の意志は、日本の児童には出来得る丈満洲の事情を教習せしめねばならぬとの主旨を根底として、この主義方針の許に、教科書編纂機関を創設し、専ら満洲日本人小学校特種の教科書を発行し之を使用される傾向があり、言論界も亦之に賛同を表し、この挙を奨励して居る。(p.20)

満洲に於ける現地適応主義の象徴とも言える満洲補充読本に対し、言論界においても賛同意見があることに危機感を抱いている。そしてこう述べる。

> 飽くまでも忠良なる帝国臣民であり、母国の同胞〔ママ〕を一部一点の相違の無い日本人に育て上げなければならない大責任を担ふものは即ち南満洲教育当局である。イクラ満洲事情に通暁して居つても、偶ま母国に帰つて、周囲の同胞から、彼奴は満洲日本人だ、と指さされる様な人間が出来たならば、関東庁及満鉄の学事当局は将に慙死すべきである。(p.21)

満洲補充読本の使用は「母国の同胞〔ママ〕を一部一点の相違の無い日本人」に亀裂を生じさせ、「満洲日本人」の発生につながるのではないか、と危惧している。こうした危惧の背景には、「御本人は兎も角子孫代々も満洲で一生を終る様に生活基盤が安定しているかは疑問である」(p.21)と、在満日本人が満洲に永住しないという前提があった。

上田のこうした満洲補充読本への危惧に対し、教科書編輯部の浦田繁松は「上田恭輔氏の教科書編纂上の意見を読んで」(63号、1926年8月)で以下のように反論している。

> 教科書編輯部で編纂してゐますのは、小学校方面では理科を除く他の教科はすべて補充教科書でありまして文部省の教科書を主として取扱ひ、満洲的教材を盛つた補充教科書を副次的に取扱はせるやうに仕組まれてゐるのです。それですから当部で編纂した教科書を使つた為に内地人から満洲日本人だとして指弾される惧は決してありません。寧ろ満洲人としても完全、帝国臣民としても完全、全人類の一員としても完全な在満日本人を養成し得る筈であります。(p.49)

まず浦田は教科書編輯部で編纂している教材はあくまで補充教科書であり、文部省の国定教科書を基本としていることを強調している。そのため「内地人から満洲日本人だとして指弾される惧」はないという。それどころか、国定教科書と満洲補充読本を用いることで「満洲人としても完全、帝国臣民としても完全、全人類の一員としても完全な在満日本人を養成し得る筈」だとまで主張する。このように浦田は「満洲日本人」を「全人類」というコスモポリタリズムに回収することで、「満洲／内地」という二項対立図式からの脱却を図ろうとするのである。

3-2 沢柳政太郎の講演

54号(1925年11月)に「日本人の位置」と題する沢柳政太郎の講演録が掲載される。この講演は同年10月2日に旅順市の南満洲教育会主催で行われた(p.2)。満洲の位置づけについて沢柳は「(在満教員たちは：引用者註)つい戦争迄は二十五箇年の期限を持つた租借地に居られ、所謂二十一箇条の条約に依りまして其の期限は延長致しましたけれ共矢張り純然たる日本内地ではないことは申す迄もない」(p.3)と述べ、満洲(満鉄及び関東州)は「内地」とは明確に異なることを確認している。その上で日本の位置づけについて、「我が国の地位の優越なる、世界列国の中に於て優越なる所以は一の武力に依つて致した」(p.6)からであり、「文化を標準として考へて見ましても、矢張り日本は一等国即ち八大国の一

つである、或は五大国であると云ふ事は言へないのであります。」(p.5)として、文化面において日本は「一等国」ではないと指摘する。それは「日本は未だ独創的のものがない」(p.11)からであり、「斯の如き（孔子孟子、バラモン：引用者註）幽玄なる高尚なる思想と云ふものは未だ起らなかつた」(p.12)と批判する。一方で「勤労、勤勉なる点に於ては民国人に学ぶべき所のあることは少くない」(p.10)と、中国人の長所について指摘している。

　沢柳は以上のように日本の独創性のなさを批判するが、自身の学校である成城ではどのような教育を行っていると主張するのか。以下のように述べている。

　　　私共のやつて居る成城学校、之は関東長官の児玉伯爵も矢張り非常な密接な関係を持つて居つて頂くのでありますが、成城学校は決して新しい教育をするのではないのである、他と違つて居るから之を新しいと命名するのは、それは御随意であるけれ共、やつて居る処の考は決して新しい事をやらうと云ふのではない、本当の教育を仕様と云ふのであります。(…) 日本人に果して独創の力があるか自分の活力を児童の有つて居る所の活力を引伸して行つたならば、果して独創の力を発揮するかどうか、さう云ふ方面に注意を致してやつて居る学校であるのであります。(p.14)

　まず成城学校とその校長を務めた関東長官児玉秀雄との関係を述べ、満洲と成城との親近感をアピールする。次いで成城の教育は新しい教育ではなく、「本当の教育」を行っていると主張する。そして「自分の活力を児童の有つて居る所の活力を引伸して行」くことで「独創の力を発揮」させることに注意しているという。ここに独創力の育成という方向で主体的国民の形成を志向していると言えよう。

3-3　「現地適応主義／内地延長主義」の間での揺らぎ？

　以上、満洲補充読本への疑義と沢柳政太郎の講演を見てきた。そこに見えてくる問題意識は、日本人は満洲でどうあるべきなのか、満洲での日本人とは一体何なのか。さらに「内地」とどのような関係を作るべき

なのか、という苦悩ではなかろうか。その苦悩の根源には、「在満日本人」は確たる輪郭を持った存在なのではなく、こうした揺らぎの中で絶えず定義せざるを得ない、漠たる存在ゆえだったのではないか。こうして『南満教育』では、どのような「在満日本人」を創出するかという課題に対し、新教育を実施することで答えようとしていたのだと考えられる。

　新教育の紹介は、先に見たように主に満鉄関係者によってなされた。とはいえ、「満鉄＝新教育＝現地適応主義」と短絡的に結びつけることもできない。現地適応主義の満洲補充読本に対して満鉄秘書役の上田恭輔が「イクラ満洲事情に通暁して居つても、偶ま母国に帰つて、周囲の同胞から、彼奴は満洲日本人だ、と指さされる様な人間」ができるのではないかという疑念を呈したように、満鉄内部でも教育関係者とそれ以外の部署とでは現地適応主義に対する評価が異なる。

　さらに、関東庁でも現地適応主義を試みようとする動きがあった。藤田倶治郎（関東庁学務課長）は「学務部長会議に於ける重要問題」（77号、1927年11月）で「満洲は国際上特殊の地域であるがために、国際教育方面にも特別の注意を払つてゐるのである。／素より国民教育に於ては、或る部分は全国一様の方針で進まねばならぬが、一面には知識方面も徳育方面も其の地方の実情に順応せしむることが今後の教育に於て最も重要な点である。」（p.3）とし、満洲教育体系樹立の議（p.7）を呈している。すなわち関東庁でも「現地適応主義」の系譜が見られるのである。

4．学校毎の特色

　最後に、実践および実践案（日本人、現地人）を精力的に発信していた学校を表3にまとめた。まず第一に、関東州よりも満鉄附属地の教育実践が多く『南満教育』に掲載されている。ただしこれは必ずしも関東州では新教育実践がなされていないことを示すことにはならないだろう。まず第一に何らかの事情で『南満教育』には掲載されなかった実践があった可能性がある。第二に、読方や綴方といった言語教育だけでなく、図画教育や算術などの科目でも新教育に基づく実践が報告されている。本稿ではこうした教科ごとの実践報告まで分析することができな

かった。今後はこうした教育実践を地域や学校ごと、そして教科ごとに分析することが求められよう。

【表3】学校毎の新教育実践

地域	学校種別	執筆者	テーマ
安東	小学校	安田伊三郎	読方科の学習指導法
	小学校	矢野道雄	ダルトン案
	小学校	永野善三郎	植民精神
	小学校	近藤朝雄	能力別編成
	小学校	柴本礼三	フレーベル
大石橋	小学校	吉浦豊吉	分離教室
	小学校	嶋田道隆	自治的訓練（学友団）
蓋平	公学堂	加藤薫次	公会堂の綴り方
鞍山	小学校	伊豆井敬治	ペスタロッチ
開原	小学校	木村弥雄造	公民科教受方案
	公学堂	坂口豊作	図画教育
	公学堂	黒原鶴彦	算術学習指導
鉄嶺	小学校	藤波銀次郎	読方教授
撫順	小学校	尾崎虎太郎	綴方教授
	小学校	池内健太郎	女子教育、実業補習教育
奉天	第一小学校	荒井了道	図画教育
	第二小学校	久原市次	ペスタロッチ
	公学堂	猿渡達喜	自由発表主義話方教授
能岳城	小学校	柴田亮一	学級文庫
	公学堂	藤原信造	芸術教育思想
	公学堂	中谷定治	綴方指導案
旅順	第二小学校	田中良親	書方学習指導
大連伏見台	公学堂	広瀬慶次	ダルトン案と公学堂

おわりに

　以上の検討から、どのようなことがいえるか。1920年代半ば以降、満鉄附属地、関東州という狭義の「満洲」において、日本人だけでなく現地人の教育はもはや国民の創出を目的とした注入教育（旧教育）は不適応である、という認識が広がっていたといえる。そして満洲にいかに適応するかという課題に対して、新教育の受容によって応えようとした

のではないだろうか。

　一方で、『南満教育』ではなぜ1927年頃に新教育関係記事が消えていったのかは不明である。記事を見ていくと、体制側から直接圧力が掛かったというよりは、自然消滅していったという印象を受ける。この点については2つの仮説が考えられる。第一に、財政等の理由で満洲(特に満鉄)で新教育の実践がなされず、下火になっていったという仮説である。事実、1927年7月に山本條太郎が満鉄社長に就任し、「経済化」と「実務化」を掲げた。こうしたトップの交代と新教育実践の減少とは何らかの関連があるものと思われる。第二に、一部の学校では引き続き新教育に基づいた教育実践を行っていたが、それが『南満教育』には反映されなくなったという仮説である。1927年頃、南満洲教育会内部で意見対立が起こり、一部地域が抜け落ちていった可能性がある。こうした仮説を検証するためには、大石橋での能力別学級がその後継続して行われたのか、学校ごとに検討を進める必要がある。

【註】

1　そのためここでの課題は新教育の新たな局面を解明することは本報告の課題ではない。
2　磯田一雄『「皇国の姿」を追って』(皓星社、1999年) p.34。
3　今井康雄「言語－記号からメディアへ」(田中智志・今井康雄編『キーワード　現代の教育学』東京大学出版会、2009年) p.15。
4　川村湊『海を渡った日本語：植民地の「国語」の時間』(青土社、1994年)。
5　野村章『「満洲・満洲国」教育史研究序説』(エムティ出版、1995年)
6　竹中憲一『保々隆矣略伝草稿』(陵南会、1996年)、『「満州」における教育の基礎的研究』(柏書房、2000年)。
7　磯田前掲書。なお、満洲における石森延男に関しては河野孝之「植民地と児童文化～「満洲」研究から－石森延男の満洲児童文学活動を中心に－」『植民地教育史研究年報』(第13号、2011年)などを参照のこと。
8　磯田前掲書、p.387。
9　槻木瑞生「満洲国以前の吉林省の教育施設」(玉川大学教育博物館編『玉川大学教育博物館紀要』第7号、2010年3月)。
10　『関東州教育史』p.113=『「満洲・満洲国」教育資料集成』第15巻、エムティ出版、1993年、p.249。
11　1923年12月以前の文献は未見である。
12　引用書として、赤井米吉氏訳「ダルトン案の理論及実際」加藤直士、赤坂清七共訳「ダルトン教育案」吉良信之氏著「ダルトンプランの進歩と其適用」を挙げている。

『台湾教育』と『第一教育』に見る新教育

岡部芳広[*]

1. はじめに

　今回のシンポジウムにあたっては、発表者3名とコーディネーターが幾度となく集まり、準備のための研究会がもたれた。そのなかで、いわゆる『教育会雑誌』をひとつの軸として比較検討するのはどうかという方向性が打ち出され、「満洲」[1]研究では『南満教育』、朝鮮研究では『文教の朝鮮』、そして台湾研究においては『台湾教育』を扱うということとなった[2]。筆者は、『台湾教育』だけでなく『第一教育』という雑誌も検討材料とし、主に砥上種樹という人物に焦点をあてて、植民地台湾における新教育展開の一断面を考察してみることとした。本稿は、シンポジウムでの発表を基にし、さらに補足するというかたちで記述していきたいと思う。

2. 『台湾教育』にみられる新教育関連記事について

　1901（明治34）年7月発行の第1号から、1911（明治44）年12月発行の第116号まで発行された『台湾教育会雑誌』が、翌月発行の117号から『台湾教育』と名称を変更し、少なくとも1943（昭和18）年12月発行の497号まで発行されていることがわかっている。発行元は台湾教育会で、会員に頒布されるというかたちをとっており、会員は総督府の教育行政に関わる役人、小学校教員、公学校教員が中心であった。役人

---
[*]相模女子大学教員

と小学校教員は日本人がほとんどであるが、公学校教員には台湾人も相当数含まれている。

　今回は、1920（大正9）年から1929（昭和4）年までに発行された『台湾教育』の記事から、新教育に関連すると判断したものをピックアップし、それを一覧にまとめて発表の資料とした。記事のタイトルだけで判断できるものもあるが（もちろん記事内容まで確認はする）、タイトルだけでは分からないものも多いので、目次でタイトルを確認した後、本文に目を通すという作業をおこなった。新教育関連の、人名、メソッドやいわゆる八大教育主張に関するものだけでなく、個性尊重、生活中心主義、自学自習、芸術教育、郷土主義、労作教育、表現力伸長、自由選題、自由画、童謡、童話などの要素が盛り込まれているものを対象とした。

　その結果、1920年代における新教育に関連すると判定した記事の数は以下のとおりである。

　　1920（大正　9）年　：11 件
　　1921（大正 10）年　： 9 件
　　1922（大正 11）年　：32 件
　　1923（大正 12）年　：13 件
　　1924（大正 13）年　：21 件
　　1925（大正 14）年　：42 件
　　1926（大正 15）年　：19 件
　　1927（昭和　2）年　： 9 件
　　1928（昭和　3）年　： 9 件
　　1929（昭和　4）年　：12 件

　1925（大正14）年をピークに新教育関連の記事は減っているのが見て取れる。一方、1922（大正11）年にもうひとつピークがあるのがわかる。前年の1921（大正10）年8月1日から8日まで、東京第一師範学校講堂で「八大教育主張講演会」がおこなわれており、その影響が考えられるが、記事内容に接する限り、直接の関係を読みとることは難しかった。

　『台湾教育』における新教育関連記事掲載の流れを追っていくと、お

おむね次のようなことがいえる。

　そもそも新教育関連記事の初出は、1913（大正2）年6月139号の、「現今教授の新傾向」[3]（鎮目滋平[4]）かと思われる。当時の教育学説をとりいれ、教授法に関する自説を展開しているが、その前置きにおいて、エレン・ケイやジョン・デューイの名前を挙げ、彼らの説にごくわずかであるが触れている。しかし鎮目は、この投稿[5]以外に『台湾教育』で名前が見られず、総督府文書に残された履歴書を見る以外、どのような人物かを知ることはできていない。新教育関連記事はその後しばらく、1918（大正7）年6月192号「我が校の読方教授」（山口正治[6]）など、ごくわずかであった。欧米の新教育思想や実践例などの紹介記事は、国語学校助教授の渡邊節治による「デウエー氏[7]実生活本位　教育の解説」が1918（大正7）年8月の194号から9回にわたって連載されたこと以外にも散見され、1910年代後半から1920年代初頭に見られるが、その後はあまり見られなくなる。

　『台湾教育』の新教育関連記事を内容別に分類すると、

・欧米や内地の新教育関連の思想、方法論、実践例の紹介 ……… 33件
・学習指導、生活指導、行事等、実践に関連したもの …………… 16件
・理論的主張や自己の教育論等 …………………………………… 128件

となり、実践活動に関わるものよりも、理論的な論考が主流であることがわかる。これは、『台湾教育』が台湾教育会という言わば「半官半民」団体の発行雑誌であったということと関連すると思われるが、後述する『第一教育』に比して、明らかに実践よりも理論中心的な印象を受ける。したがって、『台湾教育』の記事内容から当時の台湾の子どもたちの姿を窺うことは難しい傾向にある。

3．『第一教育』にみられる新教育関連記事について

　台湾子供世界社から発行された『第一教育』は、1923（大正12）年9月に発刊され、1935（昭和10）年6月に廃刊された教育雑誌である。

台湾子供世界社は吉川精馬（？－1925）が代表を務め、また出版物の編集人や発行人となったが、彼は志半ばで1925（大正14）年に亡くなり、その後は父である吉川利一が事業を継いでいる[8]。『第一教育』は、吉川精馬の編集で創刊されたが、彼の死後は父利一が編集人となる。しかし、1925（大正14）年発行分がおそらくは現存しておらず[9]、どの号から編集人が替わったのかは不明である。『第一教育』は理論中心の『台湾教育』に比べて、教育実践に関わる内容の記事や、小学校・公学校児童の作品を載せるなど、より教育現場に近い視線で編集されており、この特徴はふたりの編集人に共通しているものである[10]。

　国立中央図書館台湾分館が所蔵している『第一教育』は以下のとおりである。

　　　1924（大正13）年　　3巻6号（吉川精馬編集）
　　　1926（大正15）年　　5巻4号（以下吉川利一編集）
　　　1928（昭和　3）年　　7巻8号・9号・11号
　　　1929（昭和　4）年　　8巻1号〜11号
　　　1930（昭和　5）年　　9巻1号〜11号
　　　1931（昭和　6）年　　10巻1号〜11号
　　　1932（昭和　7）年　　11巻1号・2号・5号〜11号
　　　1933（昭和　8）年　　12巻1号〜10号
　　　1934（昭和　9）年　　13巻1号〜8号
　　　1935（昭和10）年　　14巻1号〜4号

　1920年代のものは16冊あるのみで、1928（昭和3）年発行分までで5冊しか残されていないことから、1920年代の『第一教育』における新教育関連記事の扱いについて考察するのは難しいのであるが、面白いことに、1930年代に入っても相当数の関連記事が掲載されており、そのピークは1930（昭和5）年と、『台湾教育』とちょうど5年のタイムラグがあるのが興味深い。これは、実証するのは難しいが、前述したように『台湾教育』の中心的関心が新教育の理論的な議論であったことと、『第一教育』が現場の視点中心であったことと関連するように思われる。つまり、理論的な受容と、それが現場に伝わって実践されるのには一定の

時間差があって当然であり、そういった現象が『台湾教育』と『第一教育』とのピークの差を招いているとはいえないだろうか。

『第一教育』における新教育関連記事の数は以下の通りである[11]。

  1924（大正13）年：3件
  1925（大正14）年：―
  1926（大正15）年：4件
  1927（昭和 2）年：―
  1928（昭和 3）年：8件
  1929（昭和 4）年：65件
  1930（昭和 5）年：91件
  1931（昭和 6）年：52件
  1932（昭和 7）年：58件
  1988（昭和 8）年：21件

 その新教育関連記事は、欧米思想の紹介はほとんどなく、実践に関連するものや具体的な教育論が主流であった。また、童謡・童話・綴り方の扱いが『台湾教育』に比べて重視されており、台中在住の童謡詩人、日高紅椿が童謡を寄せるなど、児童文化的な匂いを感じることができる。さらに大きな特徴は、『台湾教育』に比べて子どもの姿に触れた記事が多いことである。小学校・公学校児童の綴り方や詩などの作品から、また公学校教員が子どもたちの様子を書き綴ったものなどが相当数見られ、当時の台湾人児童の様子の一端を窺い知ることができる。

4．砥上種樹の児童中心的実践

 公学校教員から公学校長や視学を歴任した砥上種樹(1888 － 1971)は、21年間にわたって『台湾教育』や『第一教育』に多くの文章を投稿しており、またその実践が注目に値することから、ここでは砥上に焦点を当てて、当時の台湾にみられる新教育の一側面をみていきたい。

 砥上は福岡県に生まれ、福岡県師範学校の講習科を修了し、福岡県朝

倉郡で小学校に勤務するが、1912（大正元）年に渡台し、国語学校臨時講習科を修了し公学校教諭となった。その後公学校長や視学を歴任するが、1933（昭和 8）年に依願退職をし、内地へ戻っている。内地へ戻る直前の約 1 年間は、日本童話協会台湾地区幹事を務めており、「台中児童倶楽部」を主宰するなど、児童文化振興に尽力した人物である[12]。

『台湾教育』には、1913（大正 2）年 10 月発行の 138 号から 1932（昭和 7）年 7 月発行の 360 号までに、32 編の文章を寄せており、『第一教育』には、1925（大正 13）年 6 月発行の第 3 巻 6 号から、1933（昭和 8）年 1 月発行の第 12 巻 1 号までに 12 編寄稿している。

砥上は一貫して子ども（公学校の台湾人児童）の存在そのものを尊重し、内地人と本島人を分け隔てすることのない温かな眼差しを注ぎ、教育活動においていわゆる「児童中心主義」的な実践を展開してきた。その子ども観や指導理念を砥上の文章から考察していきたい。

まず、砥上は、子どもは自ら伸びていく力や伸びようとする欲求をもっているもので、大人が環境を整えると子どもは自ら伸びていくとしている。

> 教授法否学習指導の方案としては、一でないので、児童の心琴に触れしむべく生命ある指導がほしいと思ひます。一年から否入学前から描くことや歌ふ事や、お話を聴いたり、したりする事は本能的に好愛する。その自然は、伸び行く芽であると思ひます。温い熱と光とを与へ障碍物を除去し、適度の肥料を与へることに親切であるならば、児童の個々は自ら伸び行くのであらう。私はその導き方を研めたいと思ひます。　　　　（「子供の絵」『台湾教育』251 号：1923 年 4 月）

砥上は、子どもが本来持つ自発的な学習意欲についてたびたび触れ、子どもの持つ「本性」に期待するが、それと同時に、教師が「教える」ことをたびたび戒めている。砥上は、教師は子どもと同じ視線で「遊ぶ」ことを重視しており、その中から真の指導がうまれると考えていた。

> 子供は自己と平等に遊んでくれるものを求めてゐる、教師が全く子供の心にとけ込んで遊ぶことが出来るなら実に理想的の教師として立

ち得る素質を有すると云つても過言ではない。子供の前に立つとすぐに指導しようとか叱責しようとか考へる。さうした教師には子供は仮面をかぶつて現はれるので、そこに何となく冷たい空気が流れて行く。
（「真に子供の遊び相手となれ」『第一教育』第10巻9号：1931年10月）

このように、あたかも子どもと同じように遊んで子どもを喜ばせることが第一義かとも思わせるが、砥上の意図は次のようなところにある。

　　子供と全く隔りなく生活してゐる中に、其の子供の生活から最も尊い教育的素材を発見するのである。（同前）

　　子供の生活の諸相を凝視して、教育的の素材を発見しそれを失ふことなく取り扱ふところに教育は初まる（ママ）。
　　　　　　　（「子供の姿を眺めて」『台湾教育』327号、1929年10月）

このように、子どもの中に入り、子どものありのままの姿を「凝視」し、そこから子どもに何が必要なのかを導きだしていくという指導である。砥上は子供の近くに寄りそい、そこから教育を出発させようと考えていた。彼はたびたび「子供を凝視する」という表現を使うが、これは子どもの行動を分析的に見て、そこに教育的課題を見つけるという態度を意味するものと思われる。こういった教育に対する態度は、学校や教師が持つ「規範」が先にあって、それを子ども達に指導するという従来の指導法とは対極にあるもので、子ども一人ひとりの個性を考慮にいれたものとならなければならない。

　　私は捉へられた形の教育はしたくない。自らの心と児童の心がぴつたり合致した処に種々教育的作業が行はれ行くものと思ふ。鋳型に入れた教授では多数の個々なる児童に一様に波動させることは能ふものでない。教師の心は児童の琴線に触れて刻々分特に共鳴せしめ底知れず伸びしめたいものである。
　　　　　　　（「心の琴線に触れよ」『台湾教育』255号、1923年9月）

と述べられているように、砥上は「鋳型に入れた教授」即ち、画一的な指導では子どもの心に共感を呼び起こすことはできないとしており、個性尊重の理念を明確に窺うことができる。

また、砥上の文章には、しばしば公学校児童の様子が描かれており、これも興味深い。

> 或時、十人ばかしの子供達が宿舎に訪ねて来た。蜜柑をむいて食べ乍ら、色々のお話が始まつた。「先生！お話して頂戴！！先生歌ひませう！！」等と口々に希望してゐる（中略）。唱歌が始まつた。そして私を引き倒し引き起し等して。ヤンヤと喜んでゐる。後には次々の室に走り出して、「先生隠れん坊しませう」と要求し出した。（中略）もう休ませて頂戴と云ふと、「これから勉強しませうね！先生！！修身がすんだから読方を、あの灯台の処を読ましてね。」とせがむ。
> （「真に子供の遊び相手となれ」『第一教育』第10巻第9号：1931年10月）

このように、台湾人児童と教師との関わりがわかるような記事は、他にはあまり見られない。しかし、砥上は子どもたちの様子をたびたび記事にしており、また後述するが、砥上が校長をしていた公学校の教員たちも子どもたちの様子をしばしば描写している。これは先に述べた、「子どものありのままの姿を凝視する」という砥上の教育に対する方針に負うところが大きいのではないかと思われるし、何より、「できる限りのことを全力でやっている」という、砥上の自負の表れではないかと思われる[13]。こういった記述は当時の台湾人児童の様子を知る上で、非常に貴重である。

また、砥上の教育活動で特筆すべきは、職場に大きな影響を与えたという点である。1931（昭和6）年10月の第10巻第10号に、当時砥上が校長をしていた台中女子公学校の4人の教員が砥上と一緒に文章を投稿している。このように、職場の教員を巻き込んでの投稿は、その後台中幸公学校、彰化女子公学校と砥上の赴任校が変わっても引き続き、2年後の1933（昭和8）年7月の第12巻第6号まで、断続的に13回みられる。それらは、教科の指導法について、実践報告的なもの、子どもや保護者の様子を綴ったもの、教育理念について、創作小説など、多岐に

わたるが、すべてが砥上の教育理念に感化されたものであり、興味深い。例えば、

　子どもとの日常の中に見出した、遊ぶことのなかでこそ指導ができるということについて。「こうして子供と遊んでゐる中に色々な素材を発見します。又其の中に言葉の指導も出来ます。笑ひの中に言葉の指導をなすとより以上の効果のあることが分かりました。やつぱり子供と十分に遊んでやることだ。と目覚めた私は今やうやく何物か見出したやうな気がする。」「やつぱり子供を相手に生活してゐる私たちは思ふ存分遊んでやることだ。子供の話相手になつてやることだ其の中にすべての指導が出来るのだ。と痛感する。」
（宮路政夫「子供と遊ぶ楽しみ」『第一教育』第 11 巻第 7 号：1932 年 7 月）

これには末尾に、砥上の評が付いており、砥上は手放しで賛同している。

　子供がすがりついて種々に楽しみ茶目る……。それをじつと許しつ、笑顔で相手になり乍ら言葉の指導又はお行儀の指導をする……。そこに本当の教育がある……。筆者の文（に—引用者）……全く双手をあげて共鳴共感を嘆美しないで居られない。
（宮路政夫「子供と遊ぶ楽しみ」『第一教育』第 11 巻第 7 号：1932 年 7 月）

このように、砥上の下で働く教員たちは、砥上の教育理念に感化されていき、それを実践していくようになっていく。もちろん、『第一教育』に載っている文章は、砥上の意に即したものが選ばれているのであろうが、それにしても、いくつもの学校で同じようなことが起こっているのは注目に値する。

　そして砥上は、1933（昭和 8 年）9 月に依願退職をし、同年 11 月から 1938（昭和 13）年 3 月まで、成城小学校訓導として勤務している。21 年にわたって教育活動をおこなった台湾を去って、移った先が新教育の総本山ともいえる学校であることは、砥上の教育活動を象徴しているようにも思え、興味深い。

砥上種樹略歴

年月日	歳	事項
1888（明治 21）年 3 月 18 日	0	福岡生まれ
1908（明治 41）年 3 月 26 日	20	福岡県師範学校小学校教員乙種講習科修了
1908（明治 41）年 4 月 1 日〜		福岡県朝倉郡三根尋常小学校訓導
1908（明治 41）年 12 月 1 日〜		兵役
1911（明治 44）年 2 月 6 日〜		福岡県朝倉郡栗田尋常小学校訓導
1910（明治 43）年 11 月 26 日		兵役終わり
1912（大正元）年 10 月 1 日	24	台湾総督府国語学校臨時講習科入学
1913（大正 2）年 1 月 30 日		台湾総督府国語学校臨時講習科修了
1913（大正 2）年 1 月 31 日〜		大稲埕公学校教諭（大正 6 年〜大稲埕第一公学校）
1918（大正 7）年 3 月 31 日〜	30	礁渓公学校長
1922（大正 11）年 8 月 31 日〜	34	彰化女子公学校訓導・彰化高等女学校訓導
1924（大正 13）年 9 月 5 日〜	36	台中州視学（11 月 20 日からは台中市視学も兼務）
1929（昭和 4）年 3 月 30 日〜	41	台中女子公学校長
1932（昭和 7）年 4 月（？）〜	44	台中市幸公学校長
1932（昭和 7）年 12 月 25 日〜		彰化女子公学校長
1933（昭和 8）年 9 月 20 日	45	依願退官
1933（昭和 8）年 11 月 〜 1938（昭和 13）年 3 月	50	成城小学校訓導
その後		埼玉女子師範学校講師
		埼玉女子師範学校附属幼稚園主任等
戦後		乳児院院長
1971（昭和 46）年 12 月 1 日	83	没

（岡部作成）

5．おわりに

　『台湾教育』と『第一教育』における新教育関連記事について、2．3．において述べたが、それらをここで総括すると、次のようなことがいえる。

　1）まず、これらの教育雑誌を参照する限り、台湾における新教育の潮流は、1910 年代後半から 1930 年代前半にかけて訪れており、そのピー

クは大正の末期から昭和の初期にかけてといえる。それぞれの雑誌で、ピークを越え、『台湾教育』においては 1920 年代後半（昭和期）に入ると、新教育的な流れに否定的な記事が掲載されるようになり、また一方、『第一教育』においては 1933 年から突然軍国主義的な記事が登場し始め、時代は戦時色を色濃くしていくこととなる。

２）これらの雑誌の記事を見る限り、新教育の手法を植民地統治に組織的に活用しようという台湾総督府の意図を積極的に感じることはできない。また、軍部からの働きかけが見え隠れすることもない。

３）むしろ、現場の教員という「下から」新教育思想や方法論について興味をもち、広く知れ渡っていたことが窺える。また実際に師範学校の附属学校[14]や意識の高い教員[15]によって新教育的手法は実践されている。しかし、広範囲にわたって組織的におこなわれることはほぼなかったと思われる。例えば、『第一教育』第 3 巻 6 号には「新教育の試みと其困難（一）」と題した社説が載るが、「新教育に関するくどくどしい抽象的な議論はもう飽きた。理論は解つた。只それがどの程度まで実行出来ることで、どの程度からは空想なのかそれを知りたいのだ。」という切り込みで始まる。1924（大正 13）年にすでに教育の世界において新教育関連の議論が多くおこなわれていたということがわかるが、順調に実施されているという論調ではない。さらに時期が下り、1920 年代後半になっても、新教育の教育手法が行き届かないことへの遺憾の意を表す論考[16]などもあり、「新教育思想は知れ渡ってはいたが、実践にいたらなかった教師・現場が多かった」というのが実情だといえよう。

４）『台湾教育』を見る限り、1920 年代でも昭和期に入ると新教育関連記事はかなり少なくなり、1930 年代に入るとほとんど見られなくなっていく。一方『第一教育』においては現存している 1935（昭和 10）年発行の第 14 巻に至っても、件数は減るが、関連記事は載り続ける[17]。このことから、1930 年代には新教育は全く過去のものとなったわけではないが、明らかに衰退を見せているといえよう。『台湾教育』においては、1920 年代後半から、新教育に対する慎重な論調[18]や、明らかに

反対する論調の記事[19]が載るようになることを踏まえると、その流れは理解できる。『第一教育』においては、新教育慎重論や反対論は出てこないが、1933（昭和8）年になると、明らかに時局を意識した軍国教育的な記事が出現する。この頃から台湾の教育は大きく転換していくこととなるのである。

以上、『台湾教育』と『第一教育』を通して見た、1920年代を中心とした台湾の新教育に関する考察と、砥上種樹というひとりの教員を取り上げて、その実践について検討をした。今後は、今回教育雑誌から得た知見をもとに、さらに史料の幅と奥行きを広げ、植民地台湾における新教育展開の諸相を実証していくことが必要であろう。

【註】

1　植民地「満洲」は、このように括弧付きで表記するべきであるが、煩雑さを避けるため、これより後は括弧なしで表記することとする。
2　そのため、本稿はあくまでも、当時の教育雑誌を通して見たひとつの切り口からの論考であるとご了解いただきたい。
3　『台湾教育』139号、53-57頁。
4　鎮目は当時嘉義尋常高等小学校教諭。総督府公文類纂に残されている履歴書によると、1884（明治17）年山梨県の出身で、山梨県師範学校を卒業後小学校に勤務しており、1912（明治45・大正元）年に台湾に渡ってきたと思われる。
5　「雑録」に掲載されていることから、投稿記事であると考えられる。
6　山口は当時台南第一公学校教諭。総督府公文類纂に残されている履歴書によると、1885（明治18）年福岡県の出身で、福岡県師範学校を卒業後小学校に勤務しており、1917（大正6）年に台湾に渡ってきている。
7　J.デューイのこと。
8　游珮芸『植民地台湾の児童文化』（明石書店、1999年）183頁。
9　筆者の調査によると、現在『第一教育』は台北の国立中央図書館台湾分館に所蔵が確認されているだけであるが、1925年発行分はすべて欠落している。
10　ただ、時代が下り、戦時色が濃厚になってくると、それに呼応した内容へと変化している。
11　1933年以降も当然関連記事はあるのだが、後述する砥上種樹の文章が1933年以降は掲載がないので、今回の研究においては1932年を区切りと設定した。
12　游前掲書、150頁。
13　『第一教育』第10巻11号の「楽しい楽園（二）」に「同人諸子よ。少なくと

も私共のスキートスクールに於ては一筋に児童切愛に生きやうではないか。ちみどろの奮闘にほゝゑまふではないか。」とあるように、砥上が日々の教育活動に精力的に取り組んでいたかことがみてとれる。

14 たとえば、台中師範学校附属公学校での実践が、『労作・地理・理科・唱歌 わが校教育の実際』（台中師範学校附属公学校同光会、1931年）によって明らかにされているが、労作教育を巻頭に置くほか、掲載されている全教科にわたって、新教育的な教育方法が実践されていることがわかる。これを見る限り、台中師範学校附属公学校ではかなり先進的な教育が行われていたように思われる。今後の研究課題としたい点である。

15 砥上種樹をはじめ、『台湾教育』や『第一教育』に新教育思想やそれに則った実践について投稿した小公学校教員は数多い。

16 1929（昭和4）年3月発行『台湾教育』320号98頁の「台湾初等教育革新論（一）」（景尾公学校訓導林三太夫）には、「現今教育界に於ては、自由教育・個性教育・芸術教育扨てはプロヂエクトメソード・ダルトンプラーン等教育の新思潮が続々と現はれ、教育上に個性尊重を叫び、或ひは自学自習を高唱し、更にまた児童の天性の伸長、特質の発揮等を力説し且つ之を実施するものが多くなつて来た。然しながら他面に於ては、是等新傾向の如何を顧みず、徹頭徹尾在来の教師本位の保守主義によつて穏健なる美名のもとに因襲に捕はれ、沈滞に陥り、是等教育上の新思潮と有益なる実地研究に対して、遠雲過岸の態度をとるものもある。」とあり、新教育の手法が行き届いていないことが窺える。

17 例えば、現存する最も新しい第14巻第4号（1935年4月）2頁の下村仁吉による「学習態度教養観」など。

18 例えば、『台湾教育』293号77頁、張耀堂「童話の過去及び現在」。

19 例えば台北第一師範学校附属小学校の横山長治は、「「個性尊重」の考察」というタイトルで、『台湾教育』301号から303号に、3回にわたって「個性尊重」の扱い方について批判している。

植民地期朝鮮における「新教育」
──『文教の朝鮮』の言語教授法記事を中心に──

韓 炫精*

はじめに

　植民地教育研究において'新教育'は噛み合わないテーマであった。従来、植民地の教育は主に権力の支配と民衆の闘争の観点で扱われてきて、新教育は近代教育学の理想、未望として見なされたために、この二つは同じ時代にあっても水と油のように分かれて言われた。しかし、植民地近代を旧支配国と被植民国がともに立っている'近代性'という概念から新たに考察される傾向[1]が1990年代末から始まり、一方では新教育が近代教育全体に持つ位相を再考する思想史の研究[2]が行われた。その流れの中で、本シンポジウムが目的とする、植民地と新教育というかなり実験的な試みが位置づけられると考えられる。このテーマは日本においては1991年の日本教育学会[3]でもすでに行われており、韓国においても従来の民衆抵抗史や子ども人権史的観点を乗り越えた様々な試み[4]の中で、植民地と新教育のグレーゾンを照明し始めた。

　植民地教育と新教育に関して1920〜1930年代は、武断統治と軍国主義植民統治の間にあって制限はあったものの、様々な文化的試みが行われた時期としてみることが出来る。教育史的影響として日本大正期新教育がよくいわれており、朝鮮のオリニ運動及び児童文芸もこの時期に盛んになったからである。学校教育と関わって、この時期の教科書を新教育的側面から明らかにする近年の研究として、上田崇仁[5]は、読本の内容のみならず読本に掲載された挿絵の導入が特定の教授法を誘導するという教授─学習関係を視野に入れて読本を分析している。また北川知子[6]

---
*東京大学大学院

は、大正期新教育的影響下で新たに編集された1920年代の朝鮮国語読本の特徴を、編集者である芦田恵之助を中心に考察している。上田と北川は、教材の構成上の特徴や教科書制作者の背景から、1920〜1930年代の植民地における新教育を説明しようとした点で新しい。そこで、新教育は、特定の人物の思想や実践方法に固定されず、1920〜1930年代にそのような教材の制作や方法論の登場を可能にした認識の転換から考えることができる。

　本稿では、その認識の変化を教育雑誌に掲載された教師たちの教授法記事から見ることにした。彼らの主張のどの場面に児童中心主義が使われているか。記事の内容自体は様々で一律的に説明できないが、その集合的知識が土台にしているものを探るのである。

　1920〜1930年代の『文教の朝鮮』に多数載った記事には日本人・朝鮮人教師を問わず国語教育に関連するものが多かったが、そこから教育において最初に生じることばの'伝達'問題が注目されたことが分かる。日本語を教育語として徹底した植民地教育下で教師たちは、母語でない言葉で教育をうける学生を目前にし、内地ではありえなかった新たな問題にぶつかる。つまり、内地の教育と違って、教育を成立させる基本メディアになる日本語が、多様な文体、規定されない発音などで朝鮮児童が学ぶに障害が多かったという問題であった。普通学校の教育をうまくいかせるためにはことばの声と文字を整備し、そして効率よく教育意図を伝えるためには教育対象の児童の母語を意識しなければならないのである。

　記事の分量や多様な問題提示が見られることで、本稿では言語（国語）教育の教授法記事を扱うことにした。『文教の朝鮮』[7]の記事は、普通学校教育において不正確性を防ぐための実践が多く、児童中心的で効率良い教育にするための工夫が懸賞論文及び研究会の報告などの投稿形式で載っていた。'うまく行かない'普通学校の教室授業をどのように調節しようとしたか、それに'児童中心主義'的考え方はどう貢献し、結局それはどのような方向へ展開したかを見ることにする。

　1では、言語教育（聴き・話し・読み・書き）をめぐって効果的な教授法を主張する教師たちの議論や実践を紹介する。これらの記事の共通点は、教育の効率性を上げるために児童中心主義を前提にする点である。

2では、'効率良い教育を求め'、朝鮮的（植民地的）特殊性を主張した言語学者'小倉新平'の記事と、1932年の国語読本・朝鮮語読本の改定をめぐる教師たちの記事を通じて、言語（日本語、朝鮮語）の声や文字が徐々に標準化、統一化されていく過程を見る。

1. 教師たちの言語教授法

1920年代植民地朝鮮の学校教育における新たな変化は、普通学校就学児童の増加（3面1校→1面1校）、教科書の改定（1923・1930～）、全国に公立師範学校の設立（1925）などを挙げられる。

1920年代の『文教の朝鮮』には国語教育教授に関する記事が数多い。1910年代との比べの中で山口喜一郎は、1920年代の朝鮮の国語教育は急激に変わるが、その背景には内地から新たに朝鮮に来た教師が当時の国語教授を担って内地流の教授法を説くようになったからであるといった[8]。この発言をうけて上田はこの時期を「コミュニケーション重視」の国語教育から「読み方中心」の国語教育へ変わったという[9]。

本稿で扱った国語教授記事では大きな変化は把握できなかったが、それぞれの投稿者によって多様な言語教授の理解が重なり、交差する場面を見ることができた。1920年代に内地の教師が朝鮮に来て拡散させた教授法が「内地的」あるいは'革新的'になったとしたら、そこではかならず朝鮮地域との不適合性も生じるはずである。その不都合に対する対応を日本人教師だけではなく、朝鮮人教師にもみることができる。（1）次に、言語教育を読み・書き・聴き・話しの単位に分けて、効率的な教授法を主張する教師たちの記事を紹介する。（2）

(1) 言語教育の児童中心主義的実践──二人の教師の場合──
① 南伊三末の場合

南伊三末は、『文教の朝鮮』の第一回懸賞論文に当選した論文「普通学校における国語教育」を書いた普通学校教師である。南はまず国語教育における従来の二つの派、つまり思想開発派と教育思想派（26号）を紹介する。思想開発派は、文読を自己読み（構成）・他者読みとして

理解し、文と自己との交渉過程を重視し、形式価値はその手段であるとする。一方、国語教育派は、文が思想を表記する記号の連鎖であり、文章読解の鍵は音を体系づけている文字語句であると理解する。文字語句は文化開拓の武器であり、読みと内容は相即不離な関係を持ち、読みは解釈と同一だという。国語教育派は、文の部分を全体と脈絡付けて、形式と内容を合わせて考えるべきだと主張し、形式価値は成長のための資料として必要だという。

　これに対して南は折衷案（26〜27号）を提示する。彼は「普通学校生徒に語彙がないのに、正確な発音、明確な語調で自分の思想を発表する言語訓練は合わない、そして、文の形式にだけ拘束された国語教授は、本質はずれのもの」とそれぞれを批判し、両方を乗り越えて普通学校状況に合う立場を模索し、現行教科書の問題点を指摘する。彼は、昔の内地読本や1回目の「普通国語読本」は、大人の趣味に合わせた、語法読本であり、今のものは文芸読本、趣味読本であると特徴付けた後、若干の批判を加える。現教科書（1923）に対して理想的な「普通国語読本」とは、文体を平易にして分量は現行より20％増加させることで、その品位を失わない範囲で行文を平易に、絵と並んで資料を挿入すること、語彙は児童の日常語で強く表出するように、教科書の叙述方法は、切れがないポット型主義文、教訓的ではなく、解放させる文を注文する。また対話文を多く入れて、完全に純粋な標準語を使うように要求している。そして教科書の構成は、中心教材として長編的内容を、会話材料として練習語形、基本材料として言語、文字、語句、文章を入れるようにしている。

　特に、南は、繰り返し「基本練習」を重要視する。彼が強調する教授法は、'基本練習'で、現読本が朝鮮児童の言語学習発達段階にあっていないと批判した。そして、日常語を練習して、次に読本を使って、単語、短文の形式、複文形式、発表練習の順へいくためには、新読本を使用しながら、旧読本に出たような発表形式を練習させる必要があると紹介する。教科書編纂に対して「最初は基礎が集まるようにし、単語から絵を伴う文章の提示へ、次に童謡を挿入し、文法はイマス・アリマスなどの単語→命令→位置→複雑文章」になるよう助言している。彼は'基礎練習からはじめると、表現主義の話しに転換する際とっても困難であるというが、これは児童の発表本能を知らないことである'と反論する。

南は「読み方」指導についても言及する。それは精読科ではなく、補助科として運営することを推進した。当時広く受け入れられていた'センテンス・メソッド'がいかに高唱されても普通学校児童の言語段階ではその方法は適合ではないという。同時期の27号に高見清太郎がセンテンス・メソッドを好意的に紹介していた。創造教育、表現主義の話には相当の基礎準備が必要だからである。しかし、日常表現を繰返すのが注入教育教授であると誤解され、言語練習の量が減ったが、表現教授の基礎として反復練習は重要であるといった。この言及から読み取れることは、当時教育系には実践有無を問わず観念的には注入式は非教育的なこと、繰り返しより自己表現が教育的という発想が蔓延したことである。普通学校教育における効率よい教育と一般的なよい教育の観念がぶつかるところを、南は植民地の児童中心主義をもって解決している。彼の植民地における内地の児童中心主義の見慣れなさを次のように表現している。

　　子どもの方言や訛語が童謡には許されている。これは内地の子どもがまだ年少で標準語もよく知らず、舌もよく廻らなくて方言をいれ訛語を入れ謡をよむ点から許されてゐるのでいはば土に親しみのある為に幼稚な子どもに限り其の土の言葉が許されるのです。朝鮮の子どもが国語を学ぶときには土との関係は全くなく方言も訛語もないはずです。全く純粋の標準語にして頂きたい。でないと、之が話し方に交じりつづり方に混じ更に困ったことになります。

　子どもの教育及び書物に方言を使用する傾向は、内地では広がっていたが、それが理念ではなく、実践自体がそのまま教育内容になって朝鮮に実施されると、当てはまらないということである。

②金孝植の場合
　金孝植は大田第二公立普通学校の教師で、普通学校の児童が学校になれるように、学校で児童が経験する各場面の生活用語を綿密に用意している（103号）。彼は、児童の学校生活が無理なく国語化していくように、児童の学校生活を本体として選んだ単語、つまり聞き方教材の単語104、単語ならざるものが56、話し方教材の単語90、単語ならざるもの

が26を彼は自らの実践から図表化して紹介した。彼が提示した単語リストは、児童が学校生活ですぐ使える名詞や動詞であり、また特定の場面を含む動作の命令形が多い。これは、普通学校1年生からすべて教育語を使わなければならない教育状況のために考案されたものである。リストから当時児童が学校の各場所でどのような表現を使い始めたかがわかる。そして、図表化は雑誌読者に全般的言葉の把握とその使用を促す機能をしている。

　入学当初の児童の歓喜と希望と元気を上手に国語教育の理想の上に結び付けてなるべく多くの国語に接せしめ国語で話せずには居られぬやうな又学ばずには居られぬやうな気分を触発することが大事……生活用語が定まれば、此れを如何に活用して有効ならしめ、以て児童の日常生活に要する語彙を拡張していくかと云ふ事が大事、且つこの実際指導の記録を作って行く事が大事……其の指導の根本には教師の美しい、正しい、きれいな言語が横たはってゐなければならない。

　また金は、児童の生活を中心とする指導案（121号）を提示している。指導案は月別・季節別のテーマ下に、指導の目的を提示して各科教材と連絡する中で、児童に生活要目を段階的に教えるように作ってある。金は前回の同様に、生活指導教育の目的を以下のように述べている。
　「生活指導による教育は、教科書教材を決定的なものとして構成された所の教育ではなく、飽くまで児童の実生活を基礎として、スタート点としていくところの真に生きた所の教育であると信ずる。……（81）此の生活指導案によって児童の学校に於ける生活、家庭における生活が国語化され、以て彼らの生活が現在より拡充され、深化され、展開され、発展されて行けば結構だと私は常々思ってゐる。（88）」

　以上の二人の教師の例は、非母語で行われる教育の場面で生じる障害をなるべく減らすための実践報告である。教室をよりうまくコントロールし、意図したとおりにいかせるために、彼らは児童中心主義的学習を主張しているのである。

(2) 知覚に基づく教授法論

　以下の記事では、従来の教授法と新たな教授法の交差を見ることができる。特に教授において効果が高いものや妥当なことなどが争って掲載されている。

① 話し方教授

・学務局の官僚である高見清太郎（60号）は、従来の話し方を読み方教授から引き出して、聴きと話しの関係から改めて言語教育の基礎を考えようとする。

　「普通学校の国語教育に於ける話方は其の性質上読方教授に付随すべきものではなくて、独立した系統案を立てて…児童語彙調査の結果、東京成城小学校、千葉県鳴浜小学校、長崎県壱岐小学校などの児童は約4千及の語彙を持っている。彼らは目によって文字を読むことによって学んだのではなくて、事前に聞いて学んだのである。言語習得の門戸の位置なる耳を通して学んだのである。文字によって目から言語を学ぶよりは、文字によらずして直接耳から学ぶことが容易である。」

　高見は、ⅰ）話による言語伝達の心理作用とⅱ）文字による言語伝達（習得）の心理作用を比較することで、前者の方が持つ効率性を主張する。

　猫ということを思い出せば必ず猫が聞こえると想像するか、有るいは声音に出していうと想像するのである。吾々が何か心の中で思ふ時にはただ聴覚を起してゐるのだ

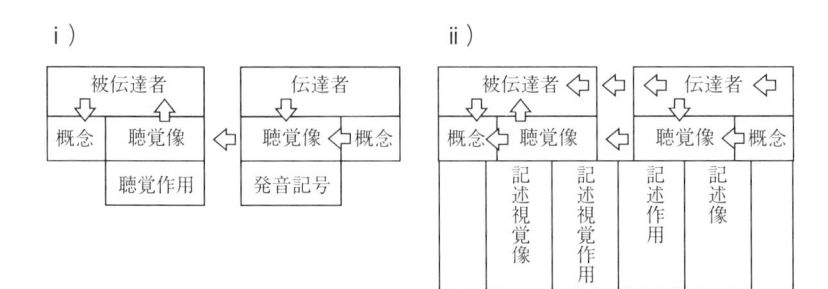

ⅰ）

被伝達者		伝達者	
概念	聴覚像	聴覚像	概念
聴覚作用		発音記号	

ⅱ）

被伝達者		伝達者	
概念	聴覚像	聴覚像	概念
記述視覚像	記述視覚作用	記述作用	記述像

高見は、「言語学からみて言語と文字は完全に別個の体系」であり、「話し言葉が言語の実態、書かれたことばはその画像、其れを混同して不便に余分の力が……」と言い、文字による音声の優位を言う当時の言語学的観点を紹介している。「読み方には読み方教授特有の目的あり、読み方の実続は話し方教授の母体のうちに挙げられるべきである」と述べ、従来、話し方は読み方教授の一従属として扱い、異なる体系を結合したという。高見は低学年時代の国語教授は、読書筆写を主とすべきではなくて、口と耳とを活かせて、口述談話を主とし、読書筆写を従とすべきであるという。

・普通学校教師の金在成（84号）は、「普通学校の児童が国語としてのことばはもたないから、直観物を見る、自己の朝鮮語によむ、教師の発声に自己の生活を国語言語に結び進む。文字をよむ、最初は自己の言語内的に還元し、さらに国語に還元し、進んで文字を読んで其れの表徴する言語に還元して初めて理解するに至る」とその言語習得の順番を述べている。これは直観法によるもので、朝鮮語以外の学科が日本語で行われている以上、話し方科は、文字より優先することであるといいながら、テーマ別に話しあい、発表する指導要項を作成して紹介している。

　② 　綴り方教授
・末永又一は京城師範学校訓導で、内観的綴方法（3号）を書いた。それは「綴方教授最近の傾向を述べて内観的綴方教授を提唱す①、②」記事で、90号の教師、李仁伊に影響を及ぼした。李は、先の高見（60号）と異なる立場で話し方と綴り方をつなげる方法をとっている。李も、初学年の話し方学習過程は純国語で指導しているが、その順序は「直感させる⇒教師国語で模唱⇒理会⇒発表のペスタロッチ式」を使っている。

　ⅰ）話し方指導
・手に石を握って저기 돌이 있소．石を隠して돌이업소→直観さす→又石を持って돌이잇소と云ってアリマス石を隠して업소と云ってアリマセン→教師の模範発声を自己の朝鮮語で読む→児童の心の中では「は

あ、あれがアリマセン」であれがアリマスだなあと思う→自己の生活を国語に結びつけて進む→アリマス、アリマセンと板書するか又は話す、児童は読んだり聴いたりする→文字を読む、話を聴く→更に前過程を繰返して分る→理解する
・手に石を握って有るのを見せてアリマス→直観→石を隠してアリマセン―理解→前の直感を其のまま話す、又は書く→発表
・或る直観物を見せる→其を自己の朝鮮語に読ませる→教師の模範発声（이것은 イヌ라고 한다）に自己の生活を国語の言語に結び付けて進む→次に文字を読む話を聴く→又朝鮮語で心の中で読み直す→理解する
　実物による直感法以外に、略画、歌、教師の動作及び身振り（表情）による話し方指導も紹介している。李は、「強いて機械的に記憶のさせ方と自発的に欲求的に記憶することは児童に於いてもっとも其の差異の大なることは事実であり、……自発的な意欲なるものを如何に学習の上に織り込んでいくべきか」が大事であるとし、児童中心主義的指導の効果を力説している。

　続けて、李は「話し方と綴り方とは別項のものでない。ある動的、有機的内容をもった既につづられたものを直観する。其れを自己の生活内容に同化させ、自己の経験に依って綴り直す。綴り直したものを言語で現したものが話し方である。之を或る形式に依って文字で表したものが綴り方と謂うべきものである」として、自ら普通学校低学年の綴り方指導を二期に分けて説明している。

　低学年第一期には、①みせて心中に綴らせること[10]、②話して綴らせること（語句を聞かせる）、③文字を読んで心中で綴らせること（板書してよませて）、④綴ったものを文字で現はせること（絵をみせてから、知ったことを紙に書くように）、⑤見たもの、聞いたもの（記憶しているもの）の綴らせ方を順番に提示している。第二期には一行綴り方の指導を行い、また教室に於ける発表を助長すべき小黒板を準備することを言っている。

・一方、洪成普通学校教員の丁寬植（40～41号）は、③に類似した綴り方指導の成果を紹介している。普通学校２年生の中頃から綴り方の根底を啓培することで、まず口頭の綴方を行わせる。丁は、発表修練

の門戸はオラル・コンポジションからであるとし、口頭のつづり方によって思想内容が深化するという。それから、児童の文字の運用が容易になったと認められた頃、「今朝見た事を口で言わないで書いてみる」と綴り方の性質の認識へ自然に移る。話の順番は、話したい内容の輪郭的、外面的ところから概念的、客観的叙述へ徐々に変えて指導したという。そして3学期の初めにあたり児童の綴り方の多くが「概念的、客観的叙述」になり、また彼らの経験内容も幾分か具体化され、主観的色彩に表現されていると、丁は報告している。

③ 読み方指導論

・鄭日秀は「文芸教育に於いて予の疑問とする点」（23号）で、純粋な芸術を児童の創作に要求すると注文通りにできるかについて疑問をもち、児童の美意識は創作よりもむしろ鑑賞によってより多く進化するという。そして、綴り方に於ける三分の二の仕事は鑑賞でよい。私自身が他人の生命にありながらかく考えると主張した。他の姿の中にわが影をみるのでなく他の姿に入り込んで行くのである。鑑賞の原理は、感情の移入であり、児童の内省を催し生活の要義を理解させるには、綴り方を本体として童話はその一分科とする。

・野中清一は、「学生たちが読みに積極的ではない」と書いている。（「普通学校国語教授の悩み」（30号））文章は作家の考え、生命体だから直感して読むことであり、要素読解では、全然生命の格闘が演技されない。格闘の結果獲得した文の生命から自己生命の成長発展を実現して、第二の文を読み出す自我が成立する。これが、深く続いて、進展されるのが国語学習の態度であるとし、精読がもつ自己成長の力を強調している。

・呉貞華が'釈迦'という歴史的人物の課をもって国語を指導したことに対して、参観者の批評は、全体的読みについてであった。（「国語教授法研究会」指導の実際と批評会　（30号））「読みの形式順序に深く入り、文章の吟味、感激する方面が足りない。また、内容把握後、形式に帰って文章全体の文脈構成を見るのが重要。児童は読むとき、偉人の人格と接すると同時に自己の小我に帰って自己生活を発表しなく

ても自身を見出す、内省的読みが必要であると指摘している。また普通学校の国語教授には発音が重要であり、語学的に考えて話す必要があると力説した。

・崔瑾烈は、国語教育の目的は国民の養成に、朝鮮語教育の目的は民性の養成にあると言った後、長く現在の朝鮮語読本の欠陥を指摘する。(「国語教育と朝鮮語教育の使命」(32号))現在の読本は文字教育に注力する、単語教材が多く、心の交渉がないものである。文章の構成が漢文体で、子供を引き入れる力がない無意味な材料であるから、現代言語教育、児童文学から俳卓されるという。また普通学校児童は朝鮮諺文、カタカナ、ひらがなに、発音が違う両語の漢字も学ばなければならないので、使用言葉を少なくとも選定してくれることを願う。

　児童化というのは朝鮮児童には理解できないから、教科書には内地の方言を入れないように、また外来語、漢字熟語を入れず、純粋国語のような易しい言葉の文章を使うことを主張している。

・麻生磯次は、中等学校の国語教授の実際を視察した後、その鑑賞を述べている。(国語教授断感(88号))全体意図把握にかたよって語句文章を精密に解釈し、生徒が其等を十分に習熟せしめる時間を与えなかったと指摘し、国語教授に於ける基礎的な作業は語句の正当な解釈であるという。(語句に内在する力を生徒に把握せしめることの緊要性)部分的語句の穿鑿の如きは専ら生徒の予習に信頼し、教授者の立場は寧ろ全体的総括的な点にあると考えることも尤もである。

　しかし、生徒側の自学自習が徹底しているかというと、生徒各自のノートを見ると分るように足りないままである。……従来の訓詁注訳に対する不満が鑑賞批評という反動として現れたが。主観客観とが明確に区分され得ないもので、分析と総合とは全く相納れぬ性質のものではない。総合に走り過ぎて、基礎的なものを閉却する国語教授には賛成できない。国語教授は、まず其の出発点を、語句文章の精細な解釈に置く必要がある。訓話注釈の弊に堕せず、部分を通じて全体への有機的関係を考慮し、一言一句の中に内在する力を把握する。

以上で述べる新教育は、限られていた植民地教育の内部における新たな試みであった。制限がある学校教育内で児童の学習不振・障害問題をより効果的に克服する方法や理論が多数読み取れた。教師の記事には、効果性をめぐる論争はなかったが、実践を見ると問題に対応する様々な差が見える。それは内地からの革新性、あるいは地域に基づく折衷性、限りある中で考案する体系性などに起源をもつと考えられる。

　1920年代は普通学校の就学率が広がるものの、決して一般的な現象ではなかったため、植民地の新教育的発想は現教育を批判して現れたというより、現教育を効率よくいかせる方向へ向かったといえる。内地から紹介される心理学や言語学の知も、学校の文脈では植民地教育をもっと上手にするためのものであったからである。教師の主張には、学習を児童の知覚を中心に区切って（話し、綴り、読みなど）扱い、教育の目的達成により効率的な方法をとろうとすることが前提になっている。

2. 声と文字の標準化へ
——標準化を求める植民地的新教育の特徴——

　1920～1930年代は、日本語の発声と文字を標準化するように植民地から要求し始めた時期である。そして植民地国語に対する動きは、民族語の文字として変貌したハングルの綴字法統一とともに生じた。

　まず、国語の標準化の動きは、学校で学習する児童の負担を減らし、より均質な言葉使いのために進められたもので、何よりも植民地の教育現場からの要請によって始まったものである。それに貢献したのが、小倉進平である。(1)では、小倉の国語標準化論理と学校教師内の問題提起などをみることにして、(2)では、その標準化要求の結実としての『国語読本』、『朝鮮語読本』をめぐる教師たちの議論を紹介することにする。

(1) 植民地からの声の標準化要求
① 国語問題と音声学

　京城帝国大学教授の小倉進平（19号）は、朝鮮の普通学校では口語、文語両文体に、また公用文の書き方をも教え込んでいるとし、国語が一

島帝国内の言語であった時をへており、その欠点を含めより客観的に国語を見る時期に迫ってきたという。

　朝鮮の実際生活上何故に人々が各種の文体を学習せねばならぬかといふ問題は最も痛切に吾々の頭に響いてくる問題である。吾々は朝鮮の官庁に向って一日も速く候文体、文語体を廃止し、専ら口語体を採用するの機会を作らん事を希望するが、茲が所謂内地延長であって、内地に於いて之を実施せず限りは朝鮮に於いても之を行ふことが中々困難な立場にある。国語の整理が朝鮮教育界の蒙る損害は日に日に大である。吾人は　関東州、台湾等の教育者と提携して国語整理の促進を文部省に献言したい。……今日国語の標準的発音なるものは未だ明示せられて居らぬ上に……
　　　　　　　　　　　　　　　　　　　　（「国語教育と音声学」）

　彼は、音声学協会の研究範囲の一つとして朝鮮における国語教授の実際問題を挙げている。まず朝鮮語の発音の原則を明らかにし、国語の音とそれを比較して始めて国語の発音問題が解決される。朝鮮の国語教授者は内地に於ける国語教授者よりも国語の音に対して正確な知識を獲得しえる素地を與へられておる。そして、アクセントは内地では左程重要視されてないが、国語を外国語取扱にして学習する朝鮮人にとっては音節のアクセントが悩みの問題である。「鮮内の或地方の普通学校に九州地方出身の内地人校長が「鼻」と「花」とのアクセントの区別を力説して児童に教えたが、其の校長が他に転任し、関東地方出身の新校長が来るに及んで、前者とまるで反対のアクセントを教へた。国語学習に敏感な朝鮮児童は大いに惑はざるを得ない」として、国語の標準的アクセントの整理を求めた。

　小倉は上位の二つの基である音韻の研究が進むと、国字、文体統一の問題など国語問題の解決に向って直接間接に寄与できると主張した。実際、植民地学校において直接法で行われる国語教授には、児童は母語の朝鮮語の発音体系から国語の発音に制限が出来て意味が通じなかったり、あるいは内地教師の出身地によって変わるアクセントのせいで、学習に混線が出来たりする場面が多かった。意味が通じるためには正確な発声分析や基準を設けて、客観性を持つ必要性が現れたのである。

② 教員の発音問題

朴永仁は、65号に「内地人が朝鮮人の日本語発音を聞いて朝鮮人は、アプリオリーにそんな発音をするものと思ってゐるが、この修正は可能であるばかりでなく、実に容易である」と問題を提起する。

いまさら改めて内鮮融和なんという陳肉な問題を説かうとするのではないが、国語の発音から来る不快が起因する所の感情のもつれも相当に注意」するべき。不正確な発音は心理的に不快感を起こすが、此の感情は憎悪、軽蔑の感情となる。それは教育者だけでなく、内鮮融和を云々する為政者達も一つ考慮に入れてほしい。

(「国語教育と普通学校教員の発音問題」)

朴は、朝鮮人の発音の問題が学校から発生するとし、普通学校教員の発音が出鱈目であるから、その下にいる生徒の発音が悪く、それが次の時代の児童に伝わると批判した。

それに対して、現場の教師である李鍾極は69号において反論をしている。彼は、英語学習をたとえながら、「外国語の発音の不正確なのは、生理上の差、文化的の差による」ものであり、また「教師には語の発音を科学的に組織立てて研究することが出来ない状況で児童に国語（吾々は通常、「読方」と言ひ慣らして来てゐる）を教授する時に相当な苦心、努力がある」といった。

普通学校児童の国語練習が朝鮮語時間以外に学校で毎日5時間ずつ行われるが、学校外に行くと……家族や環境のアトモスブイアーが全然絶望である。……意識的に努力すれば、外国語も正確に近い発音が可能……普通教育6年、師範教育6年に「机」の発音がちゃんと出来ないというのは国家に対して申訳ないことではないか。

(「国語教育と普通学校教員の発音問題」)

現場の国語教育から起きる不正確な発音問題の解決を意識的努力に求めるところで、朴と李は共通している。国語の目標が円滑なコミュニケー

ションにある状況で、発音は大事な問題として浮かんできたことが分かる。小倉が①で示した標準的音声研究にまさに当てはまる議論である。

(2) 文字の統一へ
① 小学校国語読本に関する記事

91号の「新国語読本の語り方」では、1916年以来使われた小学校国語読本が新たに改定された1932年の国語読本を扱って、その変化を説明している。

「ハナ・ハト」「ハタ・タコ」の如く単語から出発する所謂範語法はやうやく姿を消して、実際家の一望久しい文章ではじまる国語読本がつひに世にあらはれた。それには、リズミカルな文章を収め、学校生活と家庭生活とが描かれている、……最後に児童にしたしみ深いウサギとカメ、イソップに取材したししとネズミ、桃太郎の3つの物語を扱っている。

92号の「新読本　巻一を手にして」の記事も、「旧読本は単語を最初に出し、次に単文を提出し、次に主語の並列された単文、次は述語の意味を説明するが如き文、又助詞の意味を区別させるが如き文と……文法的言語学的関心を十分持って編纂」されたことに対し、「新読本は子供が遊んでゐる時に常に口から出してゐる児童の言葉其の儘で表れてゐる。……花についての経験を発表させたり、特に櫻について鑑賞させ、子供ながらに鑑賞的境地に導いたりして、始めて学校といふ所にはいった児童に対して、飽かせないやうに、学校は面白い所、勉強は愉快なものと思はせる様にと苦心」したと歓迎している。

91、92号が読本の体制について述べ、101号の「新たな問題―小学国語読本字体整理について」は、新たに整理された字体整理を問題視している。つまり、尋常小学校の読本が歴史的な仮名遣いを捨て表音的仮名遣いで表記し、筆写体をすてて字典体（活字体）へかわったことを示している。その変化は「時代の要求であり、文字からする論理主義をすてて、児童文学よりする心理主義へ編纂の基調を改革するもの」であるその意義を認めながらも、「なほ国字問題の立場よりみて多くの疑念を禁じ得ない」といった。

② 普通国語読本に関する記事

1927年の記事「現行朝鮮語読本に対する私見（27号）」において、投稿者は教室でしばしば起きる学生の表記法に関する質問を挙げながら、読本に現れる漢字音の歴史的表記法と純朝鮮語の表音的表記法との矛盾に対する問題を撤廃することを求める。特に語幹、語尾の混同及び語法の習得上からみて不便であるといった。

1927年の問題提起は以降でも、何回に渡って掲載されるが、1935年記事（「最近民間に於ける「한글」綴字法問題を考究す（114号）」）において統一を見るようになる。つまり、「従来語音との不一致による不自然なる表記表の整理、実際教授に当っては何ら目当なく読み方と書取との能事として時間を徒費」した問題が、以下のように整理されたという。

①単語綴の表意化：鎌、顔、昼の意を従来の表記によるとせば、何れも낫と書く外ないが、新綴字法によると、낫（鎌）、낯（顔）、낮（昼）と別には表記し得る。
②終声復活と文法的整理：従来の単終声のほかにㄷㅈㅊㅋㅌㅍㅎ並びにㄲㄳㄶㄵㄺㄻㄼㅁㄱ、ㅄㅆなどの単重終声体言と助詞、用語の語幹と活用部との区別が確然たる、文法的確立とが相俟って、単語綴表意化が図られた。
③表音的表記法：漢字音の実際語音との不一致なる歴史的表記法の困惑を避け、統一させる。祖（조）、朝（죠）、調（됴）　→조

以上の声と文字における日本内地の状況や他植民地との関係も比較しなければならないが、少なくとも、朝鮮の内部では普通学校における教育的負担や損失を除くために、日本語の言語的な面を標準化しようとする動きが学問的に行政的に活発であった。日本語の場合、地方的なものを抑えつつ、客観化、省略化・標準化する方向へ向かったが、朝鮮内部に支配語という対比的存在があったせいか、ハングルも、日本語の言語的面が向かったところ、つまり標準化へ連動して向かったといえる。

まとめに

　以上では、帝国日本で新教育が盛んになっていた1920〜1930年代を中心に、植民地期朝鮮の新教育の特徴を明らかにしようとした。対象雑誌の内容の中では、普通学校の教師たちが書いたもの、つまり'教育がうまく行かないところを指摘してそれをうまく行かせるために使う"児童中心主義"的問題提示及び教授法'を中心に考察した。教師の主張には、学習を児童の知覚を中心に区切って（話し、綴り、読みなど）扱い、教育の目的達成により効率的な方法をとろうとすることが前提になっている。

　新教育の関心や工夫が「子どもが如何にものごとを知るか、子どもに如何にものごとを伝えるか」にあるとしたら、植民地朝鮮においては1920〜1930年代にその観点が教育に広がったといえる。また児童の知覚を教授上の基本要素とする傾向は、教室のそとでも同一の論理を持った。植民地から内地へ要求する日本語の標準化問題、日本語やハングル綴字法統一の同時的動きなどがそれに該当する。1920〜1930年代の普通学校教育で行われる'伝達'は児童の知覚を媒介にしてあり、それは児童ならではの特殊性や個性を根拠にしながら、結果的には'標準化、客観化'へ導かれたといえる。

　従来の理解では、植民地には真の教育である新教育がなかったとか、支配側の動員のために使われたために新教育は否定的であったといわれる。しかし、理想的・否定的という二分的な価値評価から一歩踏み出して、本稿ではこの時期の帝国日本（内地と植民地を含めて）に新教育ないし児童中心主義が可能になった背景を教師の教授法記事から考えてみた。その結果、教育の問題が児童の知覚を中心に語られたことがわかった。なぜこのような傾向が教育に起きたかは、同時代の様々なメディアとの関係から調べることで今後の課題にしたい。

【註】

1　松本武祝「朝鮮における『植民地的近代』に関する近年の研究動向」アジア経済研究所『アジア経済』43-9.2002、「コロニアリズムとしての教育学」教

育思想学会『近代教育フォーラム』(12) 2003、韓国教育史学会『韓国教育史研究の現況と課題』年次学術大会資料集．2005。
2 「新教育への新しいアプローチの可能性」教育思想学会『近代教育フォーラム』(14) 2005。
3 磯田一雄、福田須美子、駒込武、「植民地教育と新教育」『日本教育学会大会研究発表要項』50、1991。
4 大竹聖美『近代韓日児童文化教育関係史研究』ソウル・延世大学校博士論文、2002、李相琴『愛の贈り物』ソウル・ハンリム 2005、韓ヨンへ「二つの子どもの日」『韓国社会学』39-5、2005。
5 上田崇仁「国語読本」と「朝鮮読本」の共通性『植民地教育史年報』3,2000;「朝鮮総督府「国語読本」と国定「国語読本」の比較──挿絵のみの教材に見られる特徴」、『植民地教育史年報』11、2008。
6 北川知子「朝鮮総督府編纂『普通学校国語読本』の研究」『植民地教育の残痕』皓星社、2003、同「国語教育と植民地；芦田恵之助と「朝鮮読本」」『植民地国家の国語と地理』皓星社、2006、同「朝鮮総督部編纂『普通学校国語読本』が語ること」『植民地言語教育の嘘実』皓星社、2007。
7 『文教の朝鮮』の発行主体である、朝鮮教育会は、総督府の学務局に属する教員団体で1902年に創設された京城教育会にその起源を持つ。2回の改名を経て1923年'朝鮮教育会'にし、朝鮮での教育の普及及び改良を目的にした。会員は主に全国にわたる教育行政家、教員及び教育関係者たちであった。主要事項としては、①教育と学芸に関する研究・調査、②講話会講習会の開設③教育・学芸に関する雑誌発刊及び教育上有益ある図書の刊行、④教育上功績あるものの表彰、⑤青年の風気改善に関する施設、⑥図書館開設、⑦教育倶楽部の開設などである。朝鮮教育会が行った大きな事業の中の一つは③機関紙の発行であった。1910年代の朝鮮教育会は総督府人士、官立学校関係者及び全国13道から加入した会員で構成されていたが、一般会員の中に朝鮮人教員が何人かは確認できない。1920年初期から会員数が徐々に増えていくが、それは1920年代の普通学校数や入学児童の増加による教師の増加を示す。朝鮮人教師の会員化も進んだと見ることができる。教育会会員には会誌の『文教の朝鮮』を無料で送付する。朝鮮教育会の会費は各道教育会通常会員年1923年、1ウォン80銭、1924～1926年、1ウォン20銭、1927～1940年まで1ウォン80銭。
8 『文教の朝鮮』139号。
9 上田、上掲書p60、2000。
10 犬はわんわん吠える（写生的、説明的）、尾を振って時運になづく、餌の取り方はどうである、犬の子供に乳を飲ませるときのこと、何時かいぬに逢って怖かったこと、自分の犬が他の犬と喧嘩をして勝って嬉しかったこと、食物を食べるときはどんなに食べる、犬がある事情で死んだときのこと。

『文教の朝鮮』の新教育関連記事リスト―1920～1930年代―

投稿者	題目	号数
末永又一	綴方教授最近の傾向を述べて内観的綴方教授を提唱す①、②	3
五十嵐悌三郎	音楽教育の効果	3
	唱謡教材の教育的価値と選択上の注意	61
	歌唱の振興を提唱す	120
河愛源	発音教授に就て	7
児島戯吉郎	何のため朝鮮に	10
崔允秀	手塚氏の自由教育説	11
上杉敏夫	学校体操教授要目改定に関する主旨	13
京城師範	最近体育教育思想	20
	リズミックムーブメント	26
	クヌートゼンシステムに據る教育的体操を顧みて①、②	32、35
	憂国の志士ヤーンを憶ふ	41
	米国ロス市の体育	109、110
李源圭	朝鮮語読本教材について	
稲垣伊之助	国字問題について	17
龍ノ口忠太郎	朝鮮における文学的教養の必要	17
佐藤清	文学の価値①、②京城帝大教授	18,19
松月秀雄	吾人の師表としてのペスタロッチ	18
京城帝大教授	勤労の教育学的概念	34
	大阪市細民密室地帯における労働学校視察の印象	48
	職業科一元の新学校	64
	宇野博士の Die Ethik des Konfuzianismus を読む	65
	ウォッシュバーン氏の来城に就て	67
	生産学校と其の批判	70
	勤労主義の教育と教育者の人格	72
鎌塚扶	ペスタロッチ先生を憶ふ	18
	生活を解釈し現代の教育思潮に及ぶ①、②、③	55、56、57
	職業的労作による人文社会の理解	61
	二宮翁が印した貧村救済の跡①、②	67、69
	生活による教育の概説	85
	簡易学校視察記	115
小倉進平	国語教育と音声学	19
	嶺西方言	31
	鞍韆方言分析	73
	北部朝鮮方言中活用語の語尾に在する등及메	85
今泉雄作	書画と個性	22
竹内熊治	普通学校国史教科書改訂の急を訴ふ	22
高田邦彦	体育教授書改定に就いて思ふこと	20
	教育観の確立に就いてその考察	22
	労働教育の教育観	25
高田邦彦	学習長編纂に就いて	27
三ヶ尻浩	諸外国小学国語読本に就て	22
	童話と教育	29
	内鮮語敬語法の根源と其の運用について	111

投稿者	題目	号数
鄭日秀	文言教育において予を疑問とする点	23
島本愛之助	正しき自由①、②	26、27
	社会主義から理想主義へ上、下	65、66
南 伊三末	普通学校第一年生に対する国語教授について①、②、③	26、27、28
高見清太郎	童話の教育的価値研究	27
	国語教育拾－集	
	童謡においての考察①	32
	童謡の教育的価値	34
	普通学校国語教授私見	47、
	普通学校国語教授卑見	45
	国語教材の観方に就いて	49
	国語教授における話方教授の研究	60
	幼児及児童の言語に関する研究	61
厳詳燮	現行朝鮮語読本に対する私見	27
	初等教育座談会	
高田那彦	童話の本質に就いての小考察	29
	読みの本質に関する一つの研究	30
佐田至弘	童話の価値及童話口演者としての条件	29
呉貞華	研究授業　国語教授法研究会；指導の実際、批評会	30
朝野菊太郎	国語教育に対す一面の感想	30
野中清一	普通学校国語教育の悩み	30
崔璋烈	普通学校における国語教育と朝鮮語教育の使命	32
木藤重徳	史実を如何に教材化すべきか	33
呉聖達	国史科教授法研究会　実地授業	33
吉尾動	国史教授における相互学習と説話中心との結合に就いて	33
福士末之助	教育の本来の任務	39
	全人の教育	47
	欧米教育概観①、②	65、66
	欧米教育の実際	68
田中初夫	朝鮮における国語教育問題	35
	国語教材における形式論の限界について	43
	現代文教授に関する基礎的な覚書の一, 二	55
	国語教材への態度	61
	世相を反映する民謡	64
	国語教材の解釈	73
木下久吉	児童文庫春の巻の刊行を終りて	35
	単級教授法研究会	37
蓮間森信	郷土の教育化	39
康重植	初学年児童出席奨慮方案	39
	普通学校新入児童取扱に就て	43
丁寬植	児童の心理に立脚した綴方の基礎的啓培誘導の実際①、②	40、41
石井一夫	論説　勤労好愛(実科教育)の思潮とフレーベルに於ける作業教育の理念	42
相良梅雄	全南東部七郡教育研究会	
	諺文綴字法調査に関する件	46
北野蘇市	書き方教育の問題	46

投稿者	題目	号数
渡植彦太郎	経験主義的倫理思想の一典型①、②	46、47
	初等教育研究会―体操科、図画科①、②、③、④	47、48、49、52
菊地良樹	朝鮮の実業補習教育	49
児玉秀雄	農村教育の本旨	50
吉原雄四郎	大都市に於ける実業補習教育の現状	54
喜多村 肇	構想画指導	54
小出満二	世界の趨勢より見た実業補習学校	55
金洪三	奈良女子高等師範学校付属小学校参観記	55
和久正志	修養団教化運動に就て①、②、③	56、60、61
京城帝国大学教育科研究室	【泰西思想紹介】ゲオルク・ケルシェンシュタイナー	58
	如何にして我々の学校を生活に近づかしむべきか?―ケルシェンシュタイナー	59
	ジョン・デュウィの教育観①	60
	②	66
	③	67
	④	69
	⑤	71
	⑥	72、
	ケルションシュタイナーと伯林新聞	73
	陶冶①	75
	陶冶②	77
	陶冶③	81
		83
		84
		86
武部欽一	勤労教育に就て	59
李倫求	綴字法の立場から見た旧朝鮮語読本	60
高橋濱吉	職業科の要旨とその運用	65
李俊夏	労作教育の本質	65
朴永仁	国語教育と普通学校教員の発音問題	65
八尋生男	普通学校卒業生の指導	68
八尋生男	此の頃の学校農業①②③④⑤⑥⑦⑧	81～88
	卒業生指導に関する二三の考察	89
	朝鮮に於ける農村振興運動に就いて	92
	職業科の社会化について	95
	朝鮮における農家更生運動の検討	102
李鍾極	国語教育と普通学校教員の発音問題	69
	全鮮職業教育研究大会会員意見発表	70
吉田賢龍	内的生命観	71
野田義男	労作教育概論；公民教育と労作教育、郷土教育と労作教育	74
昭崎鐵太郎	現代に即せる書方教育	75
藤沢秀三郎	郷土教育に就て	77
	社会教育に就て	84
鎌塚扶	修身各種教材取扱上の主眼点	78
	生活による教育の概説	85

投稿者	題目	号数
安部友愛	読みの意義考察	78
上杉敏夫	リズムを基調とせるニルスブック市体操指導①,②、③	78、80、82
	米国の職業教育①②③	95、96,97
松月秀雄	ケルシェンシュタイナー逝く	79
	独逸の文化教育学者と論語	87
尹昌溥	朝鮮語文典の統一について	79
崔琦松	郷土に立脚したる学校経営の一端	79
金泳薫	現今教育思潮の一瞥	80
児玉三男	シュプランガー教授の「ケルションシュタイナーを憶ふ」を読む	81、82
勝部謙造	学習体験の分析的研究広島文理科大学	82
藤崎勝義	綴方指導論上の実際問題一顧	82
崔載瑞訳	西洋児童読物物案内①、②、③	83、84、85
金在成	普通学校第六学年の話方に就いて	84
監飽訓治	ことばの発音について	85
斉藤正夫	悦びの芸術としての童話①、②、③	85、87,91
	漢字音の問題	98
教育思潮概観	素朴教育、郷土教育…	85
	国史の精神、農村自力甦生と労作教育…	86
	我が国体論、個人的自覚への教育…	87
	自労自治の道、体育の社会的発展…	88
	児童に興ふべき自由の程度…	89
	解決を待つ幼稚園教育界の問題…	90
	聡盟脱退のはなし…	91
	日本精神と教育、郷土教育と職業教育…	92
	児童生徒に対する校外生活指導に就て…	93
市村秀志	教育方法の自己発見	86
安田保則	学校教育に対する私の態度	86
竹内一	ニルスブックの基本体操に対する批評	87
麻生磯次	国語教授断感	88
田尻柳市	体験による学習「児童通信」に就いて	88
松本真英	教育上より見たる雑誌	89
三浦広雄	教育に於ける自己活動の原理	90
	都市児童の特質と其教養	106
李仁伊	話方から綴方への実際	90
森田梧郎	新国語読本を見て	91
	新たなる問題―小学国語読本の字体整理について	101
佐藤道義	新読本巻一を手にして	92
	新読本の促音表記法について	95
中野己之吉	総合教育に就いて①②	93、98
赤井米吉	生活指導における郷土的労作的用件	94
増田一人	生活行の姿鏡としての読方教材	96
齋賀操	生の綴方指導	96
長田新	最近教育思潮の根本問題①②	97、98
田花為雄	新独逸の教育①②③	101、102、103
	職業科指導講話資料①②	100、101

投稿者	題目	号数
有働一誠	ムカシアルトコロニヨイオヂィサンガアリマシ	102
大沢武雄	児童に読ましむる職業読本私稿	103
吉沢寛	初等唱歌編纂の趣旨	103
金孝植	普通学校入学当初の生活用語	103
金庚麟	山間の学校だより	103
富山民蔵	外国語としての我が国語教授法試考①②	104、105
金徳兆	簡易学校の統合的経営卑見	106
池田林儀	人の教育と犬の教育ペスタロッチを憶ふ	107
	文盲退治と簡易学校①②	117、118
	簡易学校	118
鎌塚扶	一つの簡易学校につき、その開校前後の模様を紹介す	107
	簡易学校を紹介す	
鄭寿龍	新設簡易学校の実際	
上萬英夫	都市教育に於ける勤労教育施設方案	
光行岡蔵		
吉田熙	農家更生計画の実行に関し初等普通教育に於て協力すべき具体的方案	107、109
高田哲太郎	師範教育の重要性と付属学校の任務	108
高亭鎮	簡易学校体験記録紹介	109
久光 茂	簡易学校開校一ヶ月記録	
内尾志津子	女教員の向上について	109
文鳳劾	農村学校経営の実際	110
申榮吉	私の簡易学校生活	110
小西重直	教育の本質と労作①②③ 京都帝大	111－113
	思潮紹介 教育者の精神	119
平山孝一	簡易学校開校一ヶ月記録	111
松橋喜代治	全北の簡易学校	112
金鍾湜	訓育中心の簡易学校経営	112
八尋生男	慶北、職業科教育展覧会を観る	112
八尋生男	農家更生計画教授資料	119
和久正志	盲啞教育に就て①②	112、113
金承均	簡易教育だより	113
宋桂星	最近民間に於ける「한글」綴字法問題を考究す	114
鎌塚扶	簡易学校視察記	115
清原貞雄	日本精神 ①②③④⑤⑥⑦	116－122
柳沢藤策	郷土教育の使命とその実際	116
朴宗憲	簡易学校経営に対する体験記	116
川村光也	簡易学校と教会堂と部落	119
清水節儀	図案教育研究協議会状況	120
五十嵐悌三郎	歌唱の振興を提唱す	120
	京城、国文会の設立と国語教授資料の展覧会	120
金孝植	児童の生活を中心とする指導案	121
酒匂精	社会主義に対する私見	123

Ⅱ. 研究論文

日本統治下台湾の「国語講習所」における社会的指導の実際
―― 新竹州「関西庄国語講習所」日誌（1937）より ――

藤森智子＊

1. はじめに

1-1　先行研究と本稿の目的

　教育が社会化の機能を有することはよく指摘されることである。現在日本の初等教育においても、各教科や道徳、特別活動の時間等を通じて生徒たちに集団生活のルールや道徳性を身につけさせることが目標として掲げられている[1]。学校教育を受けることによって、生徒たちは社会生活上の知識や常識をも身につけ、社会化されていくといえよう。これは戦前日本統治下の台湾でも同様であったと考えられる。学校へ行くことは集団生活の訓練でもあるからである。

　日本統治下台湾の教育はこれまで多くの研究者によって取り上げられてきた。特に初等教育機関であった公学校に関しては制度や教科目の分析などで数多くの蓄積がなされている[2]。それに対し、社会教育の研究は極めて蓄積が少ない。植民地台湾における国語（すなわち日本語）普及率の高さは「国語講習所」に依るところが大きいが、今日まで、その制度や普及状況を論じた研究は、呉（1987a）（1987b）、周（1995）、藤森（1999）（2001）（2004a）等、数本の論文に止まっている。筆者はこれまで文献資料及び面接調査から、藤森(2004b)では「国語講習所」の教育内容や指導内容に触れ、また藤森（2011b）では1937年に新竹州「関西庄国語講習所」で台湾人講師によって記された教案および日誌から、教科目とその内容、中でも「国語」科目を中心に検討した。

　本稿は、同日誌を資料として利用し、新竹州「関西庄国語講習所」で

＊田園調布学園大学教員

の社会的指導の内容を明らかにする。「国語講習所」では、教科目以外に日々講師から生徒に対して生活上の指導が行われていた。藤森(2004b)では「国語講習所」で講師が生徒たちに礼儀作法や社会的ルールを教えていたことを明らかにしたが、本稿では、5ヶ月余にわたる日誌の内容から講師の生徒に対する社会的指導の実際を検討する。「国語講習所」は地域によっては公学校を補完する役割を果たしていたが、それは教科目の教授のみならず、日々の生活上の指導においても同様であった。「国語講習所」で行われた指導内容を具体的に検討することで、その指導が社会生活上の常識やルールを重視していたことを明らかにする。

1-2 「国語講習所」の概要と新竹州「国語講習所」要項の内容

台湾における社会教育は、1914、5年頃から、総督府の奨励により各地で国語普及会が設立されたことにより始まった。1920年代から、市街庄の経費が直接、日本語普及に充てられ、日本普及は市街庄が平常行う重要事業のひとつとなった。1927年に総督府及び各州に社会教育係が設けられてから、社会教化事業が本格的に開始され、国語普及は社会教化事業の主要目標のひとつとなった。

1930年になると、まず台北州において「国語講習所要項及簡易国語講習所要項」（台北州訓令第九号）が発布され、講習時間や講習生、教職員などに関する規定が定められた。1931年には国語講習所増加の趨勢を受け、総督府は「台湾に於ける公立の特殊教育施設に関する件」(府令第七十三号)を発布して、国語講習所を含む公立の特殊教育施設に対し統一的な規定を定め、国庫補助を行うこととし[3]、国語講習所を、市街庄において設立される簡易な日本語教育施設として正式に確立した。全島の国語講習所の設置数と生徒数は、1931年68カ所443人であったのが、年毎に増加し、1933年に「国語普及10カ年計画」が提起されたのを受け、1934年以降、各地で国語講習所と簡易国語講習所が増設され、設置数、生徒数が急増した。例えば、1934年の国語講習所は960カ所65,667人、簡易国語講習所は909カ所30,712人、日中戦争が勃発し皇民化運動が開始され、また本稿で扱う日誌が書かれた年でもある1937年は、国語講習所は3,454カ所214,865人、簡易国語講習所は3,852カ所257,278人となっている。国語講習所と簡易国語講習所の設置数、生

徒数が合計で最も多かったのは1938年で、それぞれ4,587カ所367,082人、11,347カ所569,894人となっており、国語講習所、簡易国語講習所が合わせて15,934カ所設置され、合計936,976人の生徒が通ったことになる[4]。

新竹州では1933年、「国語講習所要項」（新竹州訓令第八号）が発布された。国語講習所の設置目的は、「国語ヲ常用セサル者ニシテ正規ノ学校教育ヲ受クルコト能ハサル者ニ対シ国語ヲ授ケ兼テ公民的教養ヲ為スヲ以テ目的トス」と、国語を常用しない者で学校教育を受けることができない者に対して国語を授け、また公民的教養を涵養することが目的とされた。講習科目と1年の講習時間は「修身及公民」50時間、「国語」200時間、「唱歌体操」50時間とされ、講習期間は2カ年以上とされているが、講習科目は土地の状況により「実科其ノ他ノ必要ナル科目ヲ加ヘ又ハ国語以外ノ科目ヲ減スルコトヲ得」とし、科目の増減が認められていた。

その後、1939年4月7日、「新竹州国語講習所規則」（新竹州令第八号）によりさらに詳細な規定が定められた。この改訂された国語講習所規則では、第一条において、国語講習所の目的を「国語ヲ解セザル者ニシテ成規ノ学校教育ヲ受クルコト能ハザル者ニ対シ国語ヲ授ケ公民的教養ヲ施シ国民タルノ資質ヲ向上セシムル」こととした。公学校に通わない者に対し国語教育を行い、公民的教養を施して日本国民としての資質を向上させることが目的とされているのである。

主な変更点は、修業年限が2年以上4年以内と延長されたこと、教科目に関してより詳細な規定がなされたこと等が挙げられる。1933年の要項に比べると、修身・公民、国語、唱歌・体操に加え、新たに算術が教科目となっている。教授時数は、1年生から3年生は修身・公民1時間、国語8時間、算術1時間、唱歌・体操2時間の合計12時間、4年生は国語を1時間減じ、その代わりに実業・家事・裁縫を1時間加えた12時間となっている。同時期の修業年限6年の公学校低学年の教科目と教授時数を見てみると、公学校第1学年では、修身2時間、国語12時間、算術5時間、図画・唱歌・体操3時間の合計22時間、第2学年では、国語を2時間増加した合計24時間である[5]。本規定では、公学校低学年程度の科目をおよそその半分の時間で教えることになっているのが分かる。

2．新竹州関西庄の国語普及状況

2-1　新竹州関西庄の概要

　日本統治時期の新竹州関西庄、現在の新竹県関西鎮は、新竹の14ある市、郷、鎮のひとつで、新竹県の北東部、桃園県との県境に位置する。面積は125平方キロメートルあり、新竹県の平地の中では最も大きな地区である。現在の関西鎮は人口約3万人で、居住者の大多数は客家人であり、閩南人や原住民は少数である。統計によると、1933年の関西庄の戸数は、3,423戸となっている。人口は22,308人で、その内訳は「内地人」65人、「本島人」中「福建人」193人、「広東人」22,003人、「熟蕃人」5人、「生蕃人」4人、「支那人」38人となっている。人口の大多数が「広東人」即ち客家人で占められており、「福建人」即ち閩南人は少数である。日本人は65人と、ある程度居住していた。この人口は4年後の1937年には23,427人に増加している[6]。

　現在の関西鎮の主な産業は農業であり、人口の約15%が農業に従事している。気候は平均気温が摂氏22.5度と、一年を通じて温暖で、多くの農産物を産出している。主な特産品に仙草、トマト、苺、ドラゴンフルーツ、トウモロコシ、茶葉、椎茸、甘蔗、柑橘などが挙げられる。また、石灰岩やガラスの原料となる硅石、陶土、粘土などの鉱産も豊富である[7]。これらの多くは、日本統治時期より続いている産業である。本稿で扱う1937年当時の主な産業には、茶業と柑橘が挙げられる。茶葉は日本統治時期より前にすでに台湾の一産物として輸出されていたが、関西庄においては1862年、老社寮において栽茶が始められ、その後数年間で関西全体に伝播した。

　茶業は、日本統治時期になってからの1897年から1918年にかけて発展した。この間、茶葉の価格が高騰し、それに伴い耕地が拡張され茶業を生業とする者が増えた。揉捻機等の機械の発明も、茶業の発展に大きく貢献し、1918年、桃園庁において製茶公司が組織され、関西庄を含む6カ所に工場が建設されるに至った。1934年には15カ所に工場が建設され、また新竹州紅茶同業組合が組織され、紅茶業の生産保護を行う

統制機関となった。その後も工場が新設され、1936年までに庄内23カ所に当時新式の設備を備えた大工場が設置され、茶業は関西庄を代表する産業に発展した。茶業の生産販売を統轄すべく、製茶品質の向上及び販売統制、茶樹栽培茶園の管理指導及び製茶摘茶の改善等を目的とした関西庄茶業協会が設置され、この協会により荒廃した茶園や不良品種の茶園の更新奨励、茶園の三分の二以上を占める傾斜地を利用した階段茶園設置の奨励、また、摘茶競技会、製茶講習会、製茶競技会、優良茶品評会などが開催された[8]。

茶業に次ぐ関西庄を代表する特産物は柑橘であった。柑橘栽培は明治年間に開始され、大正初頭より増殖され、1934年新竹州柑橘同業組合が創設されてからはさらに発展した。1937年当時、関西庄においては柑橘増殖奨励、階段柑橘園奨励、柑橘園緑肥奨励、品種改良、病虫害駆除、柑橘剪定指導、柑橘貯蔵倉庫設置奨励、多角形柑橘園建設奨励、模範柑橘園設置奨励などの活動が行われ、柑橘の生産を支援していた[9]。その他にも、林業、畜産や石炭、石灰、煉瓦、瓦などの鉱業も行われていた。また、関西庄には、関西興業株式会社という会社が設立されていた。1924年に設立され、土地開墾及び造林、製糖などを行っていたこの会社は、新竹州下の主要会社として名を連ねていた[10]。これらの産業は、ある程度の雇用と日本人居住者を生み出した。

2－2　国語普及の状況

関西地域における教育は、早くは清末に私設の民学が設立されたが[11]、公教育が導入されたのは日本統治時期になってからであった。1937年当時、設立されていた学校は、関西公学校（1899年設立）、石光公学校（1913年設立）、坪林公学校（1920年設立）、関西農業補習学校（1924年設立）、関西公学校馬武督分教場（1935年設立）の5校である[12]。これらはいずれも現在国民小学や高等農業学校として存続している。

これら学校の規模は、1937年当時、一番大きかったのが関西公学校で、22学級、訓導、准訓導、教員心得を合わせた教員数が23人、児童数男925人、女525人の計1,450名となっていた。2番目に大きかったのは石光公学校で10学級、教員11人、児童数男401人、女212人の計613人、次いで坪林分教場が4学級、教員4人、児童数男183人、女80人の計

263人、そして馬武督分教場が3学級、教員3人、児童数男142人、女72人の計214人となっており、関西公学校が群を抜いて規模が大きかったことが分かる[13]。また、1924年に2年制の関西農業補習学校が関西公学校の中に設置された[14]。以上から、関西庄においては、すべての学校が関西公学校のもとに発展してきたことが分かる。「関西庄国語講習所」もまた、関西公学校が管理運営していたのである[15]。

　このように関西庄では、1899年から関西公学校を中心に学校教育による国語教育が行われる一方で、社会教育による学校へ通わない民衆に対する国語普及も進展を見せ始める。新竹州『社会教育要覧』によると、関西庄における国語普及は、1931年に台湾総督府が府令を発布し全島に国語講習所が設置される以前から行われていた。この統計によれば、1929年関西公会堂において開催された「国語練習会」は、会員数が男20人、女26人、教授日数が30日、1日の教授時間数が2時間となっており、出席率は男93.75%、女98.08%、修了者数は男20人、女26人となっている。講師は台湾人庄長他7人が当たっていた[16]。授業時間は1日2時間で、30日程度の短期間の「国語練習会」が催され、生徒たちの出席率は高く、50人近くの男女が国語の講習を修了したわけである。この「国語練習会」は、翌1930年には、関西に加え、石岡子、坪林、薪城、湖肚、馬武督にも各々設置され、関西庄には合わせて6カ所に国語練習会が設立された。この年の会員数は関西、石岡子が男女各30名、その他の四カ所が各20名であり、教授日数は全ての練習会が30日、1日3時間の講習で、開催時間は男が午後7時から午後10時、女が午後1時から4時、期間は10月から11月末および3月から4月末までの各2ヶ月間、隔日催され、庄長他8人が講師を担当した。これら練習会は振興会関西支会が維持していた[17]。

　関西庄によるこうした「国語練習会」の取り組みは、「国語講習所」へと引き継がれていった。関西庄に限らず、新竹州では国語練習会の活動が活発で、国語講習所が設置された後も、漸次国語講習所に改められるまで国語練習会が継続して開催されていた[18]。

3.「関西庄国語講習所」日誌にみられる社会的指導

3-1 「関西庄国語講習所」の生徒と教科目・時数

　日誌は、1937年5月10日から10月15日までの5ヶ月余りにわたって記されたものである。これには対になる教案がある。署名からは台湾人講師により書かれたことが分かる[19]。日誌によれば在籍者は5月10日に28人であった。その人数は徐々に増え、1ヶ月後の6月10日には男16人、女22人の計38人、7月10日には男10人、女30人の計40人、夏休み明けの9月1日には男10人、女40人の計50人、その後9月27日に男子生徒一人を加え、計51人の生徒が学んでいた。生徒の年齢は、就学年齢以上であった。日誌の6月12日の記述には、8歳以下の生徒11人に講習に来る必要がないことを伝え、翌日より参加させていない。また、9月27日には12歳の生徒が入所しており、生徒たちの年齢が公学校就学年齢以上であったことが分かる[20]。

　教案・日誌をもとに「関西庄国語講習所」の教科目の内容を概観する。授業は月曜日から土曜日までの週6日間で、朝7時に始業し、水曜日、土曜日は3時間、それ以外の曜日は4時間の授業が行われた。教科目は、修身、国語、算術、唱歌、体操等があり、教授時数が最も多いのは国語であった。これら科目は修業年限6年の公学校第1、2、3学年と同様である。一方、一週間の教授時数は約22時間であり、これは修業年限6年の公学校の第1、2学年の毎週教授時数に匹敵し、1933年の新竹州国語講習所規定で定められた「修身及公民」50時間、「国語」200時間、「唱歌体操」50時間という教授時数よりはるかに多かった。また、教案・日誌が書かれた2年後の1939年に改訂された規定では、12時間という教授時数が定められたが、当該国語講習所の教授時数はこの規定の倍近い時数となっていることが分かる。このことから、「関西庄国語講習所」では公学校に近い教育が行われていたといえよう[21]。

3-2 社会的指導の内容

　国語講習所の講師は、科目を教授するだけではなく、生徒の生活全般に関しても指導を行った。日誌からは、講師が生徒に対して日々、どのような指導を行っていたのかが具体的に見て取れる。

〈表1〉は、日誌に書かれた生徒に対する指導に関する記述である（文末に収録）。教科目に関するものと出欠以外の記述を抜き出したものである。内は、記述された欄であるが、必ずしも日々の日誌が整然と整理されて記されていたわけではないため、各欄の内容は区別しがたい部分もある。記述された指導内容は多岐にわたるが、大まかに、8つのカテゴリーに分類することができる。それらは、1「連絡」、2「健康・安全上の注意」、3「礼儀作法・行儀」、4「規律・模範・社会的ルール」、5「衛生」、6「国語常用」、7「国体観念」、8「戦時」の8つである。〈表1〉の記述の最後に付した数字はこのカテゴリーを表すこととする[22]。それぞれの内容を検討してみよう。

1「連絡」は、生徒と、校長などの日誌を見ると思われる講習所関係者に対して発せられた事項で、記念日についての話もここに含める。連絡に関する記述は多く見られる。生徒に対しては、会合において、その日や翌日のスケジュール、弁当持参、夏休みについて、父兄懇談会や授業参観に関する記述がみられる。講習開始の頃は、毎朝7時に授業が始まること、日曜日は授業がないこと、夏休みや二学期開始時の心得などが詳しく生徒に対して話されている。また、時の記念日（6.10：記載月日。以下同様）、関東大震災（9.1）、満州事変記念日（9.17）、旧十五夜（9.17）などの記念日や季節の行事についても話されている。一方、講習所関係者に対しては、生徒の健康状態とそれに対する処置、早退欠席状況、入所者や父兄の訪問、講師の研修参加等が報告されている。腹痛、鼻血の生徒に薬を飲ませたり冷水で処置したりし、その後生徒が無事であったという報告がしばしばなされている。また、出欠状況のほかに、入所した者や、早退者の氏名が記されており、日々の報告事項が細かく記されていることが分かる。

2「健康・安全上の注意」は、生徒の健康・安全のための注意事項である。危険な遊びを禁じたり（5.31）、悪天候による外出時の注意（6.1、6.2、6.9、6.14、6.15、10.15）、病気をしないように・体をいたわること（6.24、7.26、8.10、10.15）などが記されている。

3「礼儀作法・行儀」は、礼儀や作法、行儀に関する事項である。挨拶、話し方、整列などが繰返し指導されている。食事の作法（5.27）、教室出入りの練習(6.11)や物を受け取る際の作法(6.19、6.29、10.14)、人の前

を通る時の作法（6.26）などが実際の場面に即して指導されている。

　4　「規律・模範・社会的ルール」は、「早起きをする」や「遅刻をしない」等の規律、「良い生徒」などの模範、「講習所のものを大事にする」などの社会的ルールに関する事項である。例えば、けんかをしないこと（5.12、5.17、6.5）、欠席・遅刻をしないこと（5.14、5.27、6.10）、他人のものを取らないこと（5.13、6.3、6.19）、休み時間には静かにすること・教室に残らないこと（5.21、6.22、6.30、9.24、10.6）、放課後は早く帰宅すること（5.26、5.29、10.12）、つまらないこと・悪口を言わないこと（5.25、6.7、9.6、9.14）、授業中や自習時間の静粛（5.25、5.29、5.31、7.3）、お手伝いをすること（5.24、5.29、9.11）、自習すること（6.23、6.30、9.24）などが挙げられる。これらの多くは、基本的な生活習慣であり、集団生活・社会生活を始めた生徒たちに対する指導がうかがえるくだりである。中には「朝五時迄ニ必ズ起キルコト」（6.3）、「買喰ヒヲ禁ズ」（6.12）等の記述もあり、教師が生徒の講習所以外での素行にも注意を払っていたことが分かる。

　5　「衛生」は、体や教室などの身の回りの清潔に関する事項である。体や衣服を清潔にすること（5.10、5.11）、ゴミ拾い・除草（5.15、6.28、6.30、8.30、9.8）、室内整理（5.26、9.24、10.15）、教室を汚さない（5.14、5.15、5.29、7.5、10.15）などの他に、用便後の衛生指導（5.19、6.15、6.22）、夏期休業中の登校日や平常授業時時折行われた大掃除等が挙げられる。体や衣服の清潔は比較的早く生徒に習得させることができたようで、6月7日に「衛生が割合ニヨク出来テイマス」という記述がなされている。また、用便後の衛生指導も6月22日より後には記述が見られず、生徒たちが衛生習慣を習得していったことがうかがえる。

　6　「国語常用」は、国語を使うこと、台湾語を使わないことである。戦時体制下では、皇民化運動が盛んになり、台湾社会において日本語使用が強化されていったが、この時期の国語講習所でもそうした動きが見られる。もっとも、それは皇民化運動のみの影響とは断言できない。というのは、日本語は当時の国語であり、学校など公の場で使用される言葉であり、学んでいる言葉を使うように指導するのは教師として自然な対応であろう。台湾語を使うことへの罰や家での国語常用の強要はみられない。日誌が書かれた当時は日中戦争勃発前後の時期であり、強烈な

国語常用には至っていなかったのは当然のことである。具体的な記述は、「出来ダケ国語デオ話シヲスルコト」(6.7)、「オ互ヒニ国語ヲ使フコト」(6.22)、「台語ヲ使用セザルコト」(6.26)、「出来ル言葉ハ国語デ使フ」(7.2)「国語常用ニツキ」(8.10、9.1)、「お互ひによく国語を使ふこと」(9.2)、「大きな声で台湾語を使はないこと」(10.5) などである。いずれも表現としては、穏当といえよう。

　7　「国体観念」は、皇室や天皇制国家に関する事項である。国旗に対する敬礼や掲揚もここに含む。東久邇宮の来訪 (6.8、6.9、6.11、6.16) や秋季皇霊祭・新竹神社参拝 (9.22、9.24)、戊申詔書奉読式 (10.13) などの行事のほか、国旗敬礼・国旗掲揚、宮城遥拝や皇大神宮遥拝は日常的に行われていた。特に宮城遥拝と皇大神宮遥拝は夏期休業中の登校日には8月21日を除く全ての日で、また平常時にも時折行われており、国体観念が重視されていたことが分かる。しかしながら日誌を見る限り、国体観念も国語常用も取り立てて目立って指導されていたというよりは、朝早く起床すること、買い食いをしないこと、授業中は静かにすることといったその他の事項と同様に、数ある日々の生活上の指導のひとつであるということが改めて感じられる。

　8　「戦時」は、戦時下特有の事項である。「関西庄国語講習所」においては、6月28日「灯火管制ニツキ」が最初の記述である。9月に入ると、関西庄から出征する人が出、それら出征に関する指導が行われるようになる。「新城巡査さんの出征に就きお話し」(9.9)、「出征軍人の見送りに就き指導」(9.10)、「田辺鹿夫氏の出征につき」(10.12) などである。また、戦争に関しても生徒たちに伝えられている。「満州事変記念日に付き」(9.17)、「只今から関西公学校へ満州記念行事に参加すること」(9.18)、「支那事変に付き日本は勝利を得たこと」(9.27) などである。「話方」の授業においても、9月22日と25日に「時局と島民」という教化印刷物が取り上げられたり、「唱歌」で9月14日、21日に「出征を送る歌」が歌われるようになるのもこの時期である[23]。徐々に日中戦争が、のどかな関西庄の国語講習所にも影を落とし始めていくのが感じられる。そして、10月13日、この地域から戦死者が出、そのために講習所では生徒たちからお金を徴収している。「湖肚の松永軍人の戦死を感賞する（ママ）為所生より一銭づ（ママ）取集した」(10.13)。この時

期に至って、日中戦争が生徒たちの日常に影響を与えるようになってきたことが分かるのである。

〈表2〉 指導内容件数

1. 連絡	108	5. 衛生	39
2. 健康・安全上の注意	17	6. 国語常用	9
3 礼儀作法・行儀	31	7. 国体観念	41
4. 規律・模範・社会的ルール	74	8. 戦時	8

〈表2〉は各8つのカテゴリーの記述件数を示したものである。日々の連絡事項である「連絡」の次に多いのが「規律・模範・社会的ルール」であり、74件ある。その次に多い事項は「国体観念」41件であり、次に「衛生」39件、「礼儀作法・行儀」31件、「健康・安全上の注意」17件と続く。「国語常用」「戦時」はそれぞれ9件及び8件である。「連絡」を除く指導内容は、大きく社会生活上の常識を扱った項目（「健康・安全上の注意」、「礼儀作法・行儀」、「規律・模範・社会的ルール」、「衛生」）と皇民化政策を扱った項目（「国語常用」、「国体観念」、「戦時」）とに大別されるが、前者が合計161件、後者が58件と、3倍近い件数で社会生活上の常識が多いことが分かる[24]。「国語講習所」の指導が社会生活のルールを身につけさせることを重視していたのがうかがえるのである。

以上、「関西庄国語講習所」日誌に記載された教師の生徒に対する指導内容を検討したが、日誌に見られる指導内容は社会生活上の常識やルールの修得に重点を置いていたことが明らかになった。

4．おわりに

日誌の内容からは、国語講習所の講師が日々教科目以外にも多くの生活上の指導を行っていたことが明らかになった。指導内容を「連絡」、「健康・安全上の注意」、「礼儀作法・行儀」、「規律・模範・社会的ルール」、「衛生」、「国語常用」、「国体観念」、「戦時」の8つのカテゴリーに分類した結果、「連絡」を除くカテゴリーの中で最多のものは「規律・模範・

社会的ルール」であった。「連絡」を除く指導内容は、大きく社会生活上の常識を扱った項目（「健康・安全上の注意」、「礼儀作法・行儀」、「規律・模範・社会的ルール」、「衛生」）と皇民化政策を扱った項目（「国語常用」、「国体観念」、「戦時」）とに大別されるが、3倍近い件数で社会生活上の常識が多かったことが明らかになった。講習所の指導が社会生活のルールを身につけさせることに重点を置いていたことがうかがえ、「国語講習所」が社会生活の訓練の場でもあったことが分かるのである。

　筆者の関西鎮での元講師たちへの聞き取りからは、「国語講習所」は社会常識を身に付ける場であったことが語られた。2名の元講師たちからは、「国語講習所」は知識、常識、学識、行儀、法律などを教える場であったことが語られた。また、講習所の教育を経て工場や役場などへ就職する生徒もあったという。「国語」を習得すると同時に社会生活する上で必要な知識や常識をも身に付けることで、農業を生業とする生活から職業を替え階層移動する生徒たちがいたことがうかがえた[25]。当時、台湾社会では「国語」を理解することで多くの社会的利益を得ることができたのである。それとは逆に、「国語」を知らないことで、あるいは文盲であるがために被る不利益も少なからずあったであろう。「国語講習所」は「国語」を教授し、同時に社会的常識を養う場であったが、生徒たちは講習を通じて文字を知り、社会常識を知り、社会化されていったと言えよう。

　1945年、日本の台湾統治は終焉した。「国語講習所」の教育もまた、日本統治が終焉することによって終わりを告げた。戦後台湾の「国語」は北京官話に取って替わられ、国民党政府により日本的なものは否定された。多くの台湾人民衆が日本語の講習を受けた経験は無駄になってしまったようにみえる。終戦時に就学年齢にあった児童は、学ぶ「国語」が日本語から北京官話へと変更され、また公的機関での公用語も北京官話へと変わっていった。しかしながら、社会生活を送る上での常識は、社会がどんな言語を話そうと、普遍的に通用する。日本語が社会で使用されなくとも、教育によって習得された社会生活上の常識やルールは同じように通用するのである。多くの台湾人民衆が国語講習所に通い、社会的常識を身につけたことは、戦後へと引き継がれた経験となったであろう。

【参考文献】

国府種武（1939）『日本語教授の実際』東京書籍
台湾教育会編（1939）『台湾教育沿革誌』（復刻版 青史社 1982）
中越栄二（1936）『台湾の社会教育』「台湾の社会教育」刊行所
藤森智子（1999）「1930年代初期台湾における国語講習所の成立とその宣伝」『法学政治学論究』第40号
―――（2001）「台湾総督府による皇民化政策と国語常用運動―1937年から45年までを中心に―」『法学政治学論究』第49号
―――（2004a）「台北市近郊の国語普及運動（1930 - 1945）―三峡「国語講習所」「国語常用家庭」を中心に―」『人間福祉研究』第6号
―――（2004b）「皇民化期（1937-45）台湾民衆の国語常用運動―小琉球「国語講習所」「全村学校」経験者の聞き取り調査を中心に―」『日本台湾学会報』第6号
―――（2011a）「1930年代國語講習所教科書『新國語教本』之分析」『臺灣學研究』第11期
―――（2011b）「日本統治下台湾の「国語講習所」における日本語教育―新竹州「関西庄国語講習所」の教案・日誌（1937）から―」『日本語教育史論考第二輯』冬至書房
呉文星(1987a)「日據時期臺灣總督府推廣日語運動初探」（上）『臺灣風物』第37巻第一期
―――（1987b）「日據時期臺灣總督府推廣日語運動初探」（下）『臺灣風物』第37巻第四期
―――（1992）『日據時期臺灣社會領導階層之研究』正中書局
―――（2008）『日治時期臺灣的社會領導階層』五南
周婉窈(1995)「臺灣人第一次的「國語」經驗：析論日治末期的日語運動及其問題」『新史学』第6巻第2期
―――（2002）『海行兮的年代―日本殖民統治末期台湾史論集―』允晨叢刊

【註】

1　文部科学省「小学校学習指導要領」（2011年）では、例えば第3章「道徳」の項目をみると、道徳教育の目標は「学校の教育活動全体を通じて、道徳的な心情、判断力，実践意欲と態度などの道徳性を養うこととする」とされている。その内容は、1主として自分自身に関すること、2主として他の人とのかかわりに関すること、3主として自然や崇高なものとのかかわりに関すること、4主として集団や社会とのかかわりに関することの4つを掲げ、それぞれ規律や社会的ルールを守ること、社会生活上の心構え等を具体的に挙げている。
2　例えば、周婉窈「實學教育，郷土愛與國家認同：日治時期臺灣公學校第三期教科書的分析」『臺灣史研究』4:2(1999) や許佩賢『殖民地臺灣的近代學校』遠流出版社(2005) 等が挙げられる。
3　台湾教育会編『台湾教育沿革誌』1939年、1017-1018頁。
4　台湾総督府編『台湾総督府事務成績提要』1931年度から1942年度。詳しく

は拙稿「日本統治下台湾における国語普及運動―「国語講習所」をめぐる総督府の政策とその実際（1930-45）―」慶応義塾大学大学院法学研究科博士論文、2010 年、34-36 頁を参照。
5 前掲『台湾教育沿革誌』379-381 頁。
6 新竹州役所編『新竹州要覧』1933 年及び 1937 年。
7 前掲『関西鎮誌（稿本）』257-261 頁、鄭飄編『新竹縣国民中小学郷土教育補充教材　関西鎮』新竹縣政府、2003 年、2-6 頁及び 53-55 頁、謝栄華『関西』三久出版社 1999 年、180-189 頁。
8 関西庄役場『関西庄産業大観』新文堂印刷所、1937 年、14-29 頁。
9 同前書、30-37 頁。
10 前掲『新竹州要覧』1940 年、118-120 頁。
11 『関西国小創校百週年特刊』1999 年、45-46 頁。
12 黄国憲編集『関西鎮誌（稿本）』1990 年、114-118 頁、130-158 頁。
13 台湾総督府『職員録』1937 年 7 月 1 日、482-483 頁及び新竹県文献委員会『台湾省新竹県志』第 4 部第 7 巻「教育志」1976 年、109 頁より。
14 前掲『関西鎮誌（稿本）』、115 頁。
15 教案・日誌には、関西公学校校長の検印がなされている。「関西庄国語講習所」で講師を務めた人物との面接では、授業前に関西公学校校長に授業内容を見せたこと、また同校長が時折授業を見に来たことが語られた。
16 新竹州『社会教育要覧』1931 年 3 月、52 頁。
17 同前書、62 頁。筆者の関西鎮での聞き取りによると、1932 年国語練習会を修了した者の中には後に保正となる 30 代の人物もあった。全島的に国語講習所が展開される以前の各地方の国語普及の取り組みに、指導者層が参加していたことをうかがわせた事例である。
18 新竹州において国語練習会が規定されたのは、1930 年 12 月 14 日発布の国語練習会設置標準（新竹州訓令第七十五号）による。それ以前から新竹州下各地において行われていた国語練習会は、この設置標準により、1 年を通じて 90 日、180 時間以上、1 会場 40 人程度の規模で主に国語を教える施設として統一された。その後、1933 年に新竹州訓令第八号により国語講習所要項が定められ、より長期の組織的な国語習得機関が設置され、この後、新竹州下では国語練習会と国語講習所が併存してゆくこととなった。『新竹州管内概況及事務概要』（1931 年度―1936 年度）によると、新竹州における国語練習会の箇所数と会員・修了者数は国語講習所設置の 1931 年以降も継続して増加している。1931 年度末には 169 カ所、会員 6,230 人、修了者 4,979 人となっており、この数は 1934 年度末には 242 カ所、会員 7,192 人、修了者 6,420 人と増加している。1937 年度末には 21 カ所、会員 54 人、修了者 660 人と減少し、この頃になってはじめて国語講習所への移行が大々的に進められていったことがうかがえる。
19 この講師は、劉家錦という人物である。現地での聞き取りによると、劉家錦氏は、書房教育を受けた人物で、当時「年齢がある程度に達していた」比較的年長の講師であったという。
20 新竹州国語講習所の生徒の年齢は、1933 年の要項では 10 歳以上 25 歳以下、1939 年の規則では 6 歳以上 20 歳以下とされているが、日誌に記された 8 歳は数え年により、満 6 歳と考えられる。1937 年に記されているので、要項

によれば10歳以上が入所することになっているが、6歳以上が入所しているということは、公学校に倣ったとも考えられる。また、6歳未満の生徒が11人も講習の門を叩いたということは興味深い。
21 詳しくは、拙稿「日本統治下台湾の「国語講習所」における日本語教育—新竹州「関西庄国語講習所」の教案・日誌（1937）から—」『日本語教育史論考第二輯』冬至書房、2011、55-57頁を参照。
22 〈表1〉の記述に付した数字中、9は夏期休業中の課題指導やラジオ体操などカテゴリー1から8に分類されないものであり、むしろ教科の指導に分類されるものである。資料の完全性を考慮し記載したが、分析の対象とはしないこととする。
23 藤森前掲博士論文、第7章151-154頁、及び〈表7-1〉168-176頁を参照。
24 もっとも、皇民化政策に関する内容が多くないからといって、それらが重視されていなかったとは一概にいえない。また、日誌がさらに長期にわたって記述されていれば、皇民化運動もより推進される時期に入り、それらの指導も当然増えていたであろう。ここでは、社会生活上の指導が多いことを指摘するに止める。
25 関西地域の元「国語講習所」講師への面接内容は、藤森前掲博士論文、第7章157-165頁を参照。

〈表1〉「関西庄国語講習所」指導状況の記述

5/10（月）	校長先生が生徒に対して此れから国語講習を始まりませうと挨拶した（会合）1 主事訓話（会合）1 体をきれいに洗ひます（訓練）5 明日は喜んで真先来るやうにします（其他）1
5/11（火）	親につれてもらはなくても喜んで来る様に致しました（会合）1 挨拶・話方・整列（教授）3 列を正しくなるやふにいたしました（訓練）4 衣服を清潔にします（管理）5 体を始終きれいに洗ひます（養護）5 面白くおけいこをしました（状況）1 五十音の出来る者が五.六人あって大変関心した（其他）1
5/12（水）	毎朝来た時には必ず国旗に対して敬礼すること（会合）7 話方. 礼儀作法. 整列（教授）3 けんかをしないこと（訓練）4 礼儀を正しくすること（管理）3 身体をきれいにすること（養護）5 生徒が非常に真面目です（状況）1 走って帰へらない様に致しました（其他）2
5/13（木）	毎日七時に勉強を始まること（会合）1 人を呼ぶ時には必ずさんを付けること（訓練）3 人の物をぬすんでいけないこと（管理）4 途中ですもうをとらないこと（養護）4 礼が大分よくなったこと（状況）3
5/14（金）	ヨイ生徒ハ欠席ヲシナイコト（会合）4 教室ヲヨゴシテハナラナイコト（管理）5 生徒一人鼻カラ血ガ出テ冷水ヲ使ツテ世話シタ（養護）1 鼻カラ血ガ出タ生徒ハ無事デシタ（状況）1 生徒一人増シタ劉氏冰妹（其他）1
5/15（土）	明日は日曜日で勉強しません（会合）1 礼儀を正しくすること（訓練）3 教室にカミクツがあつたら必ずひろつてすてること（管理）5 礼儀作法が割合によくなりました（状況）3 生徒一人増した戴黄氏鳳嬌（其他）1
5/17（月）	親ニシカラレナクテモクルコト（会合）4 ケンカヲシナイコト（管理）4 男古仁欽入所（其他）1
5/18（火）	礼儀が割合によく出来た（状況）3 女羅氏金窓入所（其他）1
5/19（水）	毎日バケツに水を一パイ入れさせること（管理）5 小便した後は必ずバケツの水で手を洗ふこと（管理）5 皆は大分行つているやうです（状況）5
5/21（金）	1．休み時間には教室へ入らない様にすること（会合）4 女古氏秀英入所（其他）1

5/22（土）	休ミ時間ハ木ヲ上ツテハナラナイコト（会合）4 授業時間ハ七時ニ始マルコト（管理）1
5/24（月）	家ヘ帰ツタラオ手ツダヒヲスルコト（会合）4
5/25（火）	1．時間中ニワキ見ヲシナイコト（会合）4 2．友達ノ悪口ヲシナイコト（会合）4 授業時間ノオ行儀ガ割合ニヨク出来テヰル（状況）3
5/26（水）	明日ハ便當ヲ持ツテ来ルコト（会合）1 放科後（ママ）ハ遊バナイデ早ク家ヘ帰ヘルコト（管理）4 室内ヲ整理シタ（養護）5 都合ニヨリ黄金増ハ早引シタ（其他）1
5/27（木）	遅刻ヲシナイコト（管理）4 食事ノ作法（管理）3 生徒一人腹ガ痛イノデクスリヲノマセタ（養護）1 腹ノ痛イ者ハ無事デシタ（状況）1 所生ニ弁当ヲ持タセテ昼食会ヲシタ（其他）1
5/28（金）	記述なし
5/29（土）	1．授業ガスムト途中デ遊バナイデ早ク家ヘ帰ヘルコト（会合）4 2．家ヘ帰ヘタラオテツダヒヲスルコト（会合）4 時間中ハ教室デ遊バナイコト（訓練）4 紙クツヲヤミニステナイコト（管理）5 訓練・管理ハ実行シテヰルヤウデス（状況）1 女澎氏細妹病気ノ都合デ早引シタ（其他）1 男張雲清入所（其他）1
5/31（月）	1．アブナイ遊ビヲシナイコト（会合）2 2．コレカラアツクナリマスガ水浴ヲシテハナラナイコト（会合）2 授業時間ハゼツタイニ相手ノ者トオ話ヲシナイコト（訓練）4 時間中ハ小便ニ行ツテイケナイコト（管理）4 生徒一人オナカガ痛イノデクスリヲ飲マセマシタ（養護）1 1．訓練管理ハ実行シテヰルヤウデス（状況）1 2．オナカノ痛イ生徒ハ無事デシタ（状況）1 男張雲開．女張氏菊妹．張氏香妹入所（其他）1
6/1（火）	1．オ祖サン．お父サン．オ母サンノ言フコトヲヨク聞クコト（会合）4 2．雨天デ川ニ大水ガ出テキマスカラヨク気ヲ付ケナケレバナラナイコト（会合）2 講習所ノモノヲ大事ニスルコト（訓練）4 人ノモノト自分ノモノヲ間違ハナイヤウニスルコト（管理）4 生徒一人着物ガ□レタノデ外ノ生徒カラ着物ヲ借リテ暖ク指導シタ（養護）1 礼儀が進歩シタヤウデス（状況）1
6/2（水）	雨ノ天氣デ道ハスベスベシテキマスカラ注意シテアルクコト（会合）2 雨ノ天気デスカラ水ヲ遊ンデハイケナイコト（管理）2 生徒一人オナカガ痛イノデクスリヲ飲マセマシタ（養護）1 1．管理ハ実行シテイマス（状況）1 2．オナカノ痛イ生徒ハ無事デシタ（状況）1 男黄金増ハ病気ノ都合デ早引シタ（其他）1 生徒五人不可抗力ニ依ツテ欠席シタ（其他）1
6/3（木）	1．人ノ物ヲ盗ンデハイケナイコト（会合）4 2．オ行儀ヨクシテ家ヘ帰ヘルコト（会合）3 朝五時迄ニ必ズ起キルコト（管理）4

6/4（金）	1．生徒一人牛番トー諸ニ水浴シテ注意サレタ（会合）4 2．生徒ト牛番ノオ行儀ヲ比較シテ注意シタ（会合）3 生徒一人腹ガ痛イノデ薬ヲ飲マセマシタ（養護）1 腹ノ痛イ者ハ無事デス（状況）1 父兄一人訪問ニ来マシタ（其他）1
6/5（土）	掃除当番ヲキメマシタ（会合）1 ケンカヲシテハイケナイコト（会合）4 礼儀ガ大分進歩シマシタ（状況）1 父兄一人訪問ニ来マシタ（其他）1
6/7（月）	1．ツマラナイコトヲ絶対ニオ話シシナイコト（会合）4 2．出来ダケ国語デオ話ヲスルコト（会合）6 衛生ガ割合ニヨク出来テイマス（状況）5 范先生ガオイデニナリマシタ（其他）1 劉氏庭妹ハ都合ニヨッテ早引シタ（其他）1
6/8（火）	1．東久邇宮殿下ガ台北ヘオイデアソバスコト（会合）7 2．范先生ニ対して挨拶ヲスルコト（会合）3 笠ヲ必ズ後ニ正シク置クコト（訓練）4 帰ヘル時ハ笠ヲ間違ハナイヤウニ取扱フコト（管理）4 訓練．管理ハ実行シテイマス（状況）1 1．今日ハ一時間ダケ授業ヲシテ生徒自由ニ十一時迄勉強シタ（其他）1 2．范先生ト一緒ニ保正サンノ家ヘ訪問シタ（其他）1
6/9（水）	東久邇宮殿下ノ御盛徳ニツキ（会合）7 雨天ノ際途中疾走シナイコト（状況）2 笠ニ記名ヲスルコト（状況）4 廊下デ静粛ニ遊ブコト（状況）4
6/10（木）	1．ナキマセンコト（会合）4 2．時ノ記念日ニ就イテオ話（会合）1 集合ヲ機敏ニ静粛ニ（其他）4 遅刻シナイコト（其他）4
6/11（金）	東久邇宮殿下新竹へ御成リニツキ訓話（六月十日）（会合）7 教室出入の練習．礼の作法（其他）3
6/12（土）	八才以下ノ児童（11名）ニ来週ノ月曜日ヨリ登校不要ヲ告グ（状況）1 買喰ヒヲ禁ズ（其他）4 児童ノ遊ビ場所ヲ限定ス（廟ノ広場ヨリ外ヘ出テ遊バナイコト）（其他）4
6/14（月）	雨天ノ伴（川増水．道路不便）ニツキ通行注意（会合）2 生徒（女）二名入所シタ（状況）1 国語講習所ニ在所セル支那人調査ノ件回報（其他）1 今日カラ9才以上ノ所生ヲ置ク（其他）1
6/15（火）	渡橋ニ対スル注意（状況）2 用便後ノ作法指導（其他）5 女生徒新ニ一名入所シタ（其他）1
6/16（水）	東久邇宮殿下ノ御帰還ニツキ（会合）7 女生新ニ三人入所シタ（状況）1 明日靴着用ノコト．国旗掲揚ノコトヲ告グ（其他）7

6/17（木） 始政記念日	始政記念日 国旗掲揚 7 宮城遥拝．皇大神宮遥拝 7 家庭ニ於ケル国旗掲揚ノ状況調査 7 訓話 7
6/18（金）	記述なし
6/19（土）	鉛筆．下敷．消ゴム配付．物品受領ノ作法指導．語句ノ指導．エンピツ．シタジキ．ケシゴム．カキマス．ケシマス．チャウダイ．アリガタクゴザイマス（教授）3 物品ヲ大事ニ使用ノコト．他人ノ物ヲトラナイコト（状況）4 学用品代トシテ生徒ヨリ捨銭ヅツ徴収シタ（其他）1
6/21（月）	記述なし
6/22（火）	1．オ互ヒニ国語ヲ使フコト（会合）6 2．休ミ時間ハ絶対ニ教室デ遊バナイコト（会合）4 3．小便シタ後ハ必ズ手ヲ洗フコト（会合）5
6/23（水）	1．先生ノ言ヒ付ヲヨク守ルコト（会合）4 2．毎朝来タラ必ズ自習スルコト（会合）4
6/24（木）	1．走ツテ帰ヘラナイコト（会合）4 2．病気ニツキ訓話（会合）2
6/25（金）	記述なし
6/26（土）	集合ヲ迅速ニ（会合）4 台語ヲ使用セザルコト（会合）6 長上ニ礼ヲスルコト（状況）3 人ノ前ヲ通ルトキノ作法（状況）3
6/28（月）	灯火管制ニツキ（会合）8 清潔（紙屑ヲ拾フコト．ヨク掃除ヲスルコト）（状況）5 礼儀（「ハイ」ト返事スルコト．舌ヲ出サナイコト）（訓練要目）（状況）3
6/29（火）	物ヲ受ケ取リスル場合ノ作法（訓練）3
6/30（水）	朝ハ必ズ自習ヲスルコト（会合）4 ニハノゴミ拾ヒ（管理）5 休ミ時間ハ絶対ニ教室ニ残ラナイコト（管理）4 礼儀（朝ノ挨拶ニツキ）（訓練）3
7/1（木）	男子ト女子ノ礼ノ作法 3 帳面ヲキレイニ取扱フ（訓練）4 古氏四妹．除氏英妹．鄒氏秋妹転所．鐘氏宝妹．彭氏兄妹入所（其他）1
7/2（金）	出来ル言葉ハ国語デ使フ（会合）6
7/3（土）	自習時間ハ静カニ（会合）4
7/5（月）	教室ヲヨゴサナイコト（管理）5 集合時間ヲ正シク（訓練）4 記入帳面ヲキレイニ取扱フ（訓練）4
7/6（火）	記述なし
7/7（水）	記述なし
7/8（木）	夏休みにつき（会合）1
7/9（金）	記述なし

7/10（土）	夏休みにつき訓話（会合）1 夏休みの注意　オヤスミノアヒダツギノコトヲマモリマセウ 　1．バンハハヤクネテ．アサハヤクオキマセウ4 　2．ネビエシナイヤウニキヲツケマセウ2 　3．タベモノニキヲツケマセウ2 　4．スズシイウチニオベンキヤウシマセウ4 　5．ヨクコクゴヲツカヒマセウ6 　6．メウヘノ人ニヨクレイヲシマセウ3 　7．ウチノオテツダヒヲシマセウ4 　8．ミヅアソビヲシナイヤウニキヲツケマセウ2 　9．ヨイアソビヲシマセウ4 　10．カイグヒヲヤメマセウ4 　11．ガクカウニクルヒヲワスレナイヤウニキヲツケマセウ1 課題書発行9 課題書指導9 大掃除5 自習復習ニ注意1 学校へ出ル日指導1 モッテイクモノヲワスレナイヤウニキヲツケマセウ1
7/21（水）	宮城遥拝．皇大神宮遥拝7 ラジオ体操9 容儀検閲5 課題帳検査9 御休みに付きお話し1 大掃除（其他）5
7/26（月）	登所日ヲ忘レナイヤウニ（会合）1 病気シナイヤウニ気ヲ付ケルコト（会合）1 目上ノ人ニヨク礼ヲスルコト（会合）3 宮城遥拝．皇大神宮遥拝7 集合練習4 ラジオ体操9 容儀検閲5 課題帳検査9 北支事変に就きお話し8 夏休みに付きオ話し1 大掃除（其他）5
7/27（火）	宮城遥拝．皇大神宮遥拝7 朝会1 課題帳指導9 夏休みに付き注意1
7/28（水）	宮城遥拝．皇大神宮遥拝7 朝会1 大掃除（其他）5
8/4（火）	宮城遥拝．皇大神宮遥拝7 朝会1 課題帳指導9

8/10（火）	国語常用ニツキ（会合）6 病気ニツキ（会合）2 宮城遥拝．皇大神宮遥拝7 集合練習4 容儀検閲5 礼儀作法3
8/11（水）	宮城遥拝．皇大神宮遥拝7 大掃除（其他）5
8/12（木）	宮城遥拝．皇大神宮遥拝7 課題帳検査9
8/13（金）	宮城遥拝．皇大神宮遥拝7 朝会1 課題帳指導9
8/14（土）	宮城遥拝．皇大神宮遥拝7 朝会1
8/16（月）	宮城遥拝．皇大神宮遥拝7 課題帳指導9 大掃除（其他）5
8/20（金）	良い遊びと悪い遊び（会合）4 良い生徒と悪い生徒（会合）4 宮城遥拝．皇大神宮遥拝7 夏休みに付きお話し1 旧七月十五日のお祭りに付きお話し1 大掃除（其他）5
8/21（土）	中元に付お話し（注意）1 大掃除（其他）5
8/26（木）	宮城遥拝．皇大神宮遥拝7 課題帳指導9 中元に付きお話し1 大掃除（其他）5
8/27（金）	宮城遥拝．皇大神宮遥拝7 生徒ヨリ学用品代及ビ教科書代ヲ取集（其他）1
8/30（月）	宮城遥拝．皇大神宮遥拝7 朝会1 ラジオ体操9 夏休終リニ付キオ話シ1 課題帳調査9 大掃除 　1．机・腰掛を緑坑河へ持って行って洗フこと 　2．校庭の除草（其他）5

9/1（水）	1．児童ガ元気ヨク夏休ミヲ通シタコトヲ感心スルコト（会合）2 2．児童ノ正シイオ休ミヲ感心スルコト（会合）4 3．今日ヨリ第二学期ノオ勉強ヲ致スコト（会合）1 礼儀作法（訓練）3 容儀検閲（訓練）5 1．児童ノ列ヲ変動スル（管理）1 2．児童ノ席ヲ変動スル（管理）1 3．国語常用ニ付キ（管理）6 関東大震災に就き訓話（其他）1 皇室遥拝（其他）7
9/2（木）	◎朝の集合機敏に（会合）4 ◎何事をやるにもはきゝする（会合）4 1．お互ひによく礼をすること（訓練）3 2．お互ひによく国語を使ふこと（訓練）6
9/3（金）	記述なし
9/4（土）	静かに遊ぶこと（管理）4 良い遊びをすること　ナワトビ　マリツキ　ネコトネズミ（管理）4
9/6（月）	オ友達を悪口シナイコト（会合）4 キタナイ話ヲシナイコト（会合）4
9/7（火）	講習所の修償関係上教室移す（其他）1
9/8（水）	朝来た時は必ず校庭のごみを拾ふこと（会合）5
9/9（木）	新城巡査さんの出征に就きお話し（会合）8
9/10（金）	出征軍人の見送りに就き指導（其他）8
9/11（土）	国旗掲揚台を立てる為保甲の打ち合せで所生の力を借りて石を取ること（会合）7 日曜日は必ずお手伝だひをすること（其他）4
9/13（月）	大掃除（其他）5
9/14（火）	お友達を悪口しないこと（会合）4
9/15（水）	記述なし
9/16（木）	記述なし
9/17（金）	満州事変記念日に付き（会合）8 式参加準備　日の丸の旗．服装（其他）7
9/18（土）	只今から関西公学校へ満州事変記念行事に参加すること（会合）1 関西公学校へ満州事変記念行事に参加する事 1．実行事項を指導する1 2．礼儀作法．服装を指導する3 3．注意　言葉使ひ　礼儀作法．行儀作法3 4．出発七時四十分1 5．帰国所十一時1 6．無事帰所した1
9/20（月）	講所修償の俊悪に注意（会合）1 旧十五夜のお月様に付き（会合）1 先日関西公学校行に対して説明（其他）1 新掛図を大切に使ふこと（其他）4
9/21（火）	記述なし

9/22 (水)	秋季皇霊祭に付き（其他）7 国旗を立てること（其他）7 明日新竹神社参拝に付準備（其他）7
9/23 (木)	記述なし（秋季皇霊祭休業）
9/24 (金)	1．休み時間は静かに（会合）4 2．朝来たら書取りをすること（会合）4 家長会議の為早引した1 新竹神社参拝に付（其他）7 秋季皇霊祭に付（其他）7 机を片付ける（其他）5
9/25 (土)	記述なし
9/27 (月)	支那事変に付き日本は勝利を得たこと（会合）8 教師は先日うでをけがしたのでがまんが出来ず仕方なく所生を早く帰へらせた（其他）1 児童男子一人入所（年12）（其他）1
9/28 (火)	集合練習（其他）4 教師の手が痛い都合三時間にして所生を帰した（其他）1
9/29 (水)	湖肚国語講習所国語研究会の都合一時間にして所生を帰へさせた（管理）1 研究会に付き（其他）1
9/30 (木)	昨日の研究会に付き（其他）1
10/1 (金)	大掃除（其他）5
10/2 (土)	記述なし
10/4 (月)	宮城遥拝．皇大神宮遥拝（其他）7
10/5 (火)	大きな声で台湾語を使はないこと（会合）6 作法指導（其他）3
10/6 (水)	休み時間は静かに（会合）4 容儀検閲（其他）5
10/7 (木)	明日父兄懇談会を開くことに付き（会合）1 お行儀をよくすること（会合）3 明日の懇談会に手紙を所生に渡す（其他）1 大掃除（教室室外）（其他）5 明日の行事につき準備（其他）1
10/8 (金)	授業参観につき注意（会合）1 父兄懇談会（其他）1
10/9 (土)	昨日の懇談会につき（会合）1
10/11 (月)	1．教室修膳の迷惑にならぬ様（会合）1 宮城遥拝．皇大神宮遥拝（其他）7
10/12 (火)	家長会の為早引した（其他）1 会議の迷惑にならぬ様早く帰へること（其他）4 田辺鹿夫氏の出征につき（其他）8 国旗掲揚（其他）7 宮城遥拝．皇大神宮遥拝（其他）7

10/13(水)	湖肚の松永軍人の戦死を感賞する為所生より一銭づ（ママ）取集した（会合）8 戊申詔書奉読式（其他）7 戊申詔書御賜下記念につき（其他）7 国旗掲揚（其他）7 宮城遥拝．皇大神宮遥拝（其他）7
10/14(木)	克く倹約すること（紙．鉛筆．着物．食物）（会合）4 本の受け取りにつき作法（其他）3 本日より新国語教本を書生に発した（其他）1
10/15(金)	風が強いから克く気を付けて行くこと（会合）2 新教室が完成したので三時間ばかりかかつて教室内外を整理した（衛生デー）（其他）5 新教室を大切に使ふこと（其他）4 朝夕が涼しくなつたので身を注意すること（其他）2 紙を教室に散らないこと（其他）5

□は判読不能箇所。表記は原典のとおり記した。
各文末の数字は、本稿でのカテゴリーを表す。
「関西庄国語講習所」日誌（1937）より筆者作成。

植民地期朝鮮における初等教科書の
'伝記物語' の考察
—— '人物の目録' と '挿絵' の特徴を中心に ——

韓 炫精[*]

序 論

　現在の児童用書物において伝記物語は欠くことのできない位置を占めているジャンルである。'我が国'の偉人と東西古今の外国偉人が全集になって書店に並んでいることを容易く見ることが出来る。伝記は被伝者の生涯を物語化し、その人間像を立体的に再構成したものであり、小説と歴史の間に位置する。歴史物語が時の流れにそった事象の連なり、過去における社会の変遷を描く一方、伝記は個人の歴史であり、主人公の心理を扱う点で、歴史よりも文学的要素が濃いといえる。[1] 歴史上の偉大な個人の生涯を眺めて口語や文章をもって祀ることは決して新しいものではない。東洋の'列伝'と相通し、儒教伝統においてもなじみがある。それでは、近代教育における伝記物語の特徴はどのようなものであるか。

　偉人を社会が重視する価値の担持者であるとしたら、近代初期社会における教育書物の偉人は、近代社会進入期の価値を表現しているといえる。それはいきなり作られたものではなく、従来の価値を含みつつ、新たな価値へ入り始める転換を見せてくれるだろう。100年前の偉人目録は今日と同じところもある一方、異なるところもかなりあるからである。また近代的伝記物語の特徴は、価値の保持者としての様々な偉人のみならず、雑誌、新聞など活字メディアを読んで連帯感（想像的共同体意識）を得た大衆の存在にある。年代を追って被伝者の人生を語る以前の形式に比べて、近代初期の伝記叙述は英雄崇拝調をとることで文学と

---
[*] 東京大学大学院

しての面白さや芸術性を求めた。作者の視点で被伝者の人生の一部を切り取って内面分析を行い、読者大衆の人気を得ていた[2]。そして、少年読者を対象にする時の伝記物語の特徴は、挿絵の出現であった。韓国における伝統的教育用書物では見ることが稀であった人物のイメージが、崔南善が発刊した雑誌『少年』(1908.11.～1911.2.)の口絵に掲載された。韓国の近代学校教科書に人物挿絵が現れたのは、私立学校教科書として制作された朴晶東の『初等大東歴史』(ソウル、通文社、1909)と鄭寅琥の『初等大韓歴史』(ソウル玉虎書林、1908)である[3]。これら歴史教科書は従来のものと違って王ではなく、民族の英雄を中心にした歴史を叙述[4]し、各英雄の簡略な肖像や重要なエピソードの挿絵を並べた。教育書物に'文章と挿絵をともに並べる'形式は、開化期と植民地期、そして解放後へ続いたもので、挿絵は教科内容を補助する形で様々な分野にわたって提示された。しかし、挿絵の表現を時期別に注目すると、印刷技術の程度や教育観念によって変化が見えてくる。それはおそらく教育に関する近代的認識の反映ではないかと思われる。

　本稿では韓国における児童書物が、'近代教育的もの'として量的・質的に深化していく時期を1920～1930年代であると見た上で、植民地―帝国という政治的に混種的な環境下で制作された教育書物（普通学校教科書）、その中でも特に伝記物語を対象として1910～1930年代までの人物目録と挿絵の変遷を考察した。この考察を通じて近代転換期の社会が価値を伝えるためにどのように人物を選んで内容を構成したか（たとえ政治的に植民地の状態で、教育書物が支配側によって作られたものだとしても、それが教育の企画である限り、必ず価値を何らかの形で媒介して伝える）、そして書物の挿絵が内容とどのように調和していたかが見えてくると思われる。以下では近代教育における伝記物語に関する先行研究を見てみる。

　第一、伝記物語の書物の制作主体の問題に関するものである。唐沢富太郎（1968）は、日本の教科書に良く掲載された伝記の偉人目録や明治37年前後（国定教科書制度）における少年雑誌の伝記物語の変化を明らかにしている[5]。勝尾金弥（1999）は、戦前の少年用書物として偉人伝全集が刊行されたことを時代順と出版社ごとに詳細に調査している[6]。児童書物としての伝記物語研究は常に雑誌・単行本と関わった形

で進んでいたことがわかる。植民地期朝鮮の教科書研究として李淑子（1985）は、朝鮮総督府発行教科書と国定教科書を人物や特定語彙、教材の内容などを基準に比較分析して植民地教育の意図性を実証的に深化させた[7]。このように、歴史の主体を中心に、国家対民衆、植民地権力対民衆という構図は戦後（国史・植民地（期）史を含めて）歴史研究の基本的枠組みになっている。しかし、教育的観点に立って見ると、対立する様々な主体が児童教育に相応しいものとして伝記物語を使った点は共通している。これら書物制作主体の意図を超えて伝記物語が持つ近代教育的機能に注目するためには、異なる主体の間の目録を比較する方法がある。特に植民地社会では民衆が作った伝記の人物目録と支配側が作ったそれが一致しないという特徴を持っているが、それは相互対立という意味のみならず、教育的に伝えようとする価値の積極的分化を示していることでもある。異なる主体の意図を比較し、当時の教育観を理解する一段階として本稿では植民地期教科書の人物目録をまず整理することにした。(1)

　第二に、伝記物語の制作過程を分析する研究がある。これは今でも使われている伝記物語の例を分析することで、それがどれほど近代的な価値を含んでいるかを自覚させてくれる。中村圭吾（1970）[8]は、国定教科書にお馴染みの西欧偉人で、戦前日本人の頭の中に深く印象付いた種痘の医者'ジェンナー'を例にそのエピソードの実証を試みた。駒込武（1996）[9]は、帝国教科書に掲載されていた台湾の'呉鳳伝説'を挙げて、異民族の理解を支配権力に都合よく史実化していく一連の過程を示す。磯田一雄（1999）[10]は、皇国史観の輸出過程を'神功皇后神話'の起源や普及から辿る。香曽我部秀幸（2006）[11]は、神武天皇のイメージが創出、定着されていく過程を教科書の挿絵の調査で明らかにしている。岩井茂樹（2010）[12]は、戦前天皇像と対称的な位置にいて、日本国民の自己イメージを創出した'二宮尊徳'像の起源を追った。これらの優れた研究は、伝記物語の人物を近代教育が作った自己と他者認識の表象として理解しその背後を探ることで、'多様な近代性'あるいは'近代の相対化'に貢献した。問題関心を伝記物語の真偽ではなく、表象におくなら、そこには書物制作者が伝えようとするものに、読む'テキスト'のみならず見る'挿絵'も含まれる。植民地期教科書の挿絵は1920年代に量的

に増えて1930年代に質的に変わる傾向をもつ。本稿の後半では、伝記物語の挿絵の素材や表現方法をめぐって考察する。(2)

1. 伝記物語の人物の目録

(1) 対象教科書と伝記物語

本稿では日韓併合（1910）以降の第1次教育令（1911）から第3次教育令（1938）以前まで使用された教科書を対象にした。その中で伝記物語を主に扱っている朝鮮語読本、国語読本、そして修身書を調査した。この時期において朝鮮語は国語に比べて副次的になったものの、国語と並んで教科の内的構造や教授法の側面で深化していた。

【図表1】対象教科書

教育令	教科書	朝鮮語読本	国語読本	修身書
1次 (1911)	1期	1911-1912（総8巻）訂正普通学校朝鮮語読本	1911（総8巻）訂正普通学校　国語読本	1911（総4巻）訂正普通学校　修身書
	2期	1915-1918（総5巻）普通学校朝鮮語及漢文読本	1912-1915（総8巻）普通学校国語読本	1913-1914（総4巻）修身書
2次 (1922)	3期	1923-1924（総6巻）普通学校朝鮮語読本	1923-1924（総8巻）普通学校国語読本	1922-1924（総6巻）普通学校修身書
	4期	1930-1935（総6巻）普通学校朝鮮語読本	1930-1935（総12巻）普通学校国語読本	1930-1934（総6巻）普通学校修身書

三種類の教科書から伝記物語を集める作業は、前述した李淑子の研究に依拠した。しかし、人物の言及だけではなく、内容全体が伝記物語の形式を持っている課を選別してみると、教科書別に【図表2】のような数の伝記物語が採用されていることが分かる。教科別の課と人物名の目録は後掲の図表を参照してほしい。

【図表2】教科書別の伝記類の掲載数

	朝鮮語読本	国語読本	修身書
1期	4	2	12
2期	44	14	28
3期	16	13	59
4期	14	34	38

図表によると、朝鮮語読本と国語読本に伝記物語ジャンルが徐々に増えていることが分かる。また図表2は掲載数を基準にするために現れないが、初期の伝記では同じ人物を何回に分けて題目別に叙述していたのが、後期に行くと人物数が多様になっている。修身書は教科目の中で意図性が一番高く、伝記物語の使用も多い。以下では、4期にわたる教科書の内容を10年ごとに分けて叙述し、伝記物語の細部的特徴を述べる。

① 1、2期教科書の伝記物語

　この時期の特徴は、1期に比べて2期の教科書に伝記物語の使用が増加している。2期は朝鮮語科目が漢文と一緒になったために、漢文伝記と朝鮮語伝記が混ざっている。漢文は中国の古典や朝鮮の王族の物語、日本の儒学者のものに使われ、朝鮮語は西欧や日本現代人物の物語に使われる。1910年代の朝鮮における初等教育は書堂が担当していることで、当時の朝鮮社会の一般常識であった古典の人物が漢文で読まれる仕組みを教科書が反映していたと思われる。特に2期の朝鮮語及び漢文読本の内容は、当時の書堂の読書方法と比較する必要がある。

　国語読本には日本人物が天皇系と日本学者を中心に出ている。修身書には、皇室と学者の模範的物語がある一方で、'孝'や'勤勉'、'自立'などの価値を強調した二宮尊徳（3巻4、5、6、7）を始め、鄭（4巻12、13）と姜（3巻19）、呂の妻（3巻1、12）など一般人が登場するのが特徴である。

② 3期の教科書の伝記物語

　1920年代の教科書の特徴は登場人物が多様になったことである。朝鮮語読本は2期と違って、朝鮮語が独立科目になったために孔子・孟子（6巻7、以下6-7等と表示）を残して中国古典からの人物が減り、その代わりに日本の始祖（3-25）と新羅の始祖（3-17）、高麗の官吏（5-12）、平安時代の貴族（2-11）、朝鮮（5-6、6-3、6-12、6-18）と江戸時代の儒学者（6-21）、西欧の科学者（6-6、6-20）が描かれている。

　国語読本の伝記物語は高学年から掲載され始めるが、朝鮮に関連する内容は朝鮮半島の王朝の中でも古代日本との関係を意味する新羅の建国説話（6-5）だけが取り上げられている。武人・軍人として源義経と乃

木大将が登場している。

　修身書には2期についで二宮尊徳と朝鮮の尊敬される学者の逸話が多数出ている。その他、日本と朝鮮の一般民衆からの美談(4-7、4-18、5—7、5-9、5-10、5-12、5-20、6-8、6-9、6-17、6-18)が出始める。修身書の内容が民衆への模範提示のみならず、民衆からの模範を提示する方法で伝記物語の対象が広がっている。伝記物語といえば英雄伝を指していた1900年代に代わって、一般人の美談が伝記物語の形で読まれることは、以前とは違う意味の近代的社会概念と公益が普及していることを示している。1910年代の修身では'孝'が強調されたのに比べて、この時期では'自助、勤勉'の徳目がより強調されていることがその例である。教科書以外の活字媒体における美談がどのように語られているかを見る必要があると思われる。

　この時期の人物の中では、井上でん（修身6-16）、雪舟（国語4-24）、卒居（朝鮮語3-6）などがその努力と共に'芸'と'術'を再現する人物として扱われている。様々な術の中で、この人々が選ばれた背景には、絵や工芸が近代美術品として語られる時代を暗示していることが読める。

③ 4期の教科書の伝記物語

　4期の1930年代の特徴は、国語が8巻から12巻に変わり、伝記物語類が増加したことである。内容も以前は少数であった軍人が多数登場する。そして孔子、釈迦が歴史的叙述の対象になって載っている。(12-13、12-15)

　修身書も多数の一般人物から例を出していて、前期と同じく人物に求める価値が'自助'や'公益'になっている。叙述的特徴は、一般人物の名前や出生地、貧しい状況、障害を乗り越えた行為などを語っているが、その人々は100年前の人物（3-9）から現在生存する人物（5-6）まであつかって様々な社会的背景を一貫して同一の価値を彩らせて述べている。短いエピソードの形で人物を伝える形式は、事実的に語っていながらもその人物が置かれている時代的差を埋めてストーリーを平面化する効果をだす。

（2）被伝者の分類
①教科書別の民族・職業・性別で分類 [13]

　伝記物語の人物を分類するに当たって、各教科書別にまず民族ごとに分けて、彼らの職業・性別に分類した。図表3によると、朝鮮語、国語、修身書のどの教科書においても日本皇室のことが端然多数を占めており、また両民族の儒学者が多数載っている。他に日本の人物では武人・軍人が多数登場する。女性は、一人の社会事業家と一般人の妻や娘が登場する。

【図表3】教科書別の民族・職業・性別分類

1910—1930	政治関係者				文化関係者				一般人				
	日本王朝	為政者	武人軍人	官吏	学者	宗教	科学	芸術	商人	社会教化	勤労者	女性	?
朝鮮語	8	2	1	3	5	0	0	1	1	0	0	1	4
国語	9	1	13	0	5	3	1	3	0	0	0	0	4
修身	18	1	9	0	12	0	0	1	5	18	1	2	12
総計	35	4	23	3	22	3	1	5	6	18	1	3	20

1910—1930	政治関連者			文化関係者			一般人・美談				外国人物	総合
	神話	王朝	学者官吏	宗教	芸術家	科学	勤労者	女性	犬(美談)	?		
朝鮮語	0	12	13	1	5	0	0	0	2	3	16	26
国語	3	3	1	1	0	0	2	0	0	2	10	39
修身	0	0	18	0	0	1	18	5	0	6	12	79
総計	3	15	32	2	5	1	20	5	2	11	38	144

【図表4】民族別・時代別、人物の掲載数

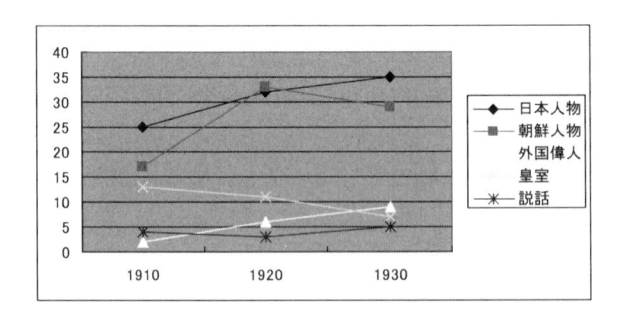

図表4では、民族別に時代ごとの人物掲載推移を示している。外国偉人と朝鮮の説話、日本皇室のものがそれぞれ比率を占めている一方で、大きな変化として1920～1930年代に一般人物の伝記がはるかに増えている。内容を調査すると、日本人物には現代的人物、特に軍人が、朝鮮人物には一般勤労者の掲載が増えていることが分かった。

②掲載頻度が高い人物

　1910～1930年代までの教科書に多数掲載された順で人物を調査すると、図表5のようである。皇室の中では端然日本の近代を開いた明治維新の明治天皇や起源節とともに言及される神武天皇が多い。日本一般人物の中では修身書の掲載数の影響もあって二宮尊徳が最も多い。次が学者の中江藤樹と帝国軍人の乃木大将である。1～3期の教科書までは学者が全体的に多数を占めている一方で、後期の国語読本や修身書には乃木大将、東郷大将などの軍人が頻繁に出ている。朝鮮人物は儒学者の李退渓と李栗谷が好んで掲載された。外国人物は孔子・孟子が主に掲載されたが、書堂教育で読まれる教養教育式の古典ではなく、伝記物語の対象として読むようになる。そして、ナイチンゲールは植民地期の教科書において一貫して最も多く採用された偉人である。文部省や総督府が発刊した掛図にも長く偉人の座を占めてきた人物の一人であったのである。ジェンナーは医学の発達や種痘を説明する際に、'自分の子どもに種痘を注射した'エピソードで紹介される。

【図表5】教科書に掲載された順位[14]

日本人物		朝鮮人物		外国人物	
全体	143	全体	97	全体	39
二宮尊徳	13	李退渓	10	孔子・孟子	6
明治天皇	10	李栗谷	7	ナイチンゲール	6
神武天皇	7	文益漸	5	ジェンナ	4
中江藤樹	7	昔脱解	4		
乃木大将	5				
伊能忠敬	4				
貝原益軒	4				

　以上のように、時代別、教科書別、民族・性別の分類を加えてから全

般的な流れをみると、以下の三つのことが言える。第一に、伝記人物の選択が初期教科書には、建国始祖のように現実では様態が分からない人物、抽象的なものを対象にしたが、徐々に時代が降りていくと、世間の記憶に新しい人物、現存者までも対象になる。第二に、人物に関する物語の横あるいは末に必ずその存在の証明になるような記念碑、お墓、神社、肖像など提示している。それは、人物が実在したことを強調する視覚的教育方法であった。第三に、教科書の伝記物語が短い形式をとって、人物の人生の一部だけを、特に幼年期を集中的に描くスタイルをとることで、近代的伝記物語が大衆の人気を集めた理由であった内面分析が、模範性に置き代える現象が見られる。この時期の「教育的」もしくは模範が持つ範囲が読み取れる。またこれが植民地期の児童雑誌の物語にも共通している特徴なのかは検討する必要がある。

2. 伝記物語の挿絵

　20世紀初期に少年・児童教育書物として流行した伝記物語は植民地期に新たな局面に入った。読者は伝記物語の目録の変化だけではなく挿絵の変化にも接する。特に3期に改定された教科書の挿絵はその量や質に変化が現れている。印刷術の進化によって、挿絵は内容の補助手段としての役割をもった初期から、風景や人物の実写的描写の技法へ変化していく。この時期の学校教科書は、伝える内容を挿絵とともに入れることが一般的になり、新たな素材を導入していた。特に伝記物語の挿絵は、人物の顔肖像を提示するに留まらず、人物の実在を証明するものを添加することでその史実性を担保する役割を担った。

　以下では植民地教科書の伝記物語の挿絵を、風景や人物の写実的挿絵の登場、テキストから独立している挿絵の登場、二つに分けて、その効果を考えてみる。

（1）写実的挿絵の登場

　西欧における肖像画及び肖像写真が17～18世紀に渡って緩やかに流行していた。それに対して、東アジア地域の肖像画は、西欧文物導入の

以降に普及された営業肖像写真と伝統的肖像画の間に、表現技法上の大きい乖離があった。発掘された肖像写真と伝統的肖像画は教科書に模写されて載っているが、その間に明確な視覚的断絶があるのである。しかし、肖像がであれ、伝統肖像画であれ、見方に断絶があるとしても人物の実際顔、実物を見せようとした点では共通している。

【図表6　人物の肖像】

2期修身5巻19課　新井白石　　　　4期国語12巻27課　東郷元帥

　教科書の伝記物語に登場する儒学者、武士、貢献者などは、従来彼らが記憶されてきた方式を挿絵として載せている。つまり、伝承されている記録や記念碑やお墓や肖像の挿絵が提示され、彼らが実在したことを示す。この挿絵によって、読む側は知を習得する方法を共有する。そして遠い過去のものと近いものの間に時間的遠近感が希薄になる。図で証明することで時間と文脈の差が平坦になるのである。一方、昔の人の肖像やお墓、記念碑はすでに死んで亡くなったことを逆説的に強調してくれる。読む側はその人物が実在したもので、記念的場所があることを知りながら、それが古いということを再び喚起する。挿絵と比べて写真や写真のような絵は、事実的証明の提示によって知が平坦になった一方で、実写の有無を基準に認識に屈曲をつける効果を持つ。

【図表7】 記念碑・実物の写し

1913-1914　修身4巻13課　鄭民赫

1920 朝鮮語 ―6課　韓石峯

1930 国語 ―10課　大覚国師

1938 修身4巻16課　おつな

1938 修身5巻6課　文益漸

1938 修身5巻1課　崔硯

　3期1923～1924年の教科書の挿絵の新たな傾向は風景挿絵である。それは、大型カメラを用いてスタジオで肖像写真を撮るという営業写真から進んで、カメラの小型化によって表現できるものが増えたことの影響があったと思われる。

【図表8】 人物を表わす風景

1930 国語 6巻8課　昔脱解

1930 国語 9巻1課　大神神宮参拝

植民地期朝鮮における初等教科書の'伝記物語'の考察
―― '人物の目録'と'挿絵'の特徴を中心に―― 101

1930-1934 修身 4巻12課 明治天皇

【図表9】人物の関わる歴史的場面・記念碑

1930-34 修身 2巻20課 乃木大将

1938 修身 4巻4課

1930 国語 6巻13課 乃木さんの国旗

1930 国語 9巻24課 華巌山

人物の表象は写真挿絵によって多様に演出された。まず'動き'が強調される。人物の個性を表わす肖像や止まっている風景に加えて、今目の前に動いている実物を取ってそのまま表現する記法が広がった。見る側を意識する、あるいは含んでいる方法が特徴的である（図表10 上）。また教科書の内容上の重要な場面には色刷り挿絵を使用している（図表10 下）。教科書の挿絵に動きや色が入ったのは、当時のメディアの影響がかなりあったと予測される。

【図表10】動作を表現する挿絵

1938 修身6年15課　皇室と臣民

1939-1941 修身6年22課　国防
(色刷り挿絵)

（２）口絵の登場　：　テキストと独立した挿絵

　【図表11】はヨイコドモ児童用上下二巻の口絵である。上は神武天皇御東行の図であり、下は大日本帝国憲法発布式の図である。口絵はこの論文が対象にする教科書より後に出たものであるが、以前の挿絵と対比するために扱うことにした。口絵によって、テキストと並んで提示されなくてもイメージ自体を読むことで意味が分るようなイメージ使用が始まった。

【図表11】 教科書口絵

1938年　修身5年口絵
(色刷り挿絵)

1938年　修身5年口絵
(色刷り挿絵)

　しかし口絵にテキストがなかったわけではない。教師には口絵の取扱に関する教授要領によると「いづれも開巻第一の印象に於いて国民的感激を覚えさせ、全科の根本を指示する意味を有するものであるが、その取扱は関聯せる課に於いてなすべき」という目的を持って、「上巻に於いては「テンチャウセツ」の課、下巻に於いては（上の図）「キゲン節」の課と緊密に結ぶべき」であり、「最初の模様は児童に親しみを感ぜしめればそれでよい」と記されている[15]。
　口絵を見ると、国家あるいは国家に代表される人物の表象が、以前は天皇が居住する宮殿や神社に代わって表現したものから、徐々に華麗な儀礼の風景として表現されるようになる。象徴的な場所で軍人が壮烈に行進する風景、荘厳な憲法発布式などの口絵は、テキストがなくてもその絵を読むことで意味が分る仕組みをとっている。読む側はそれが象徴する権威を思い出し、その象徴的な儀礼に参加しているような感覚を持

つ。それは上図によく表れている。天皇系の表現は、神社や儀礼以外にも、神社を参拝する人へ移っていることが分る。図像が指しているのは皇室人物であるにもかかわらず、写っているのは礼儀正しくお辞儀をする国民であり、この口絵を見る側はその雰囲気を読み取って、自分が見るそして自分が見られている感覚を身体化する。

このように人物をめぐる表象の変化は、物語に内在する倫理観、忠孝の問題に還元されたりはしない。むしろ、このような視覚の変化は日本による朝鮮の文化的包摂を表わしている。偉人の写真と事実的描写はそれを見る人に擬似的親近感を作り出し、ある種の共同体意識を形成するのに一助したに違いない。憲法発布式などの象徴的文化財と神社の事実的描写は、その表象が持っている意味を連想させ、共同文化を共有しているという意識を形成してまるで参加したことがあるような即時感を作り出す。このような過程を通じて教科書の挿絵の事実化は読む側に想像的共同体の包摂を促進したのではないか。

結　論

本稿では、近代児童書物の教育的特徴を見るために、植民地期朝鮮の初等学校教科書の伝記物語の目録と挿絵の変遷を考察した。その結果、伝記物語の目録からは当時における'教育的'、'常識的徳'の範囲を見ることが出来た。教科書の伝記物語は文章の短さと人物の生涯の一部分を強調する形をとることで、その意図性を高める。また東西古今における異質な秩序下の人物が一列に配置され平らになる効果を出した。そして後期へ行くほど、一般庶民が登場する比率が増えていたが、被支配側の庶民というカテゴリであっても志向する内容が徐々に変わることが特徴である。（忠孝⇒自立、社会貢献）　今後は伝記物語の中で庶民に代表される物語の変化を詳しく調べることを課題にする。

教科書の挿絵は最初、伝記物語の内容を補助的に説明するために使用されたが、徐々に人物を証明する形式へ変わっていた。ここで説明と証明の差は、前者は内容と緊密に繋がりながら、挿絵がなくても物語が成立する機能をする。後者は内容との結びが強くなくて独立的にもありえ

る状態、そして挿絵自体でも十分にある意味を伝え、印象を残す機能をする。

　挿絵の間に現れる差もあった。挿絵の素材は事物や人物だけではなく、人物と関係がある風景が登場する時、写真のような写実的イメージで表現された。この写実的イメージは見る側に時間的遠近感や親近感を作り出す効果をもつ。この内容的平面化と図像上の遠近感による知の枠組みは、混種的帝国社会に新たなテキストの目録を作り、一つ一つ具体的で実写的な図像を見せることで、見る側が同じ世界にいると想像する効果を出す。この知の枠組みで表現された朝鮮は、帝国日本の一部として現れ、帝国が提示する歴史や世界に包摂される形を持つ。

　今後の課題は、教科書の人物目録と対称的にある植民地社会の児童書物における伝記物語の目録を調査して、両方の特徴を比較することである。また1920～1930年代の写真、映画などのメディアの特徴と比べながら書物の挿絵の位置を考察する必要がある。今回は1910～1930年代の教科書を対象にしたが、植民地後期の1940年代の教科書とも細かく比較する必要がある。

【註】

1　日本英国児童文学会編『英語圏帝国の児童文学Ⅰ　物語ジャンルと歴史』p61 再引用、ミネルヴァ書房 2011。
2　韓国における開化期の特徴は、近代史学者である申采浩（1880～1936）が歴述した『伊太利建国三傑伝』（1907）、『水軍第一偉人李舜臣伝』（1908）、『乙支文徳』（1908）で参照することができる。申は従来の宮廷に焦点を当てたそれまでの儒教的な語りから遠ざかって、エスニックな民族を歴史の核心に置く作業をした。
3　復刻：韓国文献研究所編『開化期教科書全集』14。
4　Andre Schumid, Korea Between Empires 1895-1919, Columbia University Press, 2002; 糟谷憲一・並木真人・月脚達彦・林雄介共訳『帝国のはさまで―朝鮮近代とナショナリズム』第5章、名古屋大学出版会、2007。
5　唐沢富太郎『明治100年の児童史』上・下、講談社、1968。
6　勝尾金弥『伝記児童文学のあゆみ―1891～1945―』、ミネルヴァ書房、1999。
7　李淑子『教科書に描かれた朝鮮と日本―朝鮮における初等教科書の推移（1895～1979）―』ほるぷ出版、1985。
8　中村圭吾『教科書物語―国家と教科書と民衆』ノーベル書房、昭和45。

9 駒込武「第3章第3章呉鳳伝説の改編過程」『植民地帝国日本の文化統合』：呉鳳廟の再建、呉鳳廟遷座式『通事呉鳳』編纂を通じて帝国的記念の物語と記念場所の制作して、それが帝国内の正伝になる。
10 磯田一雄「異民族に強制された『皇国の姿』―朝鮮の国史教科書の変遷―」『「皇国の姿」を追って』皓星社、1999。
11 香曽我部秀幸「明治大正期の小学校教科書における挿絵の考察：歴史・修身・国語教科書に描かれた英雄像（その一）」『教育専攻科紀要』10、43-55、神戸親和女子大学。
12 岩井茂樹 『日本人の肖像 二宮金次郎』 角川学芸出版、2010。
13 唐沢富太郎 『明治100年の児童史』上・下、講談社、1968 368－389参照して作った分類である。
14 国定修身書でよく扱われる掲載人物が出ている。天照大神、神武天皇、明治天皇、能久新王、楠木正成、吉田松陰、中江藤樹、二宮尊徳、ジェンナーなどである。中村紀久二（1990）『複刻 国定修身教科書 解説』大空社、p.122.
15 仲新・稲垣忠彦・佐藤秀夫編『近代日本教科書教授法史料集成―第5巻教師用書1修身篇』1982、東京書籍 p468―469。

図表　各教科書における伝記物語の人物

① 1910年代の1期教科書

訂正普通学校 朝鮮語読本 1911-12 全体8巻	訂正普通学校 国語読本　1911 8巻	訂正普通学校　修身書4巻	
2-19 神武天皇	8-15 兵卒の子フリッツ	1-5 司馬温公	3-8 呂蒙正
6-7 孔子孟子	8-16 兵卒の子フリッツ	1-8 ワシントン	4-6 今上天皇
7-14 ジェンナー		1-9 ワシントン	4-8 張鎮国、晋文公
7-15 ジェンナー		2-12 二宮尊徳	4-9 ナイチンゲール
		2-13 二宮尊徳	4-10 ナイチンゲール
		3-5 フランクリン	4-11 ナイチンゲール

② 1910年代の2期教科書

1915-1921 朝鮮語漢文　6巻			1912-1915 国語読本8巻	1913-1914 修身書　4巻	
	4-39 中江藤樹	5-40 異次頓	4-22 新羅王	2-24 明治天皇	3-4 二宮尊徳
2-48 神武天皇	4-53 瀧鶴台と妻	5-45 真平王	4-18 神武天皇	3-10 伊藤小左衛門	3-5 二宮尊徳
2-52 晋孫康	4-56 菅原道真	5-53 張鎮国	4-24 巴提便	3-11 呂東賢の妻	3-6 二宮尊徳
2-60 中江藤樹	4-57 森村左衛門貿易業者	5-56 文武王	5-11 応神天皇	3-12 呂東賢の妻	3-7 二宮尊徳
3-1 今上天皇	5-3 晏平仲 礼儀	6-1 孔子孟子	5-20 今上天皇	3-13 中江藤樹	3-9 伊藤小左衛門
3-5 新井白石	5-7 箕子	6-2 趙曦	5-21 万吉	3-14 中江藤樹	4-12 鄭民赫
3-23 青木昆陽	5-9 孫叔敖	6-3 上杉鷹山、細井平州 教師	5-23 仁徳天皇	3-15 中江藤樹	4-13 鄭民赫
3-26 乃木大将及び東郷大将（漢文）	5-12 ナイチンゲール	6-12 雨森芳州	5-26 塩原多助	3-16 鈴木今右衛門の娘	4-17 伊能忠敬
3-33 文益漸	5-13 金蓋仁之犬	6-27 世宗	6-26 井上でん	3-17 貝原益軒	4-18 伊能忠敬
3-37 瓜生岩子	5-16 朴赫居世	6-36 申叔舟	6-3 明治天皇	3-19 姜好善	4-19 伊能忠敬
4-2 醍醐天皇	5-21 蘭相如、廉頗 真の勇者	6-45 良秀	6-7 伊戸平左衛門、青木昆陽	3-1 今上天皇	4-2 明治天皇
4-4 野中兼山	5-24 昔脱解	6-51 李退渓	7-17 伊灌	3-20 伊藤東涯、荻生徂徠	4-3 昭憲皇太后
4-6 安珦	5-30 金閼智	6-52 呂蒙正	8-20 塙保己一	3-2 皇后	4-4 熊久新王
4-22 雨森芳洲	5-36 高倉天皇	6-58 李栗谷	8-29 菅原道真	3-3 二宮尊徳	4-9 三宅尚斉の妻
4-32 文益漸	5-37 フランクリン節約	6-64 徳川光圀			

③ 1920年代の3期教科書

1923-1924 普通学校朝鮮語読本 6	1923-1924 普通学校国語読本 8	1922-1924 普通学校修身書 6巻			
2-11 小野道風	4-13 源義経、那須与一	2-14 てんのうへいか	4-1 李栗谷	5-13 李退渓	
3-17 朴赫居世	4-24 雪舟	3-1 二宮尊徳	4-2 李栗谷	5-14 李退渓	
3-25 神武天皇	5-3 良乙那、高乙那、夫乙那	3-2 二宮尊徳	4-3 李栗谷	5-15 李退渓	
3-6 率居	5-9 仁徳天皇	3-3 二宮尊徳	4-4 李栗谷	5-16 李漢陰	
4-16 画工良秀	6-5 昔脱解	3-4 本居宣長	4-5 松平定信	5-18 吉田松陰、久坂玄瑞、高杉晋作	
4-18 金蓋仁の犬	6-10 源義経	3-5 李退渓	4－6 成牛渓	5-19 新井白石、木下順庵、岡島石梁	
5-12 安珦	6-19 神武天皇	3-6 貝原益軒	4-7 金琮燐	5-20 洪瑞鳳	
5-23 晏平仲	6-21 七里和尚	3-7 貝原益軒	4-9 ジェンナー	5-21 金寛淑	
5-6 韓石峯	7-6 李坦之	3-9 木村重成	4-11 滝鶴台	5-22 中江藤樹	
6-13 文益漸	8-6 呉鳳	3-11 永田佐吉	4-14 伊藤東涯、荻生徂徠	6-1 明治天皇	
6-16 青木昆陽、趙曒	8-17 乃木大将	3-13 皇后陛下	4-15 ナイチンゲール	6-2 明治天皇	
6-18 李退渓と李栗谷	8-24 皇太子裕仁親王	3-14 徳川光圀	4-16 ナイチンゲール	6-3 明治天皇	
6-21 雨森芳洲	8-25 菅原道真	3-15 姜好善	4-18 許明	6-8 金周容	
6-3 徐敬徳		3-16 姜好善	4-22 明治天皇	6-9 金周容	
6-6 ジェンナー		3-19 伊藤仁斎	5-4 古橋源六郎	6-14 林子平	
6-7 孔子・孟子		3-20 佐太郎	5-7 鄭民赫	6-15 李尚毅、趙克善、フランクリン	
		3-21 佐太郎	5-8 吉田松陰、滝子	6-16 井上でん	
		3-22 孫兵衛	5-9 伊藤小左衛門	6-17 金貞夫人	
		3-23 今上天皇	5-10 李希烈	6-18 朴雲庵	
			5-12 黄学源	6-19 伊能忠敬、高橋至時	

植民地下における朝鮮人母親の「皇国臣民」化と「国語」教育

有松しづよ*

はじめに

　日中戦争（1937年7月勃発）以降、1945年8月の敗戦に至るまでの国家総力戦体制期に朝鮮総督府（以下、総督府）が推し進めた「皇国臣民」（以下、皇国臣民）化政策の狙いは、全朝鮮人を「完全なる皇国臣民」に仕立てあげることだった。1938年2月の志願兵制度の実施を経て、1942年5月の徴兵制施行、その2年後からの実徴集へと向かうにあたり、何をおいても、「強靱なる民族的反感」を持つがゆえに戦場において銃口をどちらに向けるかわからない朝鮮人兵士の「皇民化の度合」を、何の私心もなく天皇のために死んでいけるまでに高める必要があったからであり[1]、同時に、「徴兵の本質に応える為、半島国民の真の皇国臣民化」[2]も成し遂げなければならなかったからである。

　本稿では、朝鮮への志願兵制度導入（1938年2月22日、勅令第95号「陸軍特別志願兵令」公布）を契機に、朝鮮女性、とりわけ朝鮮人母親の「皇民化の度合」の低さが問題視され、太平洋戦争開戦時（1941年12月8日）に至っては、朝鮮女性の皇国臣民化が急務だと言われだしたことに注目し、徴兵制施行後の総督府が、朝鮮女性、とりわけ母親を「完全なる皇国臣民」にするために、どのような皇国臣民化教育を推し進めていこうとしていたのか、また、皇国臣民化教育によって作り上げようとしていた、皇国臣民としての母親の姿がどのようなものだったかを、多くの母親が参加していたという「国語講習会」（以下、国語講習会）の教育内容や、朝鮮における「家庭教育」論を通して明らかにしたいと思う。

*志學館大学専任講師

よく知られているように、時として日韓間に生じる歴史問題は、「朝鮮語抹殺」政策等、皇国臣民化政策が対象である場合が多い。朝鮮人にしてみれば、「国家総力戦に適合した人間型として生まれ変わる経験をした」と言われるほど、「強力で苛酷な」[3]政策だったからである。その実態がどうであったかについては、日本の植民地支配に関して共通認識を得ようとの日韓間による近年の取り組みにおいて、徐々に掴めるようになってきている。しかしながら、朝鮮女性の皇国臣民化の方法や内容、皇国臣民としてどうあるべきとされていたのか、それが植民地政策のどのような点と関連していたのかについて考察した研究は、今のところ、ほとんどないように思う。

1．朝鮮人母親の「皇民化の度合」と変容する「皇国臣民」化

　総督府が母親に求めた皇国臣民としてのあり方は、朝鮮への志願兵制度導入、太平洋戦争開戦、朝鮮における徴兵制度施行という、国策のうねりに応じて変容していった。ここでは、総督府が要求した母親の皇国臣民の中身が、どのように変容していったかについて確認しておきたい。

　総督府は、志願兵制度を導入することで、それまでの皇国臣民化政策が、意外なほど朝鮮人の中に浸透していない現実にぶつかった[4]。母親の場合、「全くの白紙」[5]と言われるほどに皇国臣民化しておらず、総督府にとって母親の皇国臣民化が、それまでの政策を再編して臨まなければならないほどの懸案事項となった[6]。皇国臣民化教育を受けて育った朝鮮の青年が志願して兵士になろうとする時、まっさきに反対したのが母親であり、それが総力戦体制を阻むほどの影響力を持つ存在として総督府の眼前に立ちふさがってきたからである[7]。

　その後、太平洋戦争がはじまり、朝鮮人に、「御稜威の下我が無敵陸海空軍の精鋭は克く必勝の戦果を齎すべきは疑わずと雖も、銃後国民の責務亦頗る加重したるを深く銘記」[8]しなければならなくなった総督府は、皇国臣民化していない朝鮮女性を対象として、「婦人啓発運動を起し、之に皇国女性としての心境を錬磨せしむる」ことを「重要且喫緊なる時務の一つ」に掲げ、総督自ら、定例局長会議並国民総力運動指導委

員会（1942年2月3日）において、「二月五日附司政局長名を以て各道知事宛通牒を発し、新に婦人啓発運動を活発に展開させて、皇国女性としての錬成を積ましめ、戦時下国家の要請に適ふ婦人の活動を促す」ように指揮した[9]。「兵隊に行けばひどい目にあふ、あるひは直に死ぬんだ」といった、「無知から来る不安」による「謬見」を一掃し、「軍隊の真の姿」を、とりわけ、「世の母親たる人々に了解」させる必要が生じたからである[10]。

その直後、朝鮮にも徴兵制が布かれ、「尽忠報国、滅私奉公、自己の責任は死を持つて守り、死を持つて全くする」[11]ことが、否応なしに、夫や息子の身に直接降りかかることが現実となった母親に、総督府が求める「了解」は、「軍隊の真の姿」だけでは済まなくなった。「国軍に対する理解と、それに対する経験」がない母親に、「徴兵制度が朝鮮に施行されるに至った理由」、「日本の徴兵制度は諸外国の所謂義務に類するものでなく、お上から皇国臣民として信任をせられ、初めて賜る神聖崇高なる国民の務めであるといつた本質」を「認識」させ[12]、「兵は人間の屑なるが如く考へ今に至るまでその考へがぬけない」状況を一掃し、「兵となるの名誉を大いに悟」らせなければならなくなった[13]。

日本が「大東亜戦争の武と大東亜共栄圏の和は、車の車輪のごとく平行する昭和日本の道義的大進軍の二大原理」であり、「日本人たる者は悉くこの道義の大理念に透徹せねばならない。いやしくも生を皇国に享くる者は、一人残らず此の道義の御戦の戦士として起たねばならない」としつつ、総力戦に突入して行く中で、「朝鮮は日本の朝鮮」であるという理由で、朝鮮人も「道義」を「透徹」し、「兵役の大義務」を果たさなければならない、それが朝鮮人に与えられた「無上の光栄」であるとされた。そうすることで朝鮮人は「分かち与へられやう」[14]としていた、日本人に次ぐ、「真に大東亜の道義的建設の指導者にな」れるのであり、それには「大和心」を習得し「道義」を実践することが必要だった[15]。対象は戦線の戦闘員に限ったことでなく、「この長期戦を勝ち抜くためには、国を挙げての総力戦より外に道がな」く、ゆえに、「半島二千四百萬の同胞は、これまでの自由思想と、欧米崇拝意識をかなぐり捨て、物心両面の協力に努力しなければならない」とされた[16]。

しかしながら、総督府がこれを実現するには、「己を空しくして只ひ

たむきに君国に一身を捧げまつる境地」である「日本精神の真髄」を習得させ、「一身一家の利害とか国民全体の休戚とかいふことは考へられないことであり、国民は唯ひたむきに上御一人の御為に其の全霊全身を捧げて御奉公申し上げることがあるのみである」ということを朝鮮人に周知させる必要があった[17]。母親にはその上で、「我が夫、我が子をして克く君国に殉ぜしむると共に、自身亦家や国家に総てを捧」げることが、「女性の天分」であり、「良き妻、良き母」としての生き方であるということを、それが母親としての「本来の真価を発揮する」、「皇国女性」(以下、皇国女性)としての生き方だということを納得させなければならなかった[18]。

2．朝鮮人母親の「皇国臣民」像

　以上のような皇国女性を具現化すると、いったいどのような女性になるのか。総督府が 手本として示した日本女性のあり方から、また当時総督府関係者の間で浮上した朝鮮における家庭教育論を通して明らかにしたい。

(1) 日本人女性の「皇民化の度合」と「皇国女性」としてのあり方

　朝鮮でも徴兵制を実施することが決まると、総督府は、「日本の軍隊がなぜあんなに強いのかを研究して来たが、それは結局日本の家庭、就中婦人がしつかりして居るのだといふ事が分つた。勿論兵隊の訓練も大事だが、それと同時に家庭を強くすることが先決だ」と言うようになった[19]。その際、戦争に勝ち抜くために自国における女性教育に力を注いだというイタリア首相の言葉を引き合いに出し、「今日戦を勝ち抜くために、吾等銃後の固めとして必要なことは、何を措いても家庭を強くすることであ」り、「家庭生活の一切が、戦へる日本の為になるやうに」と強調した。そして、「草蒙未開の時代から今日まで、いかに幸薄き中にあつても、明日を望み、未来を信じ、倦みなく其の子を育て教へて今日の文化をつくつた」という日本人母親のあり方を讃え、「母の偉業は何時の世代でも讃ふべきであるが、特に今日の戦時下に於けるほど、世

の母に俟ち望む所が大なる時はない」と喧伝した。その「母の偉業」とは、「誠に家庭に於て、良き妻賢き母として、夫に殉じ子女への絶対的なる愛に徹する所にその特色を」有するという日本人母親の、「国家の危急に際しては、直ちに我が夫により我が子を通して、壮烈鬼神をも泣かしむる至誠尽忠」を抱き、夫や息子を「君国」に殉じさせ、自分自身もまた、国家に総てを捧げるというあり方だった。そうしてその手本として示したのが、「己が夫を大君の御民としての夫として仕へ、己が子を国家の子、大君の赤子として育」み、親子夫婦の私情を超越し、「夫や子の君国への節義を全うさせる為に」、自らの命さえも絶ったという、表1のような日本人女性だった[20]。

(表1)「皇国女性」の理想像として掲げられた日本女性

南北朝時代の武将楠正成の妻	「戦場から送られた父正成の首級を見て、悲しみの余り持佛堂に入りて自殺せんとした正行をおし止めて、懇々と誡め」たと伝えられた、「皇国女性史の精華」
南北朝時代の武将瓜生保の母	戦時において、5人の息子のうち2人を同時に失いつつも、主君脇屋義治に、「大君の御為に戦死したる事は誠に名誉の事である。例へ、百千の子供が死にても、更に悲しむ所でない。幸いに我には、未だ三人の子がある故、何時にてもお役に立てたうと思ふ」と申した
赤穂浪士原惣衛門の母	「老いたる母が世に永らへて」いては、「亡君の讐を報ぜんとする」息子の気がかりな存在となり、「不覚をみる」ことにもつながると、「先づ自ら先に死して義を教へ、武士の恥なからん事を示すなり。これも子を思ふ道なり」との遺書を残して自刃した
幕末の志士梅田雲濱の妻信子	「赤貧洗ふ如き中にも、毅然として家を守り」、「憂き年月及び病弱な我身と戦ひ、専心大君の為に奔走する夫の志を助けた」
陸軍大将乃木希典の妻静子	「貧しき家政を司つて老いたる舅姑によく仕へ、愛児二人を立派な軍人に育て上げて御国のために献げ、明治大帝崩御遊ばさる、や夫君乃木大将に従つて殉死」した

＜武田誓蔵「武士道精神と皇国女性」『文教の朝鮮』1942年12月号、26-29頁及び永田種秀「婦人啓発運動の精神について」『文教の朝鮮』1942年12月号、31-32頁より筆者作成＞

このような彼女らの「偉業」が「犠牲の精神、滅私奉公の精神」という、日本古来の武士道精神に基づくものだとし、朝鮮女性であっても武士道の精神を受け入れ、「いかに弱くとも、心は男子に劣らざるもの」

だという境地を持ち、「假令実戦に臨まなくとも、夫や子が戦場に出で立つ時は、自分は固より討死同様の覚悟を極め」、武士の妻として、「夫に仕へ、子等を薫陶」し[21]、「先達婦人の行蹟を倣ふやうに努めねばならぬ」[22]と考えていたからだった。それには、母親が持つ子ども観もまた、変容させなければならず、総督府は、「母性の愛には時世の進運に伴つての変化と向上」があり、「個我的な一切の愛着を捨て、惜しげもなく御国の為に我が子を捧げきるのも、また母なればこそ」できるとし、「母親がその子供をいつまでも自分から手離すまいとする傾向」を、「一面、母子の関係上極めて大切なことであつて、この結合固定の心情があるからこそ、人の子は最も永く母の膝下にはぐくまれ、親身に母の薫化を受けることが出来る」が、それでは、「単なる犠牛の愛」にすぎないと戒めた[23]。その上で、「子供は母の私有物ではなく、実に皇国の赤子であり、畏くも陛下から母の手にその教育を託し給へる大御宝」であり、「只管お国の為に役立つ子供を養育し、其のまゝ君国のために捧げき」ることが、「曠古の大戦を戦ひ抜くための」、「時代に触応した賢母の姿」だとしていた[24]。

（２）「家庭教育」論にみる朝鮮人母親のあり方

　総督府は、徴兵制の導入直後から、「学校教育や社会教育がまだ今日ほど発達してゐない昔から、国民的伝統を継承し、国民的信念を涵養する役割をつとめて来たのは家庭教育」であり、「あらゆる道徳生活の萌芽は家庭生活のうちに陶冶せられ、すべての性格の基底は、庭訓によつて形成」されるという、「家庭教育の重要性」を「力説」しはじめた[25]。朝鮮の家庭を「日本的性格を持つ家庭」、すなわち、「教育勅語の大御心に基づき、家庭生活のあらゆる部面を粛正し、刷新し、醇化し向上して、国家奉仕を第一とする皇国の意識を家の中に充満し遍満し、一点のにごりなき清純な家庭たらしめ敬愛信順のまごころにみてる家庭」にし、「皇国に捧げたる家として、皇国の道に則つて子女を育成」させることが、全朝鮮人の皇国臣民化の先決になると考えていたからである[26]。それゆえ幼いこどもが、「天皇陛下は一番貴い方であらせられる」、また、「日本は神の国である」といった「皇国の意識」にめざめていくのは、両親の教えに負うところが大きいと考え、「座敷の正面に奉掲せられた二重橋

の御写真や一段高いところに清らかに斎き祀られた大麻を配する父母の姿」が、「やがてその子女の心に、皇室尊崇、忠君愛国の心を養」うことになると論じた。そして、このような家庭環境に実行される親子揃っての「朝毎の宮城の遥拝、正午の黙祷」等がそのまま「国体の教育」に繋がると思い込んでいた[27]。

このように、次世代の朝鮮人の皇国臣民化において、「朝鮮家庭」における父母の役割が重要視されるようになり、母親に夫と協同し、家庭内における子女の「国体の教育」を担っていく役割が期待された。とは言っても、父親が出征するという可能性もあり、家庭教育は事実上、母親を当て込んでのことだった[28]。

総督府が「家庭の母なり婦人に望」んでいたことは、「今日の戦争目的についての明確な認識をもち、この曠古の大戦を戦ひ抜くための一糸乱れない計画性を家庭に於て実行する」ことだった。ひとつは、子どもの「国体観念」理解を助長するような情操教育を実施することであり、その際、「国体」というものを「理屈なしにお母さんが自覚」し、「これはお国の為であるといふやうに、本当に感じて子供を育てるといふことが大事」とされた[29]。また、日々、日本軍の戦勝を伝えるラジオ放送を母子で傾聴することも要求された。ラジオを「国家観念を子供に植付けるに好資料」と考え、「さういふ雰囲気の中に生活してをる子供は本当に皇国臣民としての教養を受ける絶好の機会に恵まれております。だから家庭の立場からいつても、この絶好の機を逸し」てはならないと考えていたからである[30]。ほかにも、義務とされていた毎朝の宮城遥拝において、唯遥拝させるだけではなく、「天皇陛下お早うございます」と声に出して、「子どもにお辞儀をさ」せることなどがあった。そうすれば、映画や絵本等で天皇を確認した子どもが、自発的に「何度もお辞儀をするようになる」と推断していたからである[31]。また、毎日正午に実施されていた兵士への感謝の黙祷の前に「兵隊さん有難う」と声に出して言わせることも要求していた[32]。「小さい時からそういふ風にやって行く」と「本当の日本人を育てる」ことに繋がり、「子どもの時からさういふ教養をすることが大事」だと思われていたからであった。その折、母親に「形式的に理屈でお辞儀をするよりも、本当にさういふ雰囲気を作るといふこと」を課していた[33]。

これらに加え、当時、朝鮮は配給による食糧さえもいつ受けられるのかわからないという飢餓状態にあり、それゆえ朝鮮人が厭戦気分にあった中で[34]、母親には、「家庭に於ての忍苦持久の精神を養ふ」ことが求められていた。たとえば、用意した食事について、子どもが不足から愚痴をこぼした場合、「矢張り親に責任がある」とされ、家庭内で「折角調へた食卓ですから喜んで食卓について頂き、美味しいといふ気持ち」を子どもに涵養しなければならないと言われており、とりわけ、母親に、「今のやうに食料品が廻らないといふ時には、目先を変へるとでも云いますか、今は鯛の刺身がなかなか頂けないんでございますが、その鯛の刺身ではなくて何か外のものをもつて、実は鯛の滋養分だけのものを完全に摂るやうにお料理を」する努力を望んでいた[35]。さらには、将来、兵士となる男児に、少しぐらいの怪我で「男が泣いては見つともない。兵隊さんになるのなら痛くても我慢する」忍耐の精神を養わせることも母親の役割とされた。兵隊となるからこそ、本当はなるべく「可愛がつてやりたい」と思っていたとしても、「兵隊に行くと、随分苦しい生活をする。そういふ生活に馴れておりますと大して苦しまないで済む」という理由から、自重が迫られていた。そうしないと、「却つて本人の為にならない」と考えられていたからだった[36]。

　結局のところ、以上のような「家庭教育の結論は、要するにお国の為に役立つ子供を育て上げて、惜しげもなくその子供をお国に捧げて、役立たせる」ところにあり、「一筋にお国の為に奉ずる子供の育成に努力」することを母親に強いるものだった[37]。それは、たとえ、「かけがへのない御子を皇国に捧げ」たとしても、「涙せぬ軍国の母」となり、夫が戦死したとしても、「夫の遺訓を守り遺児を抱きて雄々しくも世に立つ軍国の母」として生きるということだった[38]。しかしながら、総督府が母親をして実際にこのような家庭教育を実現させようとするならば、「朝鮮の女子の態度をこの際百八十度転向」させ、「家庭の女子の頭」を作り変えて行く必要があった[39]。

3．朝鮮人母親の「国語」教育

　母親への皇国臣民化教育は、ほとんどの場合、「国体の本義及び時局に対する認識の普遍徹底と皇民的訓練の強化」以前に、「国語を授ける」ことから始めていかなければならなかった。「皇国精神の具現」が「国語常用」と考えられていた当時にあって、朝鮮女性の就学率は低く（1944年11月の時点においても）、7割近くが未就学であり、ほとんどの母親が、兵士適齢者の半数近くの朝鮮青年と同様に「国民教育不浸透」[40]であり、総督府が学校を中心にすすめてきた皇国臣民化教育を受けていなかったことから、「皇国臣民たるため」の「必須条件」である「国語」を理解していなかったのである[41]。そこで、多くの母親の参加がみられた[42]という国語講習会の内容について考察し、「国民教育不浸透分野」の母親に対する皇国臣民化がどのように行われていたのかをみていきたいと思う。

（1）「国語講習会」と「国語教本」について
　朝鮮では、徴兵制施行と相俟って、1942年5月から「今こそ朝鮮の人達は、永い間の使用によつて得た朝鮮語への愛着も安易さも見事に振切つて、ひたすら国語の常用に転ずべき時である」[43]という強圧的な「国語普及運動」が開始された。戦場において、日本語を理解しているかどうかが「一軍の安危」[44]に関わることからの兵士適齢者への「国語普及」はもちろんのこと、「徴兵制度の本質に応える為、半島国民の真の皇国臣民化」[45]が求められ、「皇国臣民たるには、そこに如何なる困難と苦悩を伴なふにせよ、国語の常用が必須の条件」[46]だという方針のもと、全朝鮮人の「国語の常用」がめざされたのである。これを機にそれまで積極的に展開されていなかった朝鮮女性に対する「国語普及」も、学校や職場、また総督府の行政末端組織であった愛国班等による国語講習会を介して盛んに推し進められて行った。

　国語講習会のほとんどは、夜間に開催されており、「実生活に即する教材が盛られ」、「会話の力の涵養ということに主力が注がれてゐ」た[47]。総督府近藤教学官の発言によれば、国民学校を会場とする国語講習会の

場合、「期間は大体二箇月位で」、母親たちは、「比較的家庭の暇な時を見まして、学校に行つて、学校の先生から教わつて」いた。具体的には、「夕方ご飯を早く済ませて、大体二時間程度」受講していた[48]。教科書は学務局編纂課が「国語講習会用」として編纂した『国語の本』[49]が採用されており、表音式かつ長音を「ー」で表す棒引き仮名遣いが使われていた。そのほか、国民総力朝鮮連盟が発行した『コクゴ』も教科書として用いられることが想定されていた。『コクゴ』は、本来、「国語未解者のすべてに頒布し、常にこれを所持せしめ、生活に必須な国語を日に一語づつにても習得せしめよう」という意図を孕んだ携帯用教科書で、「各自が本書を所持して、或は集会の際の寸暇に指導を受ける等、随時随所に於いて学習」できるように、「生活に必要な語を精選して約二百語を輯録し」、「これらの語によって極めて簡単な生活用語を習得せしめ」ようという目的を持っていた[50]。なお、国語講習会は、国民学校の教員のほか、「面の書記とか、或いは巡査さんとか、金融組合の方とか、さういふ人が率先して」担っていた。実のところ、総督府は、国語講習会を、本来、一年を通して開催したいと考えていたが、教員が不足していた[51]。

このような国語講習会において、どのような内容の「国語教育」が行われていたのだろうか。手元で確認できる「国語講習会用」の教科書『国語の本』(総督府発行、1944年度版)を通して明らかにしていきたいと思う。

見開きには「キミガヨワ」の歌い出しから始まる国歌「君が代」が掲載されている。国語講習会では「君が代」を繰り返し練習させていた[52]。「モクロク」は次のとおりである。拗音の表記が混在しているが、下記表は史料のママである。漢字の部分には、それぞれ、メンジムショ、じょーかい、とうきょう(から)、じんぐうさんぱいと振り仮名が振られている。ただし、日の丸の旗には振り仮名がない。また、ひらがなが登場するのは、「二十一　びょーきみまい」からである。

植民地下における朝鮮人母親の「皇国臣民」化と「国語」教育　119

(表2)『国語の本』の「モクロク」

一	アサ	十六	ゴチソー
二	マチ	十七	ジュンササン
三	ミナト	十八	面事務所
四	ミワトリ	十九	ニューガクノ　テツヅキ
五	四キ（ママ）	二十	オカーサント　コドモ
六	ワタクシノ一日	二十一	びょーきみまい
七	ハタケデ	二十二	常会
八	ジドーシャノ　ノリバ	二十三	こくごのべんきょー
九	ミチオ　キク	二十四	とけー
十	ハンタイノ　コトバ	二十五	いもんぶくろ
十一	ユービンキョク	二十六	へーえき
十二	カイモノ	二十七	ないちから
十三	ショクギョーショーカイショ	二十八	東京から
十四	キンユークミアイ	二十九	神宮参拝
十五	オタノミ	三十	日の丸の旗

＜『国語の本』朝鮮総督府発行、1944年度版より筆者作成＞

　以下、『国語の本』がどのような意図で作られたのか、教育現場において、どのような活用が望ましいとされていたのかについて、編修官広瀬続の解説「国語の指導者へ」[53]を介して見て行きたい。
　『国語の本』は、教育目的に沿って4部門から成っている。第1部は、五十音順カタカナ表記の単語が登場する。これは、「わが国語の「音韻」の識別と音韻の実現としての発音法の訓練」を目的とするもので、正しい発音を習得できた学習者が、それを文字に書いた時に「濁点を落と」さないようにとの配慮による配置だった。第2部は入門教育とされ、「一　アサ」から「五　四キ」までとし、「一応はこれで足りると考へる」、「アリマス」「イマス」に加え、「～デスカ」「ハイ、ソーデス」「イーエ、デハ　アリマセン」をはじめとする基本文型が示されている。これらの文型の「体得が爾後の学習の基礎」になると位置付けられており、学習者に「徹底的に習熟せしめることが肝要」であることが曉諭されている。ただし、同一の文型ばかりを繰り返し練習をすると学習者の「興味を失はしめる嫌いがある故」、既得した語彙や身近にある名詞を「縦

横」に使用しての教授が望ましいとされている。第3部は、「六　ワタシノ一日」から「二十六　へーえき」までの、「出来得るかぎり、具体的に、且つ実生活的に表現した」という会話力の習得を目的として配置されたもので、指導者には、「会話の全体からそれの行はれる場及人物について正しく読みとり」、指導の際に適切な補足を加え、「会話を文としてよませるのでなく、直に生きた会話として修練」させるようにと指示されている。「会話の文章をただ暗記せしめて、これを暗誦せしめても、決して話す力がつくものではない」ということからだった。そこで、講座においては、「教材による修練というよりも、教材を中心として」、「教授の進行中に指導者と被指導者との間に取交はされる言葉」を重要視した授業展開が求められていた。「会話の重要性を忘却してしまつて教材の暗誦のみ一生懸命になることは、労多くして効果を上げることは少な」かったからである。第4部は、「二十七　ないちから」から「二十九　神宮参拝」までの文章読解教材が配置されている。配置が4篇と少ないのは、「国語講座」の目的が「文の読解力の養成といふよりも文章とは此の如きものであるとの見本を示す程度に止めた」かったからである。そこで、「あくまでも聴く力、話す力の涵養を主とし、国民学校に於ける上學年の文章指導のやうな方法に陥らないやうにして欲しい」と指示していた。なお、漢字は、「日常目にふれるもの」が選出され、すべてに振り仮名がふられている。これには、講習会が「漢字の習得を重要視」していないということと、「僅少な講習の時間内に漢字の学習までも課しては話し言葉の修練がおろそかになるから」という理由があった。

（2）「国語」の教育内容

　次に学習内容を考察し、母親の皇国臣民化を進める上で、どのような役割をもっていたかについて検討したい。以下、朝鮮人の日常生活にかかる記述が見られる「十八　面事務所」以降の内容を挙げてみた。

(表3）朝鮮人の日常生活にかかる『国語の本』の記述内容

十八	面事務所	・出生届を出す場所が面事務所であること。 ・子どもの名前が「タケオ」であること。
十九	ニューガクノ　テツヅキ	・入学の手続方法および申し込み先が面事務所であること
二十	オカーサント　コドモ	・外出した子どもにうがいや手洗いをさせること ・学校に授業料を払うこと
二十二	常会	・常会における時間厳守及び宮城遥拝の励行 ・貯蓄の励行、「国語の常用」
二十三	こくごのべんきょー	「国語」習得における母親の重要性 「国語」習得の方法
二十四	とけー	・時間励行
二十五	いもんぶくろ	・いもんぶくろにいれる推奨品
二十六	へーえき	・兵役の重要性と銃後の態度
二十七	ないちから	・報国青年隊の「ないち」からの手紙内容 ・「ないち」の清潔さと日本女性の勤労に対する賞賛
二十八	東京から	・都市東京の賞賛と宮城の荘厳さに対する感動 ・靖国神社および明治神宮への参拝報告
二十九	神宮参拝	・朝鮮神宮紹介と参拝方法
三十	日の丸の旗	・日の丸の旗に係る情報と重要性

＜『国語の本』朝鮮総督府発行、1944年度版より筆者作成＞

　「十八　面事務所」の内容が、出生届を提出する場所が面事務所（面とは朝鮮における一行政単位)であることや届け出る子どもの名前が「タケオ」という日本名であること等、当時の総督府が推し進めていた「創氏改名」政策（詳細は、水野直樹『創氏改名─日本の朝鮮支配の中で─』岩波新書、2008年を参照いただきたい）についての理解を進める内容であることがわかる。「二十二　常会」、「二十三　こくごのべんきょー」の場合は、1942年5月に開始した「国語普及運動」への、朝鮮人の「自発的」動員を狙ったものであることが窺える。そのほかの内容、時間励行、宮城遥拝、貯蓄の励行、「国語常用」、次世代の国語習得における母親の役割、兵役に対する理解、「ないち」の賞賛、日本人女性の賞賛、朝鮮神宮の参拝方法、日の丸の旗の重要性など、どれをみても、総督府による皇国臣民化政策に資するものである。
　このように、国語講習会は、「国語」を理解できない「国民教育不浸

透分野」の母親に、「皇国臣民たるため」の「必須条件」である「国語」を習得させる機会としてだけではなく、「時局」を認識させ、皇国臣民としてどう生きるべきかを知らしめる機会となっていた。

おわりに

　以上、徴兵制施行後の総督府が、母親を「完全なる皇国臣民」にするために、どのような方法や内容で皇国臣民化を推し進めていたのか、その教育を通して、どのような皇国臣民としての母親を作り上げようとしていたのかを、朝鮮における家庭教育論や国語講習会の内容を通して見てきた。

　志願兵制度を導入することによって、朝鮮女性、とりわけ母親の「皇民化の度合い」の低さに気付かされた総督府は、徴兵制施行を機に、「重要且喫緊なる時務の一つ」に母親の皇国臣民化を掲げ、邁進することになった。良妻賢母として夫に殉じ、子どもに絶対的な愛情を傾けつつも、国家の危機に際しては夫や息子を「君国」に捧げ、自分自身もまた国家にすべてを捧げるという、武士道の精神を宿した日本人の妻や母を理想として掲げ、朝鮮の母親にも彼女たちのような生き方を望んだ。

　ひとつが、子どもに「国体観念」を理解させるための情操教育を施すことだった。その際、母親は、「国体」というものを「理屈なしに」自覚していなければならなかった。具体的には、日本軍の戦勝を伝えるラジオ放送を親子で傾聴することや、毎朝の宮城遥拝時に声に出して「天皇陛下おはようございます」と言わせ、お辞儀をさせること、正午に実施されていた兵隊に感謝を捧げる黙祷時に「兵隊さんありがとう」と声に出して言わせる等があった。また、当時の朝鮮が、日中戦争の影響や未曽有の干害により、食糧すら手に入らない飢餓状態にある中で、子どもに食に対する「忍苦持久の精神」を養うことや、将来兵隊になることを見越して厳格な養育が求められていた。総督府は、日本の皇国女性のあり方を手本と仰ぎつつ、日常生活においてこのように生きる母親を皇国臣民化教育によって作り上げようとしていたのである。

　しかしながら、これらのことを実現しようとするには、母親に対する

「国語」教育から取り掛からなければならなかった。ほとんどの母親が「国民教育不浸透分野」にあり、「皇国臣民たるため」の「必須条件」である「国語」を理解できなかったからである。そこで、母親を国語講習会に参加させ、言語としての「国語」とともに、皇国臣民としての生き方がどのようなものであるかを知らしめていたのである。当時、新聞各社は、国語講習に「熱心」に通う母親を、「美談」の主としてこぞって報道していた[54]。全新聞社が、論調を一にして、総督府の統治方針に邁進していた状況にあった[55]ことを鑑みれば総督府が母親の皇国臣民化を図るうえで、国語講習会にかける期待が大きかったことが窺える。とは言え、「国語」教育を介しての母親の皇国臣民化が、順風満帆に進んでいたと思われないふしがある。同一の文型ばかりを繰り返し練習していると学習者が「興味を失はせる嫌いがある故」という広瀬続発言が、学習の途中で「興味」を失う朝鮮人が少なからずいたことを示唆しているからである。この点については今後の研究において検討を加えたい。

【註】

1 宮田節子『朝鮮民衆と「皇民化」政策』未来社、1985年、112頁。
2 「徴兵制度実施を控えて」『文教の朝鮮』1942年7月号、14頁、誌上座談会における八木警務課長の発言。座談会は、1944年からの徴兵制実施を控えて、それまでに教育上、どのような準備を要すかというテーマで開催された。出席者は、「八木警務課長、本多学務課長、岩村京畿中学校長、増田法学専門学校長、宮村誠信家政女学校長、高橋教学官、市村視学官、海田志願兵訓練所長、島田編輯課長」であった。
3 鄭在貞「日帝下朝鮮における国家総力戦体制と朝鮮人の生活―「皇国臣民の錬成」を中心に―」『第1期日韓歴史共同研究委員報告書』第7章、2006年6月。
4 宮田節子前掲、71頁。
5 前掲「徴兵制度実施を控えて」、23頁、誌上座談会における宮村誠信家政女学校長の発言。
6 宮田節子前掲、76頁。
7 宮田節子同上。
8 真崎長年(総督府学務局長)「太平洋戦争下における学園の態勢」『文教の朝鮮』1942年1月号、6頁。
9 永田種秀(総督府総務局事務官)「婦人啓発運動の精神について」『文教の朝鮮』1942年12月号、30頁。
10 磯矢伍郎(朝鮮軍参謀)「建軍の本義と徴兵制実施」『朝鮮』1942年7月号、34-35頁。

11 波田重一（朝鮮連盟事務局長陸軍中将）「徴兵制度実施に当り教育者に与ふ」『文教の朝鮮』1942年7月号、4-5頁。
12 前掲「徴兵制度の実施を控えて」、12頁、誌上座談会における八木警務課長の発言。
13 磯矢伍郎前掲「建軍の本義と徴兵制実施」、33頁。
14 宮田節子前掲、108頁。
15 尾高朝雄（京城帝国大学教授法学博士）「道義朝鮮と徴兵制度」『朝鮮』1942年7月号、25-26頁。
16 松本一郎（京城海軍武官府海軍大佐）「大東亜戦争一周年に当り教育者に望む」『文教の朝鮮』1942年12月号、4頁。
17 八木信雄（総督府警務課長）「徴兵制度施行の意義」『朝鮮』1942年7月号、46頁。
18 武田誓蔵（京城第二公立高等女学校長）「武士道精神と皇国女性」『文教の朝鮮』1942年12月号、24頁。
19 島田牛稚（総督府編輯課長）「母性愛の本質」『文教の朝鮮』1942年11月号、2頁。
20 武田誓蔵前掲、26-29頁。乃木希典夫人静子については、前掲永田種秀「婦人啓発運動の精神に就いて」31-32頁。
21 武田誓蔵同上「武士道精神と皇国女性」、26頁。
22 武田誓蔵同上「武士道精神と皇国女性」、34頁。
23 島田牛稚前掲「母性愛の本質」7-8頁。
24 島田牛稚同上。
25 吉田正男（総督府編修官）「家庭教育の精神の確立」『文教の朝鮮』1942年10月号、15-16頁。
26 吉田正男同上、17頁。
27 吉田正男同上、17-18頁。
28 「戦時下の家庭教育を語る」『文教の朝鮮』1942年11月号、19頁、誌上座談会出席者京城帝国大学教授天野利武の発言。座談会は、戦時下における朝鮮の家庭教育において母の役割がどうであるべきかというテーマで開催された。出席者は、「京城帝国大学教授天野利武、京畿公立高等女学校長琴川寛、朝鮮総督府編輯課長島田牛稚、朝鮮総督府教学官延禧専門学校長高橋濱吉、緑旗連盟津田節子、京城帝国大学教授夫人花村芳子、朝鮮郵船専務夫人広瀬咲、徳成女子実業学校長福沢玲子」であった。
29 同上、22頁、誌上座談会出席者津田節子の発言。
30 同上、島田牛稚の発言。
31 同上、24頁、花村芳子の発言。
32 同上。
33 同上、高橋濱吉の発言。
34 『京城日報』京城版、1942年12月1日付。
35 前掲「戦時下の家庭教育を語る」、26頁、朝鮮郵船専務夫人広瀬咲の発言。
36 同上、27頁、徳成女子実業学校長福沢玲子の発言。
37 同上、22頁、島田牛稚の発言。
38 武田誓蔵前掲「武士道精神と皇国女性」、29頁。
39 前掲「徴兵制実施を控えて」、25頁、誌上座談会における高橋教学官の発言。
40 総督府学務局錬成課「徴兵制の実施と朝鮮青年の特別錬成」『文教の朝鮮』

1943 年 2 月号、28 頁。
41 「高良女史一行を囲む座談会」『文教の朝鮮』1944 年 10 月号、52 頁、高橋京城師範学校長の発言。なお、座談会の出席者は、「内地」からの「婦人国民運動家として、高良富、黒田米子、木内キヤウ、持地ゑい子、坂本太代子、竹味ニキノ、朝鮮教育会から近藤教学官、稲荷主事、高橋京城師範学校長、安岡京城女子師範学校長、土生寿松国民学校長、福沢徳成女学校長、宮本誠信女学校長、そして、国民総力朝鮮連盟の林」であった。
42 川嵜陽「戦時下朝鮮における日本語普及政策」『史林』89 巻 4 号、2006 年、109-111 頁。
43 島田牛稚（総督府編輯課長）「国語普及運動の展開」『文教の朝鮮』1942 年 8 月号、3 頁。
44 「訓練所後期生採用　塩原所長談話発表」『朝鮮』1939 年 1 月号、101 頁。
45 前掲「徴兵制度実施を控えて」14 頁。八木警務課長の発言。
46 広瀬続（総督府編修官）「国語の指導者へ」『文教の朝鮮』1942 年、8 月号、11 頁。
47 広瀬続同上「国語の指導者へ」、14-15 頁。
48 前掲「高良女史一行を囲む座談会」、46-47 頁。
49 近藤教学官によれば、「国語講習会用」に編纂されたのは『コクゴノホン』とされているが、実際作成したのは編輯課であり、『コクゴノホン』は『国語の本』として発行されていた。詳細は、永島広紀「戦時下の朝鮮における「醇正ナル国語」の再編成」- 近代日本の「国語・国字問題」異聞 -」(『史境』(56) 2008 年 3 月号、32 頁）を参照願いたい。
50 広瀬続前掲「国語の指導者へ」、13 頁。
51 前掲「高良女史一行を囲む座談会」、稲荷主事の発言、53 頁。
52 川嵜陽前掲、109 頁。
53 広瀬続前掲「国語の指導者へ」、10-16 頁。
54 川嵜前掲、108-109 頁。
55 宮田節子前掲、12 頁。

「満洲国」初等教育就学者数の推移とその分析

黒川直美*

はじめに

　「満洲国」（以下カッコとる）の教育がそこに居住する人々の民族的主体性の生成を阻害するようなものであったとしても、他方で、当時生徒が満洲国の作った学校に通っていたことは事実である。そこには、「当時の『満洲国』では女性の仕事は殆どなく、医者になったら自分で開業できる」[1]という理由で医学を学びに日本に留学していた女子学生、満洲国の思想教育を受け「自分を偽満洲国（中国語で満洲国を指す。「偽」に傀儡政権であったという中国側の思いがこもっている——引用者注）人だと思っていた」[2]という国民学校の生徒、「（父に教育を受けていたので——引用者注）自分は中国人だと思っていた」[3]という中学生など様々な思いがあった。筆者は、このような生徒たちの思いを分析することを研究課題としているが、本稿ではその基礎作業として、初等教育就学者数の変化とその背景について検討する。

　なお、ここで言う就学者数は教育体系が異なる日本人以外の満洲国居住者に限定する。資料の制約により、男女の区別は行わず、就学者数の推移も1942年までとする。また、満洲国期には15、6歳で初等教育を受けるものもおり[4]、結婚していたものも少なくなかった[5]。初等教育を受けている子女を一般に児童と呼ぶが、本稿では在学生の年齢が様々であることから、彼らを一括して生徒と呼ぶことにする。

　戦後日本の旧満洲の教育研究は、1970年代[6]から始まり、2000年代になると論文の数も大幅に増加し、その研究関心は多岐にわたっている

*中国史研究者

が、その中でも重点的に研究されているのが、高等教育と少数民族教育である。

　高等教育については、建国大学に関する研究[7]が相次いで出版され、また満洲国から日本に留学した中国人学生の研究[8]なども行われている。少数民族教育は、日本では槻木瑞生氏によって70年代より始められた[9]。そして2000年代になると中国人研究者がこの問題に取り組むようになった[10]。

　一方、本稿で取り上げる初等教育の分野では、鈴木健一氏が制度の変遷を整理し[11]、磯田一雄氏が教科目の統合により徐々に中国独自の教育内容が減らされていく過程を明らかにし、満洲国での日本の教育を新教育の実験場ととらえ、日本の教育の進歩に積極的意味があると位置づけた[12]。

　中国側の研究では、満洲国期の教育は奴隷化教育と評価するのが一般的である。橋本雄一氏の「海外研究動向」[13]の整理に従えば、1999年までは教育分野では武強氏、斉紅深氏、王野平氏の研究が注目されている。その後の研究者は、斉紅深氏、楊家余[14]氏、王希亮[15]氏がいる。斉紅深氏の研究は、植民地期に教育を受けた中国人の聞き取り調査を大規模に行なったもので、資料的に価値が高い[16]。こうした調査を踏まえて、斉氏は教育に関する著作もある[17]。中でも『日本侵華教育史』が注目される。本書は、清末民初からの日本の中国侵略に伴って行われた中国各地の教育に関する研究であり、その範囲は、台湾、関東州、満鉄付属地、満洲国、蒙疆地区、華北政権、汪精衛政権下での教育に及んでいる。王氏の著書では満洲国の教育については、日本の教育政策とともに、学生や教師の抗日運動を取り上げ、国民党の抗日運動も評価されている。

　以上のような中国における満洲国期の教育研究の特徴は、満洲国政府の教育を「奴隷化教育」とし、抗日運動に積極的意味を見出すことであるといえる。その分析の基礎となる初等教育就学者数について比較的細かい分析をしているのは、王希亮『東北陥落区殖民教育史』（黒竜江人民出版社、2008年）である。王氏が初等教育就学者数を取り上げたのは、日本側の「満洲国時代に就学者数が増加したのだから、日本は中国東北地方における教育の普及に貢献した」という評価（日本側の資料の引用はないが、他に使用した資料を見ると『満洲国史』かと思われる）

に反論するためである。そこには「満洲国政府の統計によると、1937年、全東北の学齢児童は4,460,000人、1949年になると、東北教育部の統計によると、学齢児童は6,040,000人、この上昇率から推算すると、毎年平均130,000人前後が増加し、在校小学生の増加数量は106,000余人であり、そうすると、在校小学生の増加速度は就学年齢生徒の自然増加速度ほどない」[18]という記述がある。

王氏の「就学者増は、学齢人口の自然増よりも少ない」という結論は、本当だろうか。本稿で就学者数の推移をみた後、「おわりに」で検討していきたい。

第一章　満洲国成立初期の就学者減少とその理由

本章では、満洲国成立から1938年の新学制公布以前、1937年までの就学者数の推移を取り上げたい。

まず、本論に入る前に、満洲国成立前の中国東北地方の教育制度を概観する。中華民国の教育制度が確立するのは1922年の「壬戌学制」であり、それが中国東北地方で張作霖政権でも採用された。この学制では

(表1) 人口と学校数・就学児童数

年度別	学齢人口	学校数	就学児童数
1932（大同元）	－	11,595	662,795
1933（大同2）	－	9,128	502,223
1934（康徳元）	－	12,896	830,960
1935（康徳2）	－	13,410	896,054
1936（康徳3）	-	13,674	1,012,491
1937（康徳4）	4,461,928	14,335	1,179,910
1938（康徳5）	4,729,998	20,175	1,613,751
1939（康徳6）	4,788,480	20,178	1,792,560
1940（康徳7）	4,943,471	19,908	1,972,156
1941（康徳8）		21,424	2,099,342
1942（康徳9）		21,950	2,159,864

民生部『民生年鑑』1940年　p.34
民生部『第二次民生年鑑』1941年　p.27
民生部『第三次民生年鑑』1942年　p.118
民生部『第四次民生年鑑』1943年　p.22,129

(表2) 満洲事変前後の開校数・生徒数

1933月6日30現在

省名		事変以前のもの		事変以後再開したもの		事変以後再開した割合	
		学校数	生徒数	学校数	生徒数	学校数	生徒数
奉天省	初級	8,156	436,919	6,836	366,018	84%	84%
	高級	190	17,788	163	15,011	86%	84%
吉林省	初級	1,591	129,134	795	69,548	50%	54%
	高級	28	3,456	18	1,616	64%	47%
黒竜江省	初級	861	52,169	650	38,767	75%	74%
	高級	20	1,268	26	2,473	130%	195%
熱河省	初級	770	25,349	770	25,349	100%	100%
	高級	15	721	15	721	100%	100%
東省特別区	初級	不明	不明	不明	不明	不明	不明
	高級	不明	不明	不明	不明	不明	不明
新京特別区	初級	22	3,916	22	3,916	100%	100%
	高級	4	44	4	44	100%	100%
興安省	初級	44	2,281	44	2,281	100%	100%
	高級	2	220	2	220	100%	100%
総計	初級	11,444	649,768	9,117	505,879	80%	78%
	高級	259	23,497	228	20,085	88%	85%

地域区分は、1933年現在

文教部『第一次文教年鑑』p.1194 より作成

(表3) 入学志望者と入学者数

年	志望者	入学者	就学できたものの割合
1936	585,756	420,709	72%
1937	735,330	544,349	74%
1938	785,215	615,455	78%
1939	905,161	689,674	76%
1940	1,015,315	801,994	79%
1941	1,111,359	792,136	71%
1942	1,214,815	852,039	70%

文教部『第四次文教年鑑』p.64,66
民生部『民生年鑑』p.34
民生部『第二次民生年鑑』p.313～314、p.467～468
民生部『第三次民生年鑑』p.203～204
民生部『第四次民生年鑑』p.23
民生部教育司『康徳9年度 満洲帝国学事要覧』p.65～66
文教部『康徳10年度 満洲帝国学事要覧』p.40～41

初等教育は6年で、初級小学校4年、高級小学校2年、初級4年間は義務教育であったという[19]。1928年に「三民主義教育宗旨」が発布され、授業科目に「党義課」を作り、三民主義を教えた[20]。

このようにすでに中国東北地方では、学校教育は始まっていた。ここに満洲国は新たな教育制度を布いたのである。

1932年に満洲国が成立すると、満洲国ではまず思想教育として、三民主義を教える「党義課」をやめて、中国人の伝統的な思想教育である四書孝経を教えることとした[21]。

では、このような思想教育を含んだ初等教育はどの程度の生徒に教えられたのであろうか。表1の就学者数を見てみると、1932年から33年にかけて就学者数は減少し、34年には就学者数は回復した。そのあと就学者数は史料上42年まで増加し続けることが確認できる。

33年の減少の理由は、まず第一に多くの学校が閉校したことにある。これは満洲事変が原因で「治安」が悪化したため、張学良時代から設立されていた学校が閉校したためである。表2は『第一次文教年鑑』から作成した表である。これを見ると、事変前と比べると満洲国成立後の1933年に開校していた初等教育機関は、初級小学校は80％で生徒数は以前の78％、高級小学は88％で生徒数は85％しかなかったことがわかる。これは、「事変発生ヲ利用シタ匪賊ノ暴動ニ校舎ノ焼失、教職員ノ拉致事件等相次ギ、止ヲ得ズ一時ハ殆ンド廃校ノ状態ニ至ツタ」[22]というように、学校だけでなく満洲国全体の治安が不安定な時であったためである。学校数生徒数が減少した1933年は抗日武装運動のピークで、都市部から農村部に運動が広がっていった年であった。「多年ニ至ル匪賊ノ出没ニ禍サレ、地方村落ノ家庭ハ一様ニ閉鎖主義トナリ、殊ニ女子の外間ノト交通ハ殆ド絶縁状態トナリタル」[23]ため、保護者が子女を外に出すのを嫌ったことが学校へ通う生徒が減った原因であると推察される。抗日武装勢力は1934年以後減少[24]していき、学校も再開し始める。

第二に、教育費不足があり、「大同元年政府予算において歳入総額一億一、〇〇〇余万に対し、文教関係歳出予算はわずか二七万余円に過ぎない」[25]というほどであった。

第三に、教科書の不足である。このため張学良政権期の教科書を使っていたという。当時吉林省立第一両級中学で勉強していた漢族の男性の次の証言がある。「まず変えられたのは教育内容である。民族意識と愛国思想に関係ある教育内容は、あるものは削除され、あるものは墨で塗りつぶされた。数学、理科、化学の教科書はしばらく使われたが、歴史

地理の教科書は使用不可になった」[26] という。満洲国政府関係者が多く携わっている資料『満洲国史』にも「小学校教科書臨時刪正表ができ、これによって旧教科書の刪正を始めたが、教科書に墨を塗ったり紙貼りをさせたりして文字通り糊塗の策を講ずるという創業当時のあわただしさであった」[27] とある。

これらを裏付ける雑誌の記事もある。『満州評論』のコラム記事には、「吉林各学校は四月一日夫々新学年開校式を挙行したが、入学生は各校とも入学定員の三分一に充たずして授業開始もできずそれに一方満洲国政府の教科書が未だ出来上がらず全く停頓状態に在る。それでどのみち授業開始は当分延期の外あるまい。満洲事変のため金融窮塞して学資金は欠乏している。それに満洲国の教育に反対を唱へる向も少くない有様である。この経済的事由と新国家の教育に対する民心の信頼と関心を要すべきものあらう」[28] とある。

このほかに、この時期の特徴でなく満洲国期全体にわたる問題だが、教員によって、反日教育が行われるかもしれない懸念である。初期にはこのため学校の再開をためらっていたという。満洲国期以前は中華民国の教育方針に従って教育を行っていた教員ばかりで、満洲国の教育方針に従って教育できる人材は極めて少ない状況であった。1932年の文教部の確立直後に開催された各省の教育責任者を集めた会議の記録に、次のような発言が載っている。

「現在各学校ノ教師ヲ察シテ見ルニ、其ノ年齢ガ三十前後ノモノ多ク、悉ク中華民国ノ教育ヲ受ケ、陶冶サレテ来タモノデアリマス。民国建国以来既ニ二十年ノ歴史ヲ有シテ居ルノデ、其ノ教育ノ勢力モ決シテ侮ルコトハ出来マセン」[29]

この状況は、満洲国成立初期で解決したわけではなく、その後もずっと変わらなかった[30]。ハルピン第一国民高等学校機械科に在学していた漢族の男性、于克敏氏は小学校時期を回想して、「学校の校長や教師は『九・一八事変』以前に育成されたインテリであり、彼らの多くはいくばくかの愛国心を持っていた。たとえば語文（中国語）の教師の呉恩起先生は、生徒に『古文観止』からとった文章を数多く教え、『満江紅』

の歌を歌わせた。歴史を教えた王友蘭先生は、中華民族歴史年表によってどうして私たちが『満州国人』に変わったかを教えてくれた。地理を教えた劉質彬先生は、傀儡『満州国』の地図がどうして現在のようになったかを教えてくれた。私塾で勉強してよく理解できなかった少年に、中国人から『満州国人』になった経緯を教えてくれた」[31]といった、民族教育が秘密裏に行われていた様子が見て取れる。

　就学者数は1932年から37年まで、33年の減少を除けばずっと増加し続ける（表1）。30年代半ばには各地の調査で、教育に対する関心が高まっているという報告があり、そのために就学者数が増えていると思われる。一例をあげると、1936年には、「本省（浜江省―引用者注）ニ於テハ治安ノ恢復、学齢児童ノ増加並ニ一般教育思想ノ向上ト共ニ、各県共ニ年々相当数ノ初等学校ノ増加ヲ示シツツアリ」[32]といった状況で、「治安」の回復を背景として学校数は増加し、1933年に一時的に減少していた生徒数も増加し続ける。他の地域でも、「昨年マデハ度々匪賊ノ大群来襲シ住民ノ生活ハ極度ニ脅カサレ私塾、村立小学校ノ閉鎖セシモノ無数ニ及ビシモ、本年ニ入リ治安モ漸ク恢復シ、更ニ今秋ハ非常ナル豊作ニ農家ハ蘇生ノ思ヒヲナシテ居ル」[33]といったように、少しずつ「安定」を取り戻しつつあった。「従来ハ交通不便ノ地且ツ匪賊ノ出没頻繁ナリシタメ農村一帯ニ疲弊シ教育産業見ルベキモノモナク、県財政モ亦タ極メテ困難デアツタ。最近治安稍ヤ安定スルト共ニ一般住民ノ生活モ幾分持直スニ至リ、一時閉鎖中ノ小学校モ漸次開校ヲ見ツツアル」[34]と、このように抗日運動の弾圧の「成果」により学校が開校したのである。

　以上のように、資料で確認できる範囲は限られるが、すくなくとも1930年代半ばには学校が増加し、また小学校への入学希望者も増加した。その結果、小学校に入学を希望しても入学できない状況も見られた。表3を見ると、入学志望者に対して入学できたものは7割程度であった。

第二章　新学制による就学者増加

　1938年1月1日、新学制が公布された。新学制とは、満洲国の新しい教育制度である。これは「政府ハ建国後直チニ学制改革ノ議ヲ起シテ

其準備ニ着手シ周密ナル調査研究ト慎重ナル審議トヲ重ネタル結果漸ク成案ヲ得」[35]ることとなったものであった。新学制では、「忠良なる国民」にするための教育という方針が強化された。思想教育においては、四書孝経から建国精神を教えるように変更された。

(表4) 学校における退学者数

初級小学校・国民学校退学数

年	死亡	病気	貧困	転学	その他	合計
1936(康徳3)	1,185	9,237	23,777	16,863	17,100	68,161
1937(康徳4)	1,603	11,283	27,631	23,144	19,589	83,250
1938(康徳5)	1,475	12,183	30,669	25,800	15,077	85,204
1939(康徳6)	2,756	16,494	46,050	26,057	12,929	104,286

高級小学校・国民優級学校退学数

年	死亡	病気	貧困	転学	その他	合計
1936(康徳3)	190	1,816	3,539	3,746	3,419	12,710
1937(康徳4)	227	1,699	3,377	4,425	3,017	12,745
1938(康徳5)	224	2,024	3,768	4,598	2,710	13,354
1939(康徳6)	270	2,858	5,694	4,739	2,239	15,800

民生部『第4次文教年鑑』p.211
民生部『民生年鑑』1936(康徳6)年 p.311
民生部『第二次民生年鑑』1937(康徳7)年 p.319 p.473
民生部『第三次民生年鑑』1938(康徳8)年 p.209 p.291

(表5)

国民学校卒業生進路

年	進学		就職		家業従事		その他		合計		
	男	女	男	女	男	女	男	女	男	女	合計
1940	69,527	15,875	11,185	692	24,608	9,167	10,217	1,627	115,537	27,361	142,898
1941	80,884	18,197	12,976	1,291	27,044	10,400	13,183	2,362	134,087	32,250	166,337
1942	96,323	21,455	15,879	1,619	29,783	11,867	14,639	2,312	156,624	37,753	194,377

国民学校卒業生進路

年	進学		就職		家業従事		その他		合計		
	男	女	男	女	男	女	男	女	男	女	合計
1940	19,952	4,474	7,739	475	10,852	3,704	3,246	792	41,789	9,445	51,234
1941	30,381	6,890	9,753	849	13,079	4,564	4,953	1,369	58,166	13,672	71,838
1942	25,598	5,693	11,053	994	15,036	4,968	5,637	1,376	57,324	13,031	70,355

民生部『第二次 民生年鑑』1941年 p.329 p.483
民生部『第三次 民生年鑑』1942年 p.220 p.301
民生部『第四次 民生年鑑』1943年 p.161 p.193

また、新学制では、初等教育を重視し、中・高等教育を抑制するという方針が打ち出された。新学制に関する教育方針などを記したパンフレット『新学制の大要』でははっきりと、

「(六) 幼少年の国民教育に重点を置く。(七) 中等程度以上の教育に就ては社会の需要供給を考慮して之を施し所謂学問遊民の輩出を防止す。」[36] と記されている。

学制もそれまでの初級小学校4年、高級小学校2年に代え、国民学校4年、国民優級学校2年を置くほかに、国民学校と並んで私塾を改編した1～3年制の国民学舎と国民義塾を作った。

「我国ニ於テハ全国ニ亘リ殆ンド自然的ニ発生シタル約一萬ニ近キ私塾ガ散在シテ居ルノデアリマシテ其ノ塾生ハ約十萬ヲ算スルノデアリマス。然カモ其ノ教師ヲ始メ授クル所ノ教育内容、教育方法並ニ一般ノ経営情態ハ未ダ我国教育方針ニ合致セザルモノ多ク、従ツテ国民教育ノ徹底ヲ期スル能ハザル憾ガアリマス。然シナガラ是等多数ノ私塾ヲ以テ直チニ国民学校ニ改編スルコトハ地方ノ民度、文化、経済等ノ実情ニ照ラシテ到底容サナイモノガアリマス。故ニ漸進主義ヲ以テ其ノ教師ノ素質ヤ教育内容等ニ相当ノ改善ヲ加ヘ其ノ公立ノモノヲ国民学舎トシ私立ノモノハ特ニ国民義塾ト称シ其ノ修業年限ハ何レモ一年乃至三年トシテ地方ノ実情ニ即スル簡易教育ヲ施シ漸ヲ追ウテ国民学校改編センコトヲ期スル次第デアリマス」[37]

すなわち、それまで私塾であったものを満洲国政府が管理し、教える科目や教科書などを管理するようになったのである。

学制改革に伴い、就学者数・学校数は 1938 年に急増した（表1）。この原因は私塾を国民学舎と国民義塾に改編し、それまで統計外にあった私塾とそこで学ぶ生徒を政府の管理下に置いたため、その数が政府の統計上に現れてきたためと考えられる。

1938 年の急増以降も、統計では就学者数が増加する傾向が確認できる。

それでは、当時の教育状況はどうであったか。初等教育機関では、退学者が多く「初級小学校四ヶ年の全課程を通じて退学率は平均五割二分即ち入学児童の半数以上は初級小学四年間に退学を余儀なくせられてい

る実情にあ」[38]った。退学の理由は表4に示したように、貧困を理由にした退学が多い。その一方、国民学校を卒業後に国民優級学校に進学する生徒も多かった。表5によると、国民学校を卒業した者の進路は進学が半数以上を占めた。また、国民優級学校の卒業者でも半数近くが進学している。学校を修了する目的が、進学であったことが多かったとが推察できる。

だが前述のように、新学制では初等教育は重視されたが中等教育は抑制された。そのため中等教育機関が少なく、志望しても進学できない生徒が多かった。「上級学校へ進学を希望する者男子に於て約五五％、女子に於ては約五九％の状況である。而して入学希望者に対し入学を許可せらるるものは男子に就ては国民高等学校へ二一％、その他へ二二％、女子に就ては女子国民高等学校へ三八％、その他へ九％にして何れも相当激しい競争試験を経なければならぬ現状である」[39]といった状況であった。

満洲国期に奉天省立海城師範学校を卒業して小学校教員をしていた漢族男性の邱玉璞氏が進学に関して「進学できなかった生徒は日本人経営の企業に入るか、下層の労働者になるしかなかった。たとえば錦州の日本人企業——合成燃料では、社員を北鎮に派遣して労働者の募集を行っていた。北鎮に試験場を設けて国民優級学校の卒業生を募集し、養成後に下層の労働者にした。しかし、これは国民優級学校卒業生の就職問題の部分的な解決にしかならなかった。大多数の卒業生は進学に失敗すると就職先のない生徒となり、国民学校を卒業して国民優級学校に進学できなかった生徒と合わせて、若年者の失業大軍を形成した。彼らは家に帰って農業をするしかなかった」[40]と述べているように、進学は狭き門となっていた。

それでは、就学者数が上昇し続けるのはなぜなのだろうか。その一端が見て取れる史料に以下のものがある。

「康徳五年以降学校制度の確立せらるゝと共に地方の澎湃たる就学熱は毎年の入学状況に現はれ、入学志願者は逐年激増の状態にあり、年々僅かに入学志願者の七割程度を収容し得るに過ぎない状態である。茲に於いて初等教育施設の拡充を計画的に遂行せらるべき必要に基づき諸種の事情をも勘案し、康徳七年度以降に於る十ヶ年

間の初等教育拡充計画を樹立し、今後に於る拡充整備の基準たらしむること、したのである。この計画に依れば概ね毎年四〇〇〇学級の増加を見込み、これが所要教師数の養成と必要施設の整備を為し、康徳十七年度に於いて就学率七〇％になり全面的に入学希望者を収容し得るとの見透しである。」[41]

このように就学を希望する生徒が増え、それを背景として学校が作られたが、前述のとおり教員は不足した。そこで、臨時教員で不足を補うことが行われた[42]。また二部制を敷いて生徒の増加に対応した[43]。しかし、この資料にあるようにその就学希望者の増加の動きは「就学熱」というはっきりした形をとっていたのだろうか。筆者は民衆からの「就学熱」を確認する資料は現在のところ未見である。

では、このような就学希望者の増加の原因は、なんであろうか。前述の邱玉璞氏が「進学できなかった生徒は日本人経営の企業に入るか、下層の労働者になるしかなかった」と述べていたように、この時期は農業に従事するより、学校へ行き学歴を武器に他業種に就職したほうが有利と考えられるような社会の変化があったのではないかと思われる。朝鮮人の事例ではが、以下のような証言がある。（下線は引用者）

「日本語も学ばなければ出世できないと思い、日本語を学んだ。朝鮮人は当時中学校へ行くのはとても大変であった。龍井に私立中学校があったが、お金がなければいけない。頭道溝には協和学院（後の頭道溝農業学校）があったが、わたしは家庭が貧しく、農作業をしなければならなかったので、そこにも行けなかった。<u>日本語を学んで出世しようとした。当時店員になるものもたいしたこととして認められた</u>[44]。」

教育を受ければ店員になれ、それは農業をしているより収入が良かったのである。学校教育の中で得られる知識や学歴が、この時期の満洲国の一部の社会では生活上必要な状況になっていったと言えるだろう。教育は民衆の階層上昇を担う重要な役割を果たしていたのである。

満洲国政府はなぜ初等教育を重視し、入学志望者の増加に応えようと

したのだろうか。

「高い就学率は植民地で工場を作っていた資本家が、児童工や私のような雇人（東芝の前身である東京電気株式会社で経理課に勤務—引用者注）を大量に作るためであったのである」[45] あるいは、「この時代は主に実業教育と労働教育、実物教育が強調された。労働者養成が重視され、初等、中等学校の任務は大学の進学準備ではなく、みな労働者を養成するためのものになった」[46] とのように、民衆は教育を資本家のためだと意識していた。

以上のように、証言から満洲国政府が初等教育を受けた程度の労働者を、植民地経営に必要としていたためと考えられる。しかし、学校も教師も不足し前述の『満洲国教育概況』にあるように、志望者全員が入学できたら就学率は70％になっていたはずであるが、大量の「就学志望なのに就学できない生徒」を生み出した。

おわりに

中国東北地方では、日本が満洲国を作る以前から、張作霖政権による学校教育が始まっていた。しかし満洲事変などによる治安の悪化により、学校は閉校してしまったものが多かった。最初に満洲国政府が行ったことは、閉校していた学校を開かせることだった。

1932年から33年にかけて就学者数は減少するが、34年以降はずっと増加し続ける。30年代半ばになると、志望者が全員入学できないほど就学志望者が増加する事態になった。

38年の就学者数急増は、新学制により私塾を改編して国民学舎・国民義塾を作るなどの政策の反映であったためであるが、加えて38年以降も就学者数は増加し続けたのは民衆の就学希望者の増加が背景にあったと考えられる。しかし、「教師数の養成と必要施設の整備」[47] が万全でなく、表3で見たように入学志望者全員を入学させることができないことは、政府が民衆の要望に応えていたとは言い難かったといえる。

以上を踏まえて最後に、冒頭の王氏の「就学者増は学齢人口の自然増よりも少ない」という説を検討してみたい。表1から見ると1937年か

ら40年の学齢人口の平均増加数は160,514名で、同じ年の平均就学者増加数は271,713名であり、就学者数のほうが111.199名多い。よって学齢人口の増加より就学者数の増加のほうが多いといえる。

以上のように本稿では就学者数の推移を概観し、その背景について若干の検討を行った。今後の課題は、民衆の就学希望者がなぜ増加し、満洲国政府がどのように対応していったのかを解明し、それが「就学熱」といったような民衆全体の動向となっていったのかをはっきりさせることである。この解明に努力したい。

【註】

1 周一川「『満洲国』における女性の日本留学：概況分析」(『中国研究月報』64巻9号、2010年) 25頁。
2 大森直樹・張亜東「『満州国』教育体験者の証言」(『教育科学研究 ＜都立大＞』13号、1994年) 47頁。
3 斉紅深編『日本対华教育侵略：対日本侵华教育的研究与批判』(2005年、183頁) 趙家実(翻訳は筆者。以下、中国文の翻訳のうち特に訳者を挙げていないものは筆者の翻訳)。
4 「本邦ニ於テハ未ダ義務教育施行民度ニ即セザルガ故ニソノ入学年齢モ一定セズ、十五、六才ニシテ初級小学校ニ在学スルモノモ珍ラシカラズ」文教部学務司『満洲国学事要覧 康徳三年度』(1936年)、3頁。
5 「女子ニ在リテハ約十％ノ有夫者、男子ニ在リテハ約七％ノ妻帯者ガ生徒中ニアリ」文教部学務司内地方教育状況調査班『康徳二年度 地方教育状況調査報告書』(1935年)、902頁。『地方教育状況調査報告書』は、1934年から36年の三年間行われた調査である。満洲北部を中心に行われ、県単位の調査であるところに特色がある。
6 槻木瑞生「日本旧植民地における教育—1920年代の「満州」における中国人教育を中心として」(『名古屋大学教育学部紀要,教育学科』20巻,1974年)、阿部洋「1920年代満州における教育権回収運動」(『アジア研究』27巻3号、1980年)、など。
7 宮沢恵理子著『建国大学と民族協和』(風間書房、1997年)、山根幸夫著『建国大学の研究—日本帝国主義の一断面』(汲古書院、2003年)、志々田 文明著『武道の教育力—満洲国・建国大学における武道教育』(日本図書センター、2005年) など。
8 前掲「『満洲国』における女性の日本留学：概況分析」など。
9 槻木瑞生「日本旧植民地における教育—『満州』および間島における朝鮮人教育」(『名古屋大學教育學部紀要,教育学科』21号、1975年) など。
10 金美花『中国東北延辺地区の農村社会と朝鮮人の教育：吉林省延吉県楊城村の事例を中心として(1930-1949)』(御茶の水書房、2004年)、于逢春「『満洲国』の蒙古族留学政策の展開」(『植民地教育史研究年報』5号、2002年)、娜荷芽「内

モンゴルにおける近代教育の研究の展開について:満洲国時代を中心に」(『中国研究月報』64巻8号、2010年)など。
11 鈴木健一「満州国における教育政策の展開」(『中島敏先生古稀記念論集 下』汲古書院、1981年)。
12 磯田一雄「皇民化教育と植民地の国史教科書」(『岩波講座 近代日本と植民地四』岩波書店、1993年)。
13 橋本雄一「研究動向 中国側による『満洲国』研究の紹介:教育編」(『朱夏』13号、1999年)。
14 杨家余『内外控制的交合 -- 日伪统制下的东北教育研究(1931-1945)』(安徽大学出版社 2005年)。
15 王希亮『東北陷落区殖民教育史』(黒竜江人民出版社、2008年)。
16 齐红深『流亡:抗战时期东北流亡学生口述』(河南教育出版社、2008年)、齐红深『抹杀不了的罪证:日本侵华教育口述史』(人民教育出版社、2005年)、齐红深編『见证―日本侵华殖民教育』(辽海出版社、2005年)など聞き取り調査多数。
17 齐红深『日本侵华教育史』(人民教育出版社、2004年)、齐红深『日本対华教育侵略:对日本侵华教育的研究与批判』(昆仑出版社、2005年)、本書は半分が『日本侵华教育史』をコンパクトにまとめたもので、半分が聞き取り調査という構成になっている。
18 前掲書『東北陷落区殖民教育史』、122頁。
19 同上書、7頁。
20 同上書、11頁。
21 民生部『民生部訓令第一二三号』1932年。
22 文教部学務司内地方教育状況調査班『康徳元年度 地方教育状況調査報告書』(1934年)、117頁。
23 同上書、112頁。
24 吉田裕「軍事支配 (1)満州事変期」(浅田喬二、小林英夫編『日本帝国主義の満洲支配』時潮社、1985年)98頁。
25 満洲国史編纂刊行会『満洲国史 各論』(1971年)、1084頁。
26 前掲書『日本対华教育侵略:对日本侵华教育的研究与批判』166頁 姚吾越の証言。
27 前掲書『満洲国史 各論』1104頁。
28 『満洲評論』(15号、1932年)18頁。
29 文教部『第一回教育庁長会議記録』(1932年)、9頁。この資料は、1932年文教部の確立直後に開催された会議の記録。二回目以降は不明。
30 前掲書『東北陷落区殖民教育史』134頁～163頁。
31 齐红深編 竹中憲一訳『「満洲」オーラルヒストリー』(皓星社、2004年)323頁。
32 浜江省公署教育庁『浜江省教育概況』(1936年)、562頁。この資料は、省単位の『教育概況』調査で、他に奉天省、吉林省が残っているのみである。
33 文教部学務司内地方教育状況調査班『康徳三年度 地方教育状況調査報告書』(1936年)、75頁。
34 同上書、143頁。
35 民生部教育司『康徳九年度 満洲帝国学事要覧』(1943年)、1頁。
36 国務院総務庁情報処『新学制の大要』(1937年)。この資料は、新学制につ

いて国務院総務庁情報処がその広報活動として刊行した国勢パンフレットの第二輯である。
37 民生部教育司『学校令学校規程』(1937年)、290頁。この資料は、新学制公布(1937年5月)の後、諸規定が同年10月10日に制定公布され、新学制が整ったため、11月1日付でこれらの法令をまとめ民生部教育司が刊行したものである。法令などのほかに、満洲国の教育概観なども収められており、引用した部分は国民学舎・国民義塾の説明である。
38 国務院総務庁情報処『新学制の大要』1937年。
39 民生部教育司『満洲国教育概況』(満洲帝国教育会、1942年)。
40 前掲書『「満洲」オーラルヒストリー』100頁。
41 前掲書『満洲国教育概況』90頁。
42 「(二) 初等教師　就学熱ノ勃興ニ応ヘテ初等教育施設ハ逐年拡充整備セラレツツアルガ之ニ伴フ教師ノ払底ハ依然救ハルベクモナイ状況ニアリ之ガ対策ノ一翼トシテ当分ノ間臨時教師ノ養成ヲ以テ臨ムノ方針ガ採ラレテイル」
前掲書『康徳九年度　満洲帝国学事要覧』102頁。
43 「国民学校及国民優級学校ニ於テハ二部教授制ニ依リ得ルノ規定ヲ設ケタ該制度ハ学生ヲ午前ノ部、午後ノ部ニ分チテ二回ニ教授スルヲ原則トシ校地校舎ノ狭溢、設備ノ不十分ニ因リ全学生ヲ同時ニ収容シ得ザル場合又ハ教員ノ不足ニ因リ全学生ノ同時教授困難ナル場合等ニ於テ已ムヲ得ズ採用スル制度デアル而シテ地方的特異性著シキ我国ノ現情ニ於テハ該制度ヲ適用スルノ已ムヲ得ザル国民学校及び国民優級学校少ナカラザルヲ予想セラルルヲ以テ特ニ該制度ノ採用ヲ認メタル次第デアル」前掲書『学校令学校規程』313頁。
44 金美花『中国東北延辺地区の農村社会と朝鮮人の教育：吉林省延吉県楊城村の事例を中心として(1930-1949)』(御茶の水書房、2004年) 245頁。
45 前掲書『日本対華教育侵略：対日本侵華教育的研究与批判』236頁、聶長林の証言。
46 磯田一雄「植民地教育と新教育」(『成城文藝』137号、1991年) 47頁　趙家驥の証言。
47 前掲書『満洲国教育概況』90頁。

「昭南島」における「文化人」
――こども向け新聞からの考察――**

松岡昌和*

　1942年2月から1945年9月まで、シンガポールは日本陸軍による統治下にあった。この期間、日本軍は新聞、ラジオ放送、プロパガンダ映画などによって現地住民の教化を試みた。また、日本軍は学校教育にも力を入れた。このような過程は「日本化」あるいは広い意味での「皇民化」と称されることが多いが、その内実はいかなるものであったのかという点について、特に東南アジアを取り上げた研究は決して多いとは言えない。本稿では、シンガポールにおける日本軍によるプロパガンダの過程で刊行されたこども向け新聞『サクラ』を取り上げ、それに携わったいわゆる「文化人」たちがどのような意図でどのような活動を行っていったのかについて見ていきたい。また本稿は、こうした考察により日本の占領地における「日本化」あるいは「皇民化」という概念の再検討の糸口を探る試みでもある[1]。

　日本占領下のシンガポールおよびマラヤにおける教育・文化政策については、これまで日本語および英語による研究がなされてきた。本稿はこうした先行研究に多くを負っている。なかでもこの分野をリードしてきたのは明石陽至である。明石は膨大な史料により、日本占領下シンガポール・マラヤにおける学校教育について明らかにしてきた［Akashi 1991; 2008；明石 1997：2001］。また、宮脇弘幸 [1993]、松永典子 [2002]、渡辺洋介 [2007]、樫村あい子 [2004] はインタビューを用いた手法で学校教育の実相を明らかにする試みを行なっている。しかし、これらの研究は主として学校教育そのものに焦点をあてており、教育のその他の側面については十分な光をあててこなかった。一方、東南アジア地域の

＊＊本稿は平成23年度日本学術振興会科学研究費補助金特別研究員奨励費（課題番号：11J04446）による研究の成果の一部である。
＊一橋大学大学院・日本学術振興会特別研究員

占領地でプロパガンダに携わった「文化人」については、櫻本富雄が戦争責任の観点から先駆的にその活動を明らかにしてきたほか［櫻本 1993］、神谷忠孝、木村一信らが文学研究の立場から文学者の戦争への関わりを論じてきた［神谷・木村編 1996; 2007; 木村 2004］。しかし、教育との関わりについてはまだ十分な考察がなされているとは言えない。本稿は、こうした点に着目し、日本占領下シンガポールにおける「日本化」あるいは「皇民化」とされてきた政策の実情を、教育への「文化人」たちの関わりから明らかにするひとつの試みである。

本稿は1942年6月に刊行されたこども向け新聞『サクラ』を主たる史料として取り上げる。この新聞は先行研究でも取り上げられてきたが、詳細な分析はこれまでのところ十分になされてきていない。本研究では、シンガポール国立文書館に所蔵されているマイクロフィルム版の『サクラ』を用いたが、まとまった状態で所蔵されているのは1942年6月から1943年12月までのものであり、それゆえ本研究が取り扱う期間も1943年までとする。また、そのなかでも第10号及び第37号は欠けており、現時点ではその内容は確認できていない。1944年以降も『サクラ』が刊行されていたことは確認されており、断片的な形で残っているものの、それはごくわずかにとどまり、本稿では取り上げないこととする。

1. 日本占領下シンガポールにおける教育政策

占領初期の1942年3月から1943年3月までの間、「昭南島」と改称されたシンガポールにおける軍政で中心的役割を果たしていたのが渡邊渡少将である。渡邊は、43年3月に転出するまで軍政部長、軍政監部総務部長などを歴任し、軍政初期の政策立案・執行において主要な任に当たっていた人物である［明石 2001: 25］。渡邊の占領方針は「武断軍政」という表現で象徴され、彼は占領地における「天皇制を基盤とした東洋道徳文化の創造と高揚、原住民の「皇民化」、そして日本の指導のもとに彼等をしてアジアに新体制を建設すべく邁進させる」ことを日本の使命と考え、「西欧教育のカリキュラムの全廃、八紘一宇のイデオロギー

に基づいた日本精神の涵養、共通語としての日本語の普及を明確な文教・錬成の指針とすることを強調」したのである［明石編集解題 1999（第1巻）: 2］。この渡邊の独自の軍政哲学の下で、日本軍政下シンガポールの文化・教育政策が遂行された。

1942年4月18日、軍政部は「小学校再開ニ関スル件」を通達し、教育政策が始動する。ここには、渡邊渡の西洋思想・文化排斥、日本化教育という軍政哲学が反映されている。この指示によって英語学校はその地位を失い、英語は教育用語として排除された。さらに、華人に対する懲罰的措置として、ほとんどが私立学校であった華語学校の再開も認可していない[2]。教育用語は日本語とマレー語が主要語とされ、例外としてタミル語の使用が認められている。予定教科としては、日本語が主教科とされたほか、唱歌、体操、遊戯、手工、作文、園芸が設定され、土・日を除き、毎日3時間授業が行われるとした［徳川 1943: 49-51］。実際には、人材や教材の不足などの問題もあり、この指示に忠実な形で教育がおこなわれていたとみることは難しい。こうした状況は、当事者たちによる証言[3]や、軍政当局による記述からもうかがえる。また、各州市庁レベルで各地の教育事情に応じて地方当局者にかなりの自由裁量が与えられていたことも指摘されている［明石 1997: 308］。

1942年10月6日、渡邊渡の立案で「教育ニ関スル指示」が出される。ここでは、初等教育機関については「日本語ノ習練体育訓育ニ主眼ヲ置」き、用語は「日本語、マレー語」とされた。しかしこの指示では、「止ムヲ得ザル場合印度語ノ使用ヲ許シ、英語、和蘭語、中華国語ハ補助語トシテ当分使用スルモ漸次之ヲ許サザル如ク指導ス」ともあり［徳川 1943: 120］、実質的に華語の使用を容認しているなど、半年前の「小学校再開ニ関スル件」で示された華語教育に対する厳しい立場が緩和されている。その背景としては、教育現場における日本語教師、日本語教科書の圧倒的な不足が指摘されている［渡辺 2007: 81］。

英語や華語を廃し、徹底した「皇民化」を推し進めようとする渡邊渡の軍政哲学を教育・宣伝の側から遂行していったのは、軍に徴用され、プロパガンダのために宣伝班として組織された「文化人」たちであった。宣伝班はナチスの宣伝部隊をモデルに創設されたもので、当初は軍司令部の直属として置かれ、1942年7月に軍政監部本部に編入された。

彼ら「文化人」の徴用は1939年7月に施行された国民徴用令に基づくもので、1941年10月以降文学者をはじめ画家、漫画家、映画人、演劇人、放送関係、新聞記者、印刷関係、宗教関係、写真班、通訳班など多数が徴用令を受けた。徴用された「文化人」は文学者だけで70人以上にのぼると考えられており、徴用期間は一様ではなかった［神谷 1996: 6-9］。マラヤ・シンガポールに徴用された「文化人」としては、作家では会田毅、小出英男、神保光太郎、中村地平、寺崎浩、井伏鱒二、中島健蔵、小栗虫太郎、秋永芳郎、大林清、北川冬彦、里村欣三（後にボルネオに異動）、海音寺潮五郎ら、画家では栗原信ら、ジャーナリストでは堺誠一郎、山本実彦、前田雄二、平井常次郎、平野直美、柳重徳ら、カメラマンでは石井幸之助、音楽家では長屋操らがいた［中島 1977: 12-13; 71-74］。また、漫画家の倉金良行がシンガポールで従軍していたほか、画家の藤田嗣治が従軍画家としてシンガポールを訪問している。そのほか、[4] 映画監督の小津安二郎も陸軍報道部映画班員としてシンガポールを訪れ、インド独立運動をテーマとした記録映画を撮ることとなった［西原 2002a］。井伏によれば、彼と同じ輸送船に乗り込んだ徴用部隊は総勢120人とあるが、正確な人数は不明である［井伏 1974: 7］。彼ら宣伝班員の任務は①占領地の住民に対する宣伝宣撫、②対国内報道、③作戦軍将兵の啓蒙であった［松永 2002: 58］。

2. 日本語普及運動と『サクラ』

　1942年6月、日本語普及を推進していた宣伝班では、一大イベントとして日本語普及運動を実施した。この運動は当時従軍文化人としてシンガポールに赴いていた中島健蔵によって発案されたものと言われており、1942年5月17日に宣伝班より、実施要領が示されている。以下にこども向けに企画された内容を引用する。なお、原文のカタカナはひらがなに改めた。

・週間を機として日語新聞（子供片仮名紙）を発刊す。
・〔昭南特別〕市内小学校に受信機を配置し、運動週間第一日より学校

向放送を実施す。
・各学園に小学唱歌を指導し唱歌を通じて日本語を普及す。［神保 1943a: 257-259］

　ここで「子供片仮名紙」とされていたのが『サクラ』であり、1942年6月10日に創刊号が刊行された（図1）。『サクラ』は、日本の歌、ニュース、昔話、漫画、日本や戦争についての読み物などの様々な内容からなっていた。その刊行の目的に関して、神保は以下のように記している。

一、片仮名文字を通じて、日本精神を現地の少国民並びに一般住民に理解伝達せしめんとす。
一、各方面の日本語教育の一助として、又、日本語教育者に対する良き指導機関とし、併せて、教授上の副読本たらんとす。
一、現地住民の日本語習得の程度と相並行して、最初は容易に、次第に複雑なる内容と文章に向かはんとす。
一、片仮名新聞である性質上、できるだけ、写真、絵画、読みものの類を多くし、愉しく読める新聞であることを志すと共に、あくまで、日本の文字を通じて、日本の精神を発揮するものなることを忘れざるものとす。［神保 1943a: 126］

　この神保の記述から、このカタカナ新聞はこどもを主な読者として想定し、学校などでの利用も考慮に入れながら、教育的な要素を強く持たせようとしていたことがうかがえる。また、『サクラ』の特徴の一つとして挙げられるのが、音楽やマンガといった他の様々なメディアを駆使しているという点である。特に音楽に関しては、多くの日本の歌が紹介されたが、それは単に歌詞と楽譜が掲載されただけにとどまらず、ラジオで繰り返し放送されることが謳われており、学校放

図1『サクラ』第1号、1頁（1942年6月10日、国立国会図書館所蔵）

送という新たなメディアとの組み合わせも試みられている[5]。

　『サクラ』の発行主体は、第1号から1942年12月8日発行の第18号までが宣伝班で、1943年2月15日発行の第19号以降が1942年12月に班から昇格した宣伝部の発行である[6]。この発行主体の変化は単に組織の昇格と名称の変更にとどまらず、『サクラ』の構成の変化も伴っていた。宣伝班が発行主体であった1942年末までは、一面に日本の歌が楽譜とイラスト付きで掲載されており、2面以降はニュースや物語、歌の歌詞、日本についての紹介記事などを中心とした構成となっていたが、宣伝部の発行となってからはプロパガンダ記事が一面に掲載され、日本の歌は紙面の隅に追いやられるようになった。また、形式面では、当初4頁からなる構成であったが、1943年3月1日発行の第20号より2頁に縮小されている。発行頻度も1942年11月までは月に3回発行されていたが、1942年12月8日の第18号の発行の後2ヶ月の空白期を経て、1943年2月以降は月に2回の発行になっている。また、この変化の起きた時期は神保光太郎をはじめとした「文化人」たちの内地への帰還の時期と重なっており、神保自身、彼が編集の中心的な存在であったのは1942年11月1日発行の第15号までであると、著書『昭南日本学園』で述べている［神保1943a: 133-134］。

　紙面の内容や全体的特徴もこれによって大きく変化した。全体的にみると、宣伝班発行の時期は戦争関連の記事があるものの、現地児童の日本への信頼を醸成し、日本内地と似た「児童文化」の普及を狙ったような記事が中心である。それに対して、宣伝部発行の時期になると、軍事色を帯びるようになり、現地児童に日本や天皇への忠誠を要求するような記事が多くなる。この時期の『サクラ』は、「日本化」された「理想的な帝国臣民」を示すことで、経済的・軍事的協力を強く要請するためのメディアとなっていったと言える。

3.『サクラ』と文化人たち

　さて、ここでは『サクラ』に深く関わった「文化人」について述べていきたい。上述のように、『サクラ』は神保光太郎が中心となって発

行されていたこども向け新聞であるが、神保以外にも複数の人物が関与していたことがわかる。特に、宣伝班発行の時期には「文化人」たちがこの新聞の発行に関わっていた。宣伝班の時期から宣伝部の時期にかけて、署名のない記事が多いため、実際に誰が執筆したのか不明な記事も多いが、ここでは記事を執筆したと確認される「文化人」のうち、3人を取り上げたい。初期の編集の中心であった神保光太郎、神保と同じく徴用作家の井伏鱒二、そして漫画家の倉金良行である。

3. 1. 神保光太郎

　神保光太郎は単に編集の中心的な存在であっただけでなく、実際に多くの記事を自ら『サクラ』に寄せている。彼は自らの名を紙面には掲載していないが、この事実は彼の著書『昭南日本学園』において述べられている。「ニッポンオジサンノハナシ」と題された神保による連載は、第1号から第15号まで掲載されており、その内容は多岐にわたる。第1号から第5号にかけては、学校生活、地理、遊び、祝日といった日本の国情を紹介するものであり、その形式は単に内容を説明するものから問答形式へ、そして「ニッポンオジサン」が現地児童に語りかける形へと変化している（図2）。この形式はその後も踏襲され、第6号から第9号にかけては、桃太郎、舌切雀、金太郎など日本のおとぎ話がダイジェスト版で紹介されている。第10号から第14号にかけては、五十音順にカルタ取りのカードが掲載され、それぞれの音で始まる文がイラスト付きで並んでいる[7]。連載の最後となる第15号は「ニッポンゴ」というタイトルが付けられ、現地児童との問答の中で日本語の学習に励むことが説かれている（図3）。

　神保が『サクラ』に寄せた記事からは、彼が積極的に日本の文化を伝達し日本語教育を推進しようとした態度がうかがえる。こうした態度の背景となっていたのが、「南方文化」の「劣等性」とそれに対する日本の「優秀性」という認識である。楠井清文［2007: 293］も指摘するように、神保は「南方文化」が植民地化によって固有性を失っていると断定し、日本の「協力」「指導」を不可欠なものと主張していた。神保は、現状のシンガポールに文化的な空気を感じ取らない［神保 1943b: 15］。そこはイギリスの植民地政策によって「美の不毛地帯」となってしまったとい

図2「ニッポンオジサンノハナシ」、『サクラ』第4号、4頁（1942年7月11日、シンガポール国立文書館所蔵）

図3「ニッポンオジサンノハナシ」、『サクラ』第15号、4頁（1942年11月1日、シンガポール国立文書館所蔵）

うのである。そこにやってきた日本が、現地の「固有の文化を妖雲のやうに蔽ひかくしてゐた米英蘭等の文化の障壁を取り払」い、「大東亜文化の名の下に、彼ら固有の文化を発生せしめるための保育者として到来した」のである［神保1943b: 235］。

　神保の日本文化や日本語の普及に対する積極性は、彼が校長を務めた日本語学校、昭南日本学園に強く現れている。神保の著書『昭南日本学園』には、校名を決定する過程が描かれているが、そこに神保のこだわりが見て取れる。他の学校の再開に先駆けて1942年5月に開校されたこの日本語学校は当初「昭南日語学園」の名であったが、神保はそれを「昭南日本学園」と改称した。その経緯について神保は次のように記している。

　　私は、昭南日語学園を、昭南日本学園と改めたが、この場合、語の一字を省いたのは、私達は、現地住民に日本語を教へるのであるが、単に語学を教授するのではなくして、日本語を通じて、日本を教えたかつたのである。［神保1943a: 61］

たしかに、神保は昭南日本学園での教育に当たって、日本語もさることながら、日本精神の教育を重視していた。また、神保は日本語の「変形」にも敏感に反応していた。軍政部では仮名遣いを発音によって統一することを主張し、現地の教科書編纂においても当初それを採用した。これに対して、神保はこうした「実用主義」的な日本語教育に批判的な認識を示し、「最初は難かしくとも、正しい仮名遣を教へるべきであらう」と主張している［神保 1943b: 205］。その背景には、この地においてイギリスの植民地政策のもとで英語が実用性からのみ取りあげられてきたことに対する批判と、日本語がそのような状況に陥ることへの危惧があった［神保 1943b: 205］。川村湊は、「東亜の共通語」として日本語を東南アジアへと進出させようとした者たちの認識を次のようにまとめている。

　　　日本精神、日本文化の精髄は「日本語」にしかなかった。いいかえれば、「日本語」を死守することは日本精神、日本文化を守ることであり、日本語の混乱は即、日本精神の混乱にほかならなかったのである。［川村 1994: 129］

　神保はまさにこうした「日本語＝国語」主義者のモデルケースとみなすことができよう。神保のこのような態度は、単に戦争報道を担った宣伝班員としての任務ゆえのみならず、彼が「日本浪曼派」の詩人であったことにも由来するだろう。そして、神保の日本語観が、実際の政策による限界をはらみつつも、展開されていった場が昭南日本学園だったのである。
　たしかに昭南日本学園は井伏が述べているとおり、神保一人の発案で行われたプロジェクトではなく、宣伝班長に命じられて開設したものであった［井伏 2005: 175］。また、戦時中に書かれた神保の著書の記述に関しては、戦時下の文章独特のコードが組み込まれていることを考慮しなければならないだろう。しかし、それでもなお、神保は積極的に日本語普及に邁進していたことは疑いないだろう。これに関して、次のようなエピソードがある。

片仮名で書かれた校名などにをかしいものがあつた。ウ゚クトリ
　　ヤロードオンナガ゚ツコウ。ウ゚とかガ゚とかはどう読むのか。その
　　字体も健気に、一生懸命に書いてあるのだが、あまりにも気の毒に
　　思へたので、私はその校長に会つて、正しい書き方を教へ、それを
　　紙に書いて示した。〔……〕私は日本語の学校をやつてゐたことに
　　も依るが、それよりも、日本のことば、祖国の文字をいとほしむ
　　気持から、かうした間違ひをそのままにしておけなかつた。［神保
　　1943a: 86］

　同様のエピソードは、井伏の回想の中にも見られる［井伏 2005: 178］。このように、神保は街中で見かけた日本語をわざわざ訂正するほど、日本語の普及に対してこだわりを持っていたことが見て取れる。
　『サクラ』は神保の意図とは異なり、発音式の仮名遣いが採用された。しかし、そこで展開された日本語普及のためのさまざまな試みや第15号で説かれた日本語学習の意義などからは神保の強い日本語普及へのこだわりがうかがえる。

3. 2. 井伏鱒二

　続いて、神保と同じくシンガポールにおいて宣伝班員となった井伏鱒二についてみていきたい。第一次徴用としてマレー方面に派遣された井伏は、神保よりも早くシンガポール陥落翌日の1942年2月16日に同地に入っている。『サクラ』のなかで井伏の手によるものと確認できるのは、第1号と第2号に掲載された童話「サザエ　ト　フカ」のみである[8]。神保の著書『昭南日本学園』においても、「第一号には井伏さんに頼んで童話を書いてもらった」とあるだけで、第3号以降における井伏の関与は不明である［神保 1943a: 133］。
　その「サザエ　ト　フカ」はおよそ次のようなストーリーになっている。昔々シンガポールの海に、西の果てからやってきたという傲慢で大きなフカがおり、岩角にいた一匹のサザエと競争することになった。その競争というのはシンガポールと日本を何度も往復するというものであり、サザエの意向を無視してフカが勝手に始めてしまったものである。

しかし、フカが日本にたどり着くとそこにはすでにサザエがおり、またシンガポールに戻ってきたらそこにはやはりサザエがいたのである。自尊心の高いフカは負けじと再び日本に向かって泳ぎ出すものの、同じ結果が待っていたのである。結局何往復もしたフカは自ら泳ぐことが出来なくなるほど弱ってしまい、最後には波に漂い、オーストラリアへ流されていってしまう[9]。

　この作品においては勝者であるサザエが日本で、敗者であるフカがイギリスを表していると見て間違いないであろう。しかしそれは直接的には示されておらず、戦争を扱ったこども向けの童話としてはやや分かりにくい印象を与える。また、淡々とストーリーが進行し、その終結においても劇的な展開は見られない。こうした井伏の作風には、徴用作家としての彼の独自の戦争への向き合い方があると考えられる。

　第一次徴用としてマレー方面に派遣された井伏の宣伝班員としての任務はまず英字新聞 The Syonan Times（第1号は The Shonan Times）の編集担当を務めることであった。これは現地新聞 The Straits Times 社の施設を接収して発行されたものである。井伏自身はこの仕事に対して積極的ではなく、上官の命令によってしぶしぶ引き受けたものであるとのちに回想している［井伏 2005: 303-304］。井伏は新聞社での激務を嫌ったようで、5月ころには病気を理由に辞職の願いを宣伝班長に申し出て受理されている［井伏 2005: 319］。その後、井伏は神保光太郎が校長を務める昭南日本学園で教員向け講習会の日本歴史の講義を受け持つことになる。そこでの講義の内容は小学教科書の日本歴史の一部であるが、古代の神話や、それと関連する風光明媚な九州の自然などである［井伏 2005: 322-323］。井伏や神保の記述からは、この講義の全貌をつかむことは難しいが、確認できる記述からは、井伏が国家論よりも九州の自然に関する自らの印象を主に語っていたことがうかがえる。井伏はこの講義を最初は通訳付きで、その後通訳が病気になると自ら英語で講義していたが、井伏は自身の英語力が昭南日本学園の威信に関わると考えたようで、神功皇后の話を最後に、学園を辞めている［井伏 1944=1997］。井伏は同年11月に徴用解除となり東京に帰還しているが、昭南日本学園を辞めた後の宣伝班員としての具体的な活動は不明である。

こうした井伏の宣伝班員としての働きからは、積極的なプロパガンダへの関与というものは見られない。徴用中の井伏について、西原大輔［2002b: 28-29］は次のように評している。

　　井伏というもの書きは、天下国家のあるべき姿、社会の進んでゆくべき方向、国際社会における日本の役割といったことについて、ほとんど何にも考えていなかった、いやむしろ考える能力が欠けていたと言わざるを得ない。彼の視野に見えていたのは、文人仲間との交友、うまい食い物屋、身辺の愛用品といった、ごく狭い範囲の物事にすぎない。

たしかに、井伏は『徴用中のこと』など戦争体験を綴った作品においても、天下国家のあるべき姿に対してはっきりと向き合う姿勢は見せておらず、ごくごく身近なできごとの記述に終始している。しかし、井伏は単に天下国家を「考える能力がなかった」だけなのであろうか。

井伏に対してはこれとは異なった評価もある。神谷［1996: 13］によると、井伏は南方徴用作家の中でも少数派に分類される。神谷は徴用文学者の作品を以下の4つのタイプに分類している。

1. 大東亜共栄圏をまともに信じて表現するもの。
2. 情報や伝聞による先入観を現地で確認するもの。
3. 現地の人と積極的に接触して先入観を訂正して正確さを出すもの。
4. 自己の感性をたよりに心に触れたことを書くもの。

圧倒的多数が第1のタイプに分類される中、神谷は井伏を第4のタイプの典型として分類している。その特徴としては、戦争のことをあまり書かず、身近に接した現地の住民のことをよく描いていることを挙げている［神谷 2007: 7］。こうした井伏の作品を前田［1996: 133］は「戦時下的言説に異を唱える存在」と評している。

『サクラ』に掲載された「サザエ　ト　フカ」にも井伏の「戦時下的言説に異を唱える」態度が現れていると見ることができよう。サザエとフカは戦ってその勝敗を決めたのではなく、シンガポールと日本との間

をどちらが早く移動するか競争するという形で勝敗をつけ、また負けたフカもサザエに止めを刺されることなくオーストラリアに流されていくという形で結末を迎える。ここに「華々しく」イギリス軍を打ち破った日本軍の姿を見ることはできない。大きな盛り上がりを見せることなく物語は終わってしまうのである。「大東亜共栄圏」の盟主として「帝国日本」を称えるわけでもなく、一匹のサザエと一匹のフカの物語として静かに幕を閉じるのである。ここに前田［1996: 133］が指摘する「硬直した精神主義や弛緩した戦争報道類似の文体を拒絶する井伏文学」の一端を見出すことができよう。

3.3. 倉金良行

　漫画家の倉金良行は、倉金章介という名で戦後に『あんみつ姫』を描いたことで知られる[10]。倉金の戦争中の活動についてはほとんど知られておらず、講談社漫画文庫版『あんみつ姫』の著者略年譜でも「サイゴンからシンガポールに従軍」とあるだけで、具体的な活動内容は不明である。戦時下の文化活動に関して膨大な史料をもとに著述を行っている櫻本富雄の『戦争とマンガ』においても、倉金については言及されていない。従軍前の倉金の活動に関しては、大日本雄弁会講談社（現講談社）の『少女倶楽部』および『少年倶楽部』などで確認できるほか、秋山正美が『まぼろしの戦争漫画の世界』において『少女倶楽部』への寄稿について言及している［秋山 1998: 260］。ただし、従軍していた間の倉金は『少女倶楽部』および『少年倶楽部』の作品を発表せず、また秋山もこの時期の倉金の活動に関しては触れていない。

　倉金は『サクラ』と深い関わりを持った漫画家であると言える。彼は創刊間もないころから、発行主体が宣伝部に変わった後も、長い中断の期間がありながらも、たびたび4コマ漫画（コマ数は場合によって変動あり）を掲載していた。倉金のマンガが掲載されたのは第1-7号、第9号、第19-21号、第24号、第26号である。このうち、第9号までが宣伝班発行の時期、第19号以降が宣伝部発行の時期となる。そのマンガの内容は、第5-9号を除いて、マーチャンとレーチャンというマレー系の少年少女を主人公とするもので、第4号までが日本語の学習、動物園の訪問などの日常生活を、第19-26号がマレー半島への旅を扱っている（図

4)。第 5-9 号では動物を主人公としてユーモアを交えた内容となっている。「マライノタビ」と題されたマレー半島への旅を扱った連載では、マーチャンとレーチャンが軍服を着た青年に付き添われ、クアラ・ルンプル、ペラを訪問している。そのなかで軍人にも対面しているが、戦闘行為を彷彿とさせるようなシーンは一切見られない（図5）。

倉金は 1930 年代には日本内地で軍国主義的なマンガを残している。秋山［1998: 260］はその一つを取り上げている。『少年倶楽部』1938 年 2 月号に掲載され、『漫画大進軍』と題されたその作品においては、こどもたちが節分の豆撒きの豆をおもちゃの機関銃に込めて中国兵に見立てた雪だるまめがけて発射している。しかし、このような軍国主義的な

図 4「マーチャン・レーチャン」『サクラ』第 1 号、4 頁（1942 年 6 月 10 日、国立国会図書館所蔵）

図 5「マライノタビ」『サクラ』第 21 号、2 頁（1943 年 3 月 15 日、シンガポール国立文書館所蔵）

要素は『サクラ』にはほとんど見ることができない。『サクラ』のマンガには敵も戦闘行為も現れず、少年少女や擬人化された動物の日常生活が描かれているのである。そこには戦時を思わせない天真爛漫なこどもの姿が描かれていると言っても良いほどである。これは程度の差こそあれ、戦後の『あんみつ姫』の主人公に通じるものがあるといえよう。また、この一連の作品の中で、マレー半島を旅する際に付き添う青年と旅のきっかけとして登場する作者本人を除いて、日本人が登場しないという点にも注目したい。日本占領下での平和がそこには描かれているが、「指導すべき日本人」や「協力すべき日本人」は存在しない。あくまで倉金の描く対象は現地のこどもであったと言える。

　倉金はこのほかに、第17号までのほとんどの号で一面のイラストも描いていた。その題材は同じく一面に掲載されていた日本の歌の歌詞に関係するものである。その中には第11号に掲載された唱歌《ヘイタイサン》のイラストのように、戦争や軍隊と関係するものもあったが、そこで描かれた「兵隊さん」は黒い影でしか表現されておらず、むしろ中心的に描かれているのはそれを楽しげに見送る（あるいは出迎える）こどもたちの表情である（図6）。ここからも倉金の作品の中心にあったものが戦争ではなくこどもであったことがうかがえる。

　たしかに、日本による占領の下での平和を演出することは、それでひとつのプロパガンダであるとも言えるだろう。しかし倉金の作品の中には、「華々しい日本軍の勝利」や「指導する日本民族の優越性」といった戦争の語りに見られる独特のコードも明確な形で現れていない。

図6『サクラ』第11号、1頁（1942年9月21日、シンガポール国立文書館所蔵）

おわりに

　日本占領下のシンガポールでは現地住民に対するプロパガンダにおいて、さまざまなメディアが駆使された。『サクラ』においても、音楽、ラジオ放送、マンガといったさまざまなメディアとの協働が図られた。このように多様な宣伝のあり方を駆使するということは、それだけ現地児童に対する教育・宣伝の重要性が増していたことを示すものであると言っていいだろう。「はじめに」で述べたように、シンガポールをはじめとした東南アジアにおける第二次世界大戦中の日本軍による占領政策は、しばしば「皇民化」という言葉で語られる。たしかにシンガポールにおいて、政策立案のレベルにおいては渡邊渡らが現地住民の「皇国臣民」化を図ったと捉えることができる。

　しかし、『サクラ』の内容を見ていくと、そこで発信された内容は一枚岩であったわけではなく、そこに携わる「文化人」たちの様々な思いが錯綜していた場であったことがわかる。彼ら「文化人」たちは、「日本文化」の宣伝という点では共通した任務を帯びていたものの、現地住民を完全な「皇国臣民」とすることをめざしたのではなく、それぞれが異なる日本イメージを想定し、異なるプロパガンダのあり方を模索していた。神保は「南方文化」復興を指導する立場としての日本、倉金はこどもたちの文化をもたらすものとしての日本を想定していたと言える。井伏にいたっては、現地住民を指導すべき日本というよりもむしろ自らに身近なものに関心を寄せていた。プロパガンダの方法についても、神保はあくまで日本語へのこだわりを持ち続け、倉金はこどもたちの感性に寄り添おうとした。そして井伏はプロパガンダへの関心そのものから距離を置いていた。シンガポールにおけるプロパガンダはこうした一種の不協和音の状態にあった。『サクラ』はそうしたプロパガンダの現場における不協和音が形になったメディアであると言うことができるだろう。

　日本占領下シンガポールにおける文教政策の実際は「日本化」あるいは「皇民化」と一言で語れるような一貫性のあるものではなかった。むしろ、現地に赴いた「文化人」各々の個性と能力によって遂行された活動の雑多な寄せ集めという性格を持っていたと言うことができよう。

【註】

1. 「皇民化」という概念が、本来政策的に掲げられた 1930 年代後半以降の植民地台湾・朝鮮に限定されず、分析概念として拡大適用されることに対しては、駒込武［1996］による批判がある。
2. 1942 年 6 月以降に再開されている［明石 1997: 306］。
3. 昭南特別市教育科員原田歴二は「日本語中心の教育といっても、第一、日本語を教える先生もいなければ、教科書もない。さしあたっては『従来通りの教育を続けよ。』と教育科のインスペクターに指示せざるを得なかった。」と証言している［シンガポール市政会編 1986: 196-197］。
4. 漫画家が占領地に赴いて教育・プロパガンダに従事するということは、シンガポール（マラヤ）に限ったことではなかった。ジャワでは漫画家・画家であった小野佐世男および横山隆一が「文化人」として宣伝班で活動していた。小野佐世男のジャワでの活動については木村一信［2007］および小野耕世［2003］が紹介している。
5. 『サクラ』に掲載された歌の放送については松岡［2009］を参照。
6. 井伏鱒二は出版元を新聞班としている［井伏 1943=1997］。
7. 五十音カルタは当初日本語普及運動の一環として製作されることが企画されたが、これは実現しなかったが、最終的に『サクラ』の記事となったようである［神保 1943a: 37］。
8. 筑摩書房による最新の井伏鱒二全集第 10 巻では、『サクラ』第一号に掲載された「サザエ ト フカ」のみを収録しており、「続編は確認されていない」とされているが［井伏 1997: 638］、筆者がシンガポール国立文書館で確認した結果、続編が第二号に掲載され完結している。
9. なお、この物語には、サザエはシンガポールにも日本にもいる同種の存在であって、それゆえに両者は連帯することが可能であるとする解釈が存在するようである。この点については一橋大学大学院教授中井亜佐子氏の教示による。記して謝したい。
10. 倉金章介と倉金良行が同一人物であることは、後に秋山正美の著作および『少女倶楽部』、『少年倶楽部』などにおける活動の履歴から実証できたが、この事実の可能性については一橋大学大学院教授坂内徳明氏の教示による。記して謝したい。

【参考文献】

新聞『サクラ』, 1942-1943 (microfilm copy in National Archive of Singapore NA1134 registered in the title of Sakura Magazine).
Syonan Times, 1942-1943 (microfilm copy in National Diet Library, Tokyo).

【その他の参考文献】

Akashi, Yoji. 1991. 'Japanese Cultural Policy in Malaya and Singapore, 1942-45.'

In Japanese Cultural Policies in Southeast Asia during World War 2, edited by Grant K. Goodman, 117-172. Basingstoke: Macmillan.

―――. 2008. 'Colonel Watanabe Wataru: The Architect of the Malayan Military Administration, December 1941-March 1943.' In New Perspectives on the Japanese Occupation in Malaya and Singapore, 1941-1945, edited by Yoji Akashi and Mako Yoshimura, 33-64, Singapore: NUS Press.

明石陽至（1997）「日本軍政下のマラヤ・シンガポールにおける文教政策――1941-1945年」倉沢愛子編『東南アジア史の中の日本占領』早稲田大学出版部、293-329．

――― （2001）「渡邊軍政――その哲理と展開（一九四一年一二月～四三年三月）」明石陽至編『日本占領下の英領マラヤ・シンガポール』岩波書店．

―――編集解題（1999）『南方軍政関係史料19 軍政下におけるマラヤ・シンガポール教育事情史・資料：1941～1945』龍溪書舎．

秋山正美編著．（1998）『まぼろしの戦争漫画の世界』夏目書房．

井伏鱒二（1943）「マライ・昭南の出版物」、『朝日新聞（東京本社）』1943年5月8-9日．（井伏［1997］所収）

――― （1944）「昭南日本学園」、『中学生』第28巻第2号．（井伏［1997］所収）

――― （1974）「跋」、寺崎浩『戦争の横顔――陸軍報道班員記』7-11. 太平出版社．

――― （1997）『井伏鱒二全集』第十巻．筑摩書房．

――― （2005）『徴用中のこと』中央公論新社．

小野耕世（2003）「『小野佐世男ジャワ従軍画譜』をめぐって」、『アジア遊学』54: 109-118．

樫村あい子（2004）「日本占領下『昭南島』における日本語教育――エスニシティ構造の変化に着目して」、『植民地教育史研究年報』7: 63-80．

神谷忠孝（1996）「序論」、神谷忠孝・木村一信編『南方徴用作家―戦争と文学―』1-14. 世界思想社．

――― （2007）「「外地」日本語文学を扱うことの意義」、神谷忠孝・木村一信編『〈外地〉日本語文学論』3-10. 世界思想社．

川村湊（1994）『海を渡った日本語：植民地の「国語」の時間』青土社．

木村一信（2004）『昭和作家の〈南洋行〉』世界思想社．

楠井清文（2007）「マラヤにおける日本語教育――軍政下シンガポールの神保光太郎と井伏鱒二」、神谷忠孝・木村一信編『〈外地〉日本語文学論』284-303. 世界思想社．

駒込武（1996）『植民地帝国日本の文化統合』岩波書店．

櫻本富雄（1993）『文化人たちの大東亜戦争：PK部隊が行く』青木書店．

――― （2000）『戦争とマンガ』創土社．

シンガポール市政会編（1986）『昭南特別市史――戦時中のシンガポール』社団法人日本シンガポール協会．

神保光太郎（1943a）『昭南日本学園』愛之事業社．

――― （1943b）『風土と愛情』実業之日本社．

徳川親義（1943）『マライ教育事情（第一巻）』．（明石陽至編集解題［1999］所収）

中島健蔵（1977）『回想の文学⑤ 雨過天晴の巻』平凡社．

西原大輔（2002a）「日本人のシンガポール体験(11) 小津安二郎監督の昭南島映

画三昧」『シンガポール』2002(1). 23-25.
——— (2002b)「日本人のシンガポール体験 (14) 井伏鱒二の呑気な従軍小説」『シンガポール』2002(4): 27-29.
前田貞昭 (1996)「井伏鱒二——戦争を拒絶する文体」、神谷忠孝・木村一信編『南方徴用作家―戦争と文学―』97-116. 世界思想社.
松岡昌和 (2009)「日本軍政下シンガポールにおけるこども向け音楽工作」、『アジア教育史研究』18: 48-64.
松永典子 (2002)『日本軍政下マラヤにおける日本語教育』風間書房.
宮脇弘幸 (1993)「マラヤ、シンガポールの皇民化と日本語教育」、『岩波講座　近代日本と植民地 7　文化のなかの植民地』193-208. 岩波書店.
渡辺洋介 (2007)「シンガポールにおける皇民化教育の実相——日本語学校と華語学校の比較を中心に」池田浩士編『大東亜共栄圏の文化建設』75-135. 人文書院.

旧南洋群島公学校補習科教科書
『地理書』をめぐる諸問題
―― 委任統治政策との関わりにおいて ――

小林茂子＊

はじめに

　南洋群島とは、現在のミクロネシアの一部、すなわちマリアナ諸島（グアム島は除く）、カロリン諸島、マーシャル諸島から構成される赤道以北に散在する島嶼群（623島）である。陸地面積は東京都とほぼ同じ約2100㎢ほどしかないが、海域としては東経130〜175度、北緯0〜22度に及ぶ広大な領域にわたっている。

　南洋群島は、地理上の「発見」以後、スペイン、ドイツの支配に続き1914年10月、日本海軍が占領後、軍政を布き、同年12月「臨時南洋群島防備隊条令」により司令部をトラック島におき、司令官に軍政、民政の統括権を付与した。1918年7月には司令官の下に民政部を設置し、民政部長が民政事務を担当することになった。この南洋群島の統治について、国際的な承認を受けたのは1918年6月パリ講和会議によって、旧ドイツ領南洋群島が日本の委任統治領（C式統治地域 - 4章で詳述）になることがきめられたときであった。1921年7月、海軍は民政部をトラック島からパラオ諸島のコロール島に移転し、先の「臨時南洋群島防備隊条令」を廃止して、同年9月末までに防備隊を逐次撤退させた。1922年4月、委任統治施政庁として、南洋庁がコロール島に設置された。南洋庁はサイパン、ヤップ、パラオ、トラック、ポナペ、ヤルートの6つの島に支庁をおき、南洋庁長官のもと統治が開始された。以後、日本が国際連盟を脱退した後も統治は継続され、第二次世界大戦時、米軍による占領まで、南洋群島は軍事占領期を含め約30年間、日本の統治下

＊中央大学非常勤講師

にあった。

　委任統治は、第一次世界大戦後、ドイツの海外領土と非トルコ地域に適用されたもので、その目的は、「住民ノ物質的及精神的幸福並社会的進歩ヲ極力増進」（国際連盟規約第22条）するためであり、そのため領域の非武装化など遵守すべき原則が定められており、さらに行政報告書を毎年国際連盟に提出し審査を受けなければならなかった（4章で詳述）。したがって日本は、受任国として委任統治の実績を国際社会に示す必要があったのである。このように、南洋群島は委任統治という形態のもとで統治が進められ、他の植民地地域の支配とは異なる側面があったことは留意する必要がある。

　ところで、南洋群島での教育方針は軍事占領期から、日本人児童に対するものと現地児童に対するものは分けて考えられており、そこには「未だ蒙昧の域を脱しない」現地児童と日本人児童を一緒に教育することはできない、という考えがあった。この現地児童に対する教育について、宮脇弘幸は、第一期・軍政時代（1914年3月～1918年6月）、第二期・民政時代（1918年7月～1922年3月）、第三期・南洋庁時代（1922年4月～1945年8月）に分け、各期の特徴を説明している[1]。また、各期で使用され第四次まで編纂された南洋群島『国語読本』を復刻し、南洋教育と南洋教科書について解説を付している[2]。従来からいわれているように、南洋群島で編纂された教科書は『国語読本』のみであったということだが、琉球大学附属図書館所蔵の矢内原忠雄文庫に『南洋群島公学校地理書』（巻一、巻二、各巻とも1932年2月発行）が所収されている（以下、『地理書』と略記）。これについては今泉裕美子が、後述する矢内原忠雄文庫所収の資料を使い、公学校教育の実態を明らかにしているなかで『地理書』の全体的傾向について述べているが、教科書の内容そのものにまでは言及していない[3]。そこで本論文ではこの『地理書』に注目し、その内容の特徴を明らかにしつつこの時期に編纂、発行された背景を検討していきたいと思う。具体的な手順としてはまず、この『地理書』が所収されている矢内原忠雄文庫について、所収状況とともに南洋群島の教育に関わる資料の所在について紹介する。次に南洋群島での教育方針について全体的な流れを中心に検討し、さらにそうした流れのなか1920年代末から1930年代初頭に編纂、発行された『地理書』の具

体的な内容を考察する。その際国定教科書、南洋群島『国語読本』との比較から特徴を考えたい。最後になぜこの時期に『地理書』が編纂、発行されたのかを委任統治と日本がおかれた国際情勢との関連から考察する。

1. 矢内原忠雄文庫における南洋教育資料

　矢内原忠雄文庫（以下、「文庫」と略記）の諸資料は琉球大学附属図書館に所蔵されている。この「文庫」の「南洋群島関係資料目録」を作成した今泉によると、「文庫」は 1987 年と 95 年に子息から矢内原忠雄の蔵書、自筆原稿およびノート類が寄贈され、矢内原の植民地政策研究に関連した台湾、朝鮮、満洲、南洋群島、関東州、樺太の諸資料が収められている。これらは現存する植民地関係資料として、また矢内原の植民地政策研究を理解する資料としても貴重であるという[4]。

　ここでは、「南洋群島関係資料目録」のなかから特に教育関係についてのものを取りあげる。教育関係資料については、大別すると次のものが入っている。①公学校の学校要覧類、②矢内原作成の「島民教育ニ関スル」質問書とその回答（複数）、③『日の光』、④『群島教育研究』、⑤南洋群島『国語読本』、⑥その他（統計類など）であり、大体が 1930 年代前半のものである。

　①のものを一部列記すると、「南洋庁メタラニウム公学校要覧」、「南洋庁マルキョク公学校一覧」、南洋庁ヤップ公学校「学校要覧」、南洋庁コロール公学校「本校概況書」などがあげられる。これらには各学校の教員名簿、施設状況、学校方針などが記載されており、個々の公学校の具体的な学校運営の一端をつかむことができる（ただし、一部不鮮明なものが含まれている）。②については、矢内原が太平洋問題調査会の依頼によって現地調査をおこなったもので、修身、国語、算術に関する教育状況やその成果について、また公学校運営の成否などについてアンケート形式で質問している。例えば、「教授用語には島民語を用ふることありや」「特に風習の改善に努力したることありや」「島民は学校を如何なる程度に尊重するか」など公学校教育の実態に関して多岐にわたって問うている。回答はニラ公学校、春島公学校など8公学校、支庁など

４行政機関のものが載っている。回答には形式的な側面もみられるが、「地域の事情を反映した教育の特徴が示され、教員の現地住民認識、教育観など、教育の実態を示す貴重な資料」といわれている[5]。③は恩賜財団奨学会（南洋庁）発行の『日の光』第1号～第10号である。ただし、第2号と第5号は欠号である。1920年代後半から1930年代初めに発行されたもので、現地児童の投稿文が多く載っている。教員の手が加えられている可能性もあるが、現地児童の考えの一端を知ることができる。④は南洋群島教育研究会[6]による『群島教育研究』第17～20号が所収されている。この第17号、第18号に『南洋群島公学校地理書』（巻一、巻二）が入っている。第19号は『公学校農業教授書』（1932年4月）、第20号は『初学年に於ける国語読本学習の一端』（1932年8月）という資料がみられる。いずれも謄写版印刷ではあるが、公学校の教育実態が具体的にわかるものである。なお、『群島教育研究』は1934年度、第23号まで刊行され、35年には『南洋教育』と改称されているが、現存するものは④のほかごくわずかである。⑤は第二次編纂南洋群島『国語読本』補習科用（巻一、巻二）と第三次編纂南洋群島『国語読本』本科用（巻一～巻六）が入っている。「はじめに」で述べたように現在いずれも復刻されており、宮脇による解説がある。⑥は「島民改善奨励事項」「児童出缺度調査年表」「公学校児童就学歩合調」などの統計類がある。このなかには『南洋統計年鑑』などに入っていない資料もみられる。

　このように「文庫」に含まれる南洋群島教育関係の資料は矢内原忠雄個人の研究関心に依ったものであり、年代的にも制約があるが、南洋群島における教育関係の資料は他の植民地に比べ非常に僅少である現状のなかで、これらの資料の活用・分析の余地はまだ十分あると考える。

2．南洋群島にみる現地児童に対する教育方針

　海軍による軍事占領期における現地児童の教育方針については、まず「南洋群島小学校規則」（1915年12月27日）によって規定された。そのねらいは日本語教育に多くの時間を充て、現地児童を言語的に日本人化し、徳育を施して「修身奉公ノ道」を教えて、現地児童を国民的に同化

させることにあった[7]。第一次『国語読本』編纂趣意書には、「国民思想涵養ノ基礎トシテ教育ヲ受クル第一歩ニ児童ヲシテ、先以テ国民性を感知セシムベク」[8]と記されていた。しかし、内地の小学校令に準じた教育方針では、現地児童の教育としては不合理であり現実的でないことがわかり、その後「南洋群島小学校規則」に代わる「南洋群島島民学校規則」（1918年6月15日）が出された。その根本方針は、「島民学校ハ島民ノ児童ニ皇恩ヲ感受セシメ国語ヲ教ヘ、徳育ヲ施シ生活ニ必須ナル普通ノ知識技能ヲ授クル」[9]（傍点は引用者）ことにあった。つまり現地児童を教育することは「之から人にならうとする未開無智の者を教化する」[10]ことであり、内地と同一の教育を授けることは不可能だとした。したがって、どの教科も皇恩を感受させつつ、国語の習熟を主眼として、教科目は修身、国語、算術、唱歌、体操、図画とし、男子には農業、手工、女子には裁縫、家事を加えた。修業年限を従来の四年から三年にし、従来あった地理、歴史、理科を削除した。また、土地の状況により修業年限二年以内で補習科を置くことなどの変更点がみられた。補習科には日本歴史、日本地理、理科（各週1時間）が設けられた。しかし、教科書は第一次編纂の『国語読本』が使われ、国旗掲揚、宮城遙拝は日課として継続された。

　南洋庁時代にはいると、「南洋庁公学校官制」（1922年3月31日）を出し、従来の南洋群島島民学校を南洋庁公学校と改称し、公学校を「国語ヲ常用セサル児童ニ普通教育ヲ授クル所」と定めた。「南洋庁公学校規則」（1922年4月1日）により修業年限は本科三年で、地域によっては補習科二年が併置されたが、中等教育以上の普通教育機関は設けられなかった。教科目は手工を男子のみから女子にも課した以外は島民学校時代とほぼ同じで、補習科の日本歴史、日本地理、理科は、現地児童の負担を軽減するために削除された。しかしながら、「南洋庁公学校規則」では「公学校ニ於テハ児童身体ノ発育ニ留意シテ徳育ヲ施シ生活ノ向上改善ニ必須ナル普通ノ知識技術ヲ施クルヲ以テ本旨トス」（傍点は引用者）とあり、前述の「南洋群島島民学校規則」にみられた「皇恩ヲ感受セシメ国語ヲ教ヘ」の部分が削除されており、この点が大きな変更点であった。その理由として「規則改正要旨」（1923年5月28日）では、「君恩、師恩並父母ノ恩ノ如キ恩義観念ハ徳育ノ内容ヲ為スモノニシテ特ニ之ヲ条文中ニ掲記スルノ必要アルヲ認メザルニ因ル」[11]と述べられている

が、これはやはり委任統治を意識した反映であろう。酒井一臣がいうように「国際社会の目を気にして、あからさまな表現を避けたもの」[12]と考えられる。そして委任統治の名目に沿うよう「生活ノ向上改善」を明記したのである。しかし、「皇恩ヲ感受セシメ」の語句が削除されても実際は徳育で皇恩の観念は教えられており、従来の日課であった国旗掲揚、宮城遙拝は廃止されたものの、祝祭日の国歌斉唱、訓話は行われた[13]。つまり実態としては軍事占領期の教育内容をほぼ踏襲したものであった。教科書は 1925 年から第二次編纂南洋群島『国語読本』が使われ、また 1926 年には「南洋庁木工徒弟養成所規則」（5 月 26 日）が制定され、コロール公学校のなかに木工徒弟養成所が設置された[14]。

　さらに翌々年の 1928 年、「南洋庁公学校規則」が改正され、科目数や教育内容に大幅な変更がみられた。教科目では理科と女子への農業が、補習科にはそのほか地理が加えられた。また、修身、算術、地理、理科、農業、手工の各「教授要目」を制定し教授事項の統一が図られた。授業時数についても、従来は三学年とも一年間同一であったものを、熱帯の風土気候を考慮して、学年が進むにつれて多くすることとした。「公学校規則改正要旨並実施上ノ注意」（1928 年 8 月 23 日）では教科の設置目的について、理科は生活改善向上に資するためであり、地理は現地児童の「知見ヲ廣メ進歩向上ノ念ヲ起サシメムカ為ニ」、「地理学的系統ニ従テ普ク之ヲ授ケ」ることであるとし、また地理では必要と認めた場合には、「歴史的事項ヲ授クルコトモ可」であるとした。

　こうした流れのなかで公学校補習科『地理書』は、「公学校規則改正」後、翌年に作成された「地理科教授要目」（1929 年 1 月 15 日）に基づいて編纂、発行された教科書であった。では、実際どのような内容のものが作られたのか、次章でみていきたいと思う。

3．公学校補習科『地理書』（巻一、巻二）の特徴－国定教科書、南洋群島『国語読本』との比較

　前章で述べた『地理書』（巻一、巻二）の目録（目次）を、『尋常小学地理書』（第三期国定教科書）（巻一、巻二）の目録（目次）、及び第三

166　Ⅱ．研究論文

次補習科南洋群島『国語読本』（巻一、巻二）の「地理的教材」と南洋群島関連の項目とを比較したのが【表】である。

【表】『南洋群島公学校地理書』、国定地理教科書、南洋群島『国語読本』の内容比較

	『南洋群島公学校地理書』補習科（巻一、巻二）1932年		『尋常小学地理書』児童用（巻一、巻二）（第三期 国定地理教科書）1918年〜1932年		南洋群島『国語読本』第三次補習科用（巻一〜巻四）1933年
	一、郷土	1位置、地勢、産業 2交通、都邑 3郷土ノ歴史及ヒ伝説	※地域の教材について 「又学校所在地ノ府県ニツキテハ其ノ境域ノ教材ヲ敷衍増補シ又其ノ土地ト特ニ密接ノ関係アル地域ニツキテ補説スルノ要アルハ言ヲ俟タザルナリ」 （『尋常小学地理書巻一児童用修正趣意書』より）		●「地理的教材」(12) ●「公民的教材」(3) △「修身的教材」(2) □「理科的教材」(2) ※『地理書』に関連があると思われる教材を選択した。
	二、管内	1区分 2交通、都邑 3主要ナル歴史的事実			
	三、他管内	1管内ニ準ス			
	四、南洋群島ノ総説	1以上ノ復習総括 2南洋群島ニ於ケル行政ノ一斑			
	※この部分は教科書に記述がない。「公学校地理科教授要目」にのみ記載がある。				
巻一	第一 日本	一、領土 二、面積 三、地質、気候、産業、交通 四、国民の種別と其の数 五、行政区別 六、地方区別	巻一	第一 大日本帝国	・我が国の面積 ・我が国の四周 ・我が国の気候、国民 ・区分	
	第二 関東地方	一、地勢 二、産業 三、交通 四、都邑 五、明治神宮 六、伊豆七島及小笠原諸島		第二 関東地方	一 区分 二 地勢 三 産業 四 交通 五 都邑 六 伊豆七島・小笠原諸島	●「横浜」（巻一） ●「東京」（巻四） △「明治神宮参拝」（巻四）
	第三 奥羽地方	一、地勢 二、産業 三、交通 四、都邑		第三 奥羽地方	一 区分 二 地勢 三 産業 四 交通 五 都邑	
	第四 中部地方	一、地勢 二、産業 三、交通 四、都邑		第四 中部地方	一 区分 二 地勢・気候 三 交通 四 産業	
	第五 近畿地方	一、地勢 二、交通 三、都邑		第五 近畿地方	一 区分 二 地勢 三 交通	●「京都」（巻二） ●「大阪」（巻三） ●「琵琶湖」（巻三）

巻一		四、皇大神宮 五、神武天皇と日本の建国	巻一		四　産業 五　都邑	△「皇大神宮」（巻一）
	第六 中国地方	一、地方 二、産業 三、交通 四、都邑		第六 中国地方	一　区分 二　地勢 三　産業 四　交通 五　都邑	●「門司」（巻二）
	第七 四国地方	一、地勢 二、産業 三、交通 四、都邑		第七 四国地方	一　区分 二　地勢 三　産業 四　交通 五　都邑	
				附録		
		80頁			89頁、附録3頁	
巻二	第一 九州地方	一、地勢 二、産業 三、交通 四、都邑 五、元寇と日本海々戦 六、琉球列島	巻二	第一 九州地方	一　区分 二　地勢 三　産業 四　交通 五　都邑 六　琉球列島	
	第二 北海道地方	一、地勢 二、産業 三、交通 四、都邑 五、千島列島		第二 台湾地方	一　区分・地勢 二　住民・産業 三　交通 四　都邑	
	第三 樺太地方	一、地勢 二、住民 三、産業 四、都邑、交通 五、明治三十七、八年戦役		第三 北海道地方	一　区分・地勢 二　産業 三　交通 四　都邑 五　千島列島	
	第四 台湾地方	一、地勢 二、産業 三、交通 四、住民 五、都邑　附　澎湖諸島 六　明治二十七、八年戦役		第四 樺太地方	一　地勢 二　産業 三　都邑	
	第五 朝鮮地方	一、地勢 二、産業 三、交通 四、住民、都邑 五、日韓併合		第五 朝鮮地方	一　区分・地勢 二　住民・産業 三　交通 四　都邑	
	第六 関東地方	一、区域、住民 二、地勢、産業 三、都邑 四、租借地		第六 関東州	・産業 ・都邑	

巻			巻			
巻二	第七 日本の総説	一、山系と火山脈 二、河川 三、平野 四、海岸 五、各種の産業 六、交通	巻二	第七 大日本帝国総説	・地勢 ・山系と火山脈 ・河川、平野、海岸 ・農業 ・林業 ・牧畜 ・水産業 ・鉱業 ・工業 ・貿易 ・交通	
	第八 世界					◉「世界」(巻一) □「珊瑚島」(巻二)
	第九 アジヤ洲	一、位置、地勢 二、産業 三、交通 四、満洲 五、シベリヤ 六、支那本部 七、孔子 八、印度 九、釈迦 十、東南アジヤ		第八 アジヤ洲	一 総論 二 支那 三 シベリヤ 四 印度 五 東南アジヤ	
	第十 ヨーロッパ洲	一、位置 二、地勢 三、産業 四、交通 五、イギリス 六、フランス 七、イタリヤ 八、ドイツ 九、ソビエト(ロシヤ)連邦 十、其の他の国 十一、キリスト		第九 ヨーロッパ洲	・区分 ・地勢 ・産業、農業 ・牧畜、林業、水産業 ・鉱業、工業 ・交通、貿易 ・イギリス ・フランス ・ドイツ ・ロシヤ ・オーストリヤ、ハンガリー ・イタリヤ ・我が国と欧洲諸国との関係	
	第十一 アフリカ洲	一、位置 二、地勢 三、スエズ運河		第十 アフリカ洲	・地勢 ・北部 ・南部 ・交通	
	第十二 北アメリカ洲	一、位置 二、地勢 三、産業 四、交通 五、パナマ運河 六、アメリカ合衆国		第十一 北アメリカ洲	・区分 ・地勢 ・産業 ・農業、牧畜、林業 ・水産業 ・鉱業、工業、貿易 ・交通 ・我が国と北米との関係	◉「ナイヤガラの滝」(巻四)
	第十三 南アメリカ洲	一、位置 二、地勢 三、産業 四、交通		第十二 南アメリカ洲	・区分 ・地勢 ・産業 ・交通、貿易	
	第十四 大洋洲	一、位置 二、区分 三、地勢		第十三 大洋洲	・区分 ・オーストラリヤ ・諸島	◉「あんがうる島だより」(巻一) ◉「ヤルート便り」(巻二)

旧南洋群島公学校補習科教科書『地理書』をめぐる諸問題
──委任統治政策との関わりにおいて── 169

巻二	四、産業 五、オーストラリヤ 六、太平洋上の諸島 七、交通	巻二		●「うらかす」(巻二) ●「航海の話」(巻一) □「保安林」(巻四)
第十五 世界と南洋	一、ドイツの占領 二、欧洲の大戦 三、日本の委任統治	第十四 世界と日本	・六大洲 ・三大洋 ・我が大日本帝国	✻「青年団」(巻二) ✻「支庁」(巻三) ✻「南洋庁」(巻四)
第十六 地球の表面	一、地球の大きさ 二、経度、緯度 三、昼夜 四、陸地と海洋	第十五 地球の表面 附録	・地球の大きさ ・経緯線 ・経緯度 ・地点の定め方 ・昼夜、四季 ・陸地と海洋	
	137頁		110頁、附録3頁	

※『尋常小学地理書』の・点の項目は「目録」(目次)にはないが、本文上欄につけられている見出しである。

　これをみると次のような特徴が指摘できる。
　①南洋群島『国語読本』は、地理的内容が一つ一つ単発的項目として述べられているのに対し、『地理書』は日本地理、世界地理ともに地理的体系が整っており、「公学校規則改正要旨」に述べられている「地理学的系統ニ従テ普ク之ヲ授クル」という点に合致している。
　②『尋常小学地理書』(国定教科書)と比べてみると、構成、内容ともほぼ同じであり、『地理書』は国定教科書に準拠してつくられているといえよう。異なる点としては第一に『地理書』(巻二)では「第八　世界」の項目が加えられており、また、国定教科書の「世界と日本」の項目が「世界と南洋」となっている点があげられる。「第八　世界」では、日本について「近ごろ国力が発展して、今では世界の三大強国の中に入っている」と世界における日本の地位を強調的に説明しており、また「世界と南洋」では、委任統治の歴史について詳しい記述を載せている。さらに異なる点の第二として、『地理書』の日本地理では、地方の所々に「元寇と日本海々戦」「明治二十七、八年の戦役」「明治三十七、八年の戦役」など歴史的内容が書き込まれている。これも地理に関連ある歴史的事項を挿入するという、前述した「公学校規則改正要旨」に沿ったものであるといえよう。
　③群島地理については、「教授要目」のみで教科書にはその記述がなく、実際どのような内容を想定していたのかは不明である。記述がない理由として「南洋群島公学校地理書編纂趣意書」(以下、「趣意書」と略記する)では「郷土地理ハ各校夫々教授事項ヲ異ニスルヲ以テ本教科書中ニ

ハ加ヘサリキ」とある。しかし、少なくとも「地理科教授要目」が作られた段階では、現地児童に対し南洋群島についての一定の知識を供与しようとする意図はあったことは確かであろう。

このようにみると、『地理書』は「地理科教授要目」に則って作られており、また、南洋群島における地理的内容として国定教科書にはみられない項目や内容も盛り込まれていた。

ところで、この教科書には奥付がなく、発行年月日は『群島教育研究』の表紙に「昭和七年二月二十五日発行」（巻二は「昭和七年二月　日発行」）と記載されているのみであり、印刷された場所は不明である。編者については、「趣意書」の冒頭に「コロール公学校　佐藤碩成」とあり、おそらく編者であろうと思われる。この人物はコロール公学校「本校概況書」（1933 年）によると、コロール公学校校長兼木工徒弟養成所所長となっている。また、「趣意書」には挿絵について「成ルベク多ク取入ル、コト、シ殊ニ産業的方面ヲ重視セリ」と書かれているが、本文中は挿絵の部分はほとんどが空欄である。ただし、空欄の下には挿入すべき絵の題名が書かれており、おそらく内容は決まっていたものと思われる。教科書全体は謄写版の手書きであり、南洋群島『国語読本』と比べると装丁的に見劣りがする。これらのことを考えあわせると、この教科書は、印刷の予定はあったかもしれないが実際には印刷して出版されなかったのではないか、と推測される。例えば、使われたとすればその可能性としては一番高いであろうコロール公学校の「本校概況書」には、補習科の授業時数として地理は各学年週一時間の記載はあるが、この教科書に関する記述については特に見当たらない。

それでは、なぜ発行された教科書が実際には印刷、出版されなかったのだろうか。その背景を探ることが、この時期に『地理書』が編纂、発行された理由にもつながるものと考える。次章ではこれらの点について考えてみたい。

4．公学校補習科『地理書』の編纂背景

編纂の背景には、やはり日本の委任統治とそれをめぐる国際情勢が影

響していたと考える。委任統治制度は国際連盟規約第22条に規定された制度であり、南洋群島は日本を受任国とするＣ式委任統治地域に指定された。Ｃ式は、その地域を「受任国領土ノ構成部トシテ」（第22条6項）統治するもっとも植民地形態に近いものであったといわれているが、受任国には、住民の物質的・精神的幸福の増進、地域の治安維持、住民の軍事訓練および地域内への軍事施設建設の禁止、そして行政報告書である「日本帝国委任統治地域行政年報」（以下、「年報」と略記する）を国際連盟の常設委任統治委員会（Permanent Mandates Commission, 以下P.M.C.と略記する）を通して理事会へ毎年提出する義務があった[15]。

「はじめに」でも述べたように、この義務を忠実に果たし成果をあげることは受任国としての名誉に関わる問題であった。「年報」の内容は、行政、財政、教育、産業、医療、労働など多岐にわたり、これに基づきP.M.C.で審査され、さらにP.M.C.の報告により連盟理事会は統治内容について日本政府に質問や勧告を行ったのである。

「年報」には「オブセルバシオン」として各年度の審査内容の要約が掲載されている。それらのうち教育に関する質問と回答の一部をみてみよう。例えば、1925年度には現地児童に対する修身教科書がないことについて問われており、これに対し「修身ハ児童ノ徳性ヲ涵養シ道徳ノ実践ヲ指導スルヲ以テ要旨トス」「善良ナル社会ノ一員タルノ性格ヲ涵養セムコトニカムヘシ」[16]と述べ、「皇恩」についてはふれず、道徳教育一般についての説明に終始している。1926年度では国語の教授時間が多いことを問われると、「国語ノ教科書ハ単ニ日本語ノ学習ノミナラス併テ地理、歴史、理科其他各種ノ事項ヲ習得スル様教科書ヲ編纂シアルヲ以テ国語ノ教授時間ハ決シテ過多ニ非ス」[17]と答弁しており、主眼を伏せて現状を巧みに説明している。また、1927年度においては、衛生教育についての不十分さを問いただされると、独立した理科の教科はないが、「平素ノ訓練ニ於テ児童ノ生活状態ヲ衛生的ナラシムルコトニ留意シ」ていると[18]、やや言い訳的ともいえる答弁を行っている。

このように「南洋庁公学校規則改正」が出される1928年前には、毎年のようにP.M.C.から現地児童の教育や福祉の向上に対する取りくみについての質問が出されており、その都度統治政策の正当性を主張する答弁をおこなっていたことがわかる。こうした経緯をみると「南洋庁公学校

規則」を改正したのは、P.M.C. の審議を多分に意識して行われており、できうる限り審議で指摘された内容に答える形で変更しようとしたのである。1928 年度の「年報」には、「規則」改正後の公学校教育について詳しい内容が記載されており、1931 年度では、農業、理科、地理の教科目が新たに設定されたことや、修身、算術、地理、理科、農業、手工の「教授要目」が制定されたことが報告されている[19]。つまり、『地理書』の編纂もこの「教授要目」に基づいて行われたものであり、委任統治政策をより円滑に進めるための一端として取り組まれたものであったのである。

一方、1920 年代末から 1930 年代初頭にかけて、国際社会のなかで日本は徐々に孤立を深めつつあり、対外的に緊迫度を増していった。1931 年に満洲事変をおこし、翌年には国際連盟からリットン調査団が派遣され、そして 1933 年には国際連盟の脱退を宣言するに至る。このころ国内では、連盟脱退後も委任統治を継続するか否かの議論が激しく交わされていたが、結局、連盟脱退後も非連盟国という立場で委任統治は継続された[20]。つまり、連盟規約第 22 条の適用及びこれに基づく委任統治条項の適用を受けることは変わらず継続されたのである。したがって、連盟理事会に「年報」を提出する義務を負い、「年報」審査の際には代表を送り説明にあたらせる、ということは堅持された[21]。しかし、その後日中戦争の激化により、南洋群島への国家総動員法の適用をめぐり連盟と対立した日本政府は、1938 年 10 月脱退以後の連盟との協力関係をも終止する決定を下した。これにより「年報」の提出は継続したものの、P.M.C. への政府代表の出席は停止させることとしたのである[22]。

こうした国際情勢のなか、1932 年度から 37 年度の P.M.C. の教育・福祉に関する意見、要望は、現地児童の就学状況や結核などの衛生面への指導に関するものが多くみられるようになり[23]、これに対し政府は、「島民ノ教育ハ島民ノ子弟ニ之ヲ施スコト最効果ナル」「現在及将来ニ亙リ受任国政府ノ根本方針ハ島民子弟ノ実務教育ト保健衛生思想ノ普及トニ置カンスルモノナリ」[24] との回答を示している。つまり、「南洋庁公学校規則」改正後、「教授要目」に基づいて『地理書』は 1932 年 2 月に発行され、この段階では『地理書』の印刷・出版の予定はあったかもしれないが、脱退宣言後は現地児童の教育は衛生面などを中心とした実務面を重視するようになり、『地理書』の印刷・出版の必要性は急速に低

下したものと考えられる。一方、これと交換するかのごとく、1933年8月から第四次南洋群島『国語読本』の編纂が着手され、本科用、補習科用ともに1937年3月に刊行された。その内容は、道徳的方面では「勅語ノ御精神ヲ不知不識ノ間ニ感得セシム」もの、歴史的方面では「日本ノ国体及ヒ国民性ヲ理解セシムル」もの、地理的方面では「国家愛、郷土愛ノ情操ヲ涵養スルニ足ル」[25]ものなどを取り入れた、いわゆる「皇民化」の内容が強いものになった。しかし、こうした「皇民化」の教育内容について、1937年度の審議は政府代表が欠席しており、また1938年度は「年報」の送付だけで審議されることなくおわり、もはやP.M.C.では議論の対象にはならなかったという[26]。1938年連盟との協力関係が終止した後は、日米開戦に備え飛行場、港湾など軍事施設も本格的に整備され、南洋群島の基地化が急速に進められた[27]。

　このように公学校補習科『地理書』の編纂・発行には、委任統治政策をよりよく進めるうえで教育内容を改正したことが背景としてあり、また、この『地理書』がおそらく印刷・出版されなかったであろう理由も、国際社会における日本の立場が変わり、委任統治の内容が変化した反映であったといえよう。

おわりに

　「公学校規則改正要旨」(1928年8月)では、地理科の目的を現地児童の「知見ヲ廣メ向上進歩ノ念ヲ起サシメム」とするためとある。もし『地理書』が印刷・出版されたとすれば、【表】をみてもわかるようにその内容からみて、群島地理については不明なものの、少なくとも日本地理、世界地理についての有用な知識を得、知見を広げることができたであろうと考える。しかし、補習科卒業生の7割以上の者は地元に帰り農業につき[28]、現地住民を採用する助教員や巡警の職につくものはごくわずかであった。しかもこれらの職は日本人の補助でしかなく、給料なども日本人の三分の一程度であった。

　こうした現地住民に対する扱いはある意味当然で、南洋群島の委任統治の原則として、大日本帝国憲法の効力が及ばないこと、また現地住民の法的地位を「島民」と規定し、日本帝国臣民とはその身分を異にする

という考えがあった。そのため、現地住民を「民度低き島民」と捉え、委任統治の教育方針でも教育は日本人児童と分離して行われ、「島民に対する教育は、国民教育を施さず」[29]とされた。したがって、現地児童は補習科卒業後、それ以上の普通教育を受ける機会もなく、たとえ『地理書』を使って広汎な地理的知識を身につけたとしても、それらを生かす道は最初から閉ざされていたのだった。

【註】

1 宮脇弘幸（2006）「南洋群島『国語読本』は何を語るか」日本植民地教育史研究会『植民地教育史研究年報　植民地言語教育の虚実』第9号、35-49頁。
2 宮脇弘幸監修（2006）『南洋群島國語讀本』第一巻～第八巻、大空社。
3 今泉裕美子（1996）「南洋庁の公学校教育方針と教育の実態－1930年代初頭を中心に－」法政大学沖縄文化研究所紀要『沖縄文化研究』22、567-611頁。
4 今泉裕美子（1995）「矢内原忠雄文庫南洋群島関係資料展展示資料解題」琉球大学附属図書館展示委員会『矢内原忠雄南洋群島関係資料展』、琉球大学ホームページ。なお、「矢内原忠雄文庫」の諸資料は琉球大学附属図書館のホームページから入り、ウエッブ上で閲覧できる。
5 同上、今泉（1995）。
6 この研究会はおそらく南洋群島教育会の支部と思われるが詳細は不明である。
7 南洋群島教育会編（1938）『南洋群島教育史』（1982年復刻版）、青史社、153頁。
8 同上、249頁。
9 同上、174頁。
10 同上、171頁。
11 同上、208頁。
12 酒井一臣（2007）「「文明の使命」としての日本の南洋群島委任統治－過剰統治の背景」浅野豊美編著『南洋群島と帝国・国際秩序』慈学社、85頁。
13 前掲、『南洋群島教育史』、155頁。
14 木工徒弟養成所の修業年限は二年で、公学校補習科を卒業した16歳以下の男子で、成績優秀な者が各支庁管内から選抜されて入学した。
15 等松春夫（1999）「「日本帝国委任統治地域行政年報」解説」外務省編『日本帝国委任統治地域行政年報』（復刻版）第5巻、クレス出版、1-2頁。
16 （1999）外務省編「千九百二十五年度日本帝国委任統治地域行政年報」同上、第2巻、113頁。
17 （1999）「千九百二十六年度日本帝国委任統治地域行政年報」同上、第2巻、144頁。
18 （1999）「千九百二十七年度日本帝国委任統治地域行政年報」同上、第2巻、188頁。
19 （1999）「千九百三十一年度日本帝国委任統治地域行政年報」同上、第4巻、75-79頁。

20　等松春夫（2007）「南洋群島の主権と国際的管理の変遷－ドイツ・日本・そしてアメリカ」浅野豊美編著『南洋群島と帝国・国際秩序』慈学社、27-32頁。
21　神山晃令（1987）「日本の国際連盟脱退と南洋群島委任統治」近代外交史研究会編『変動期の日本外交と軍事－史料と検討－』原書房、79頁。
22　同上、92頁。
23　（1999）「千九百三十二年度〜千九百三十四年度日本帝国委任統治地域行政年報」前掲、第4巻、各序文。「千九百三十五年度〜千九百三十七年度日本帝国委任統治地域行政年報」同上、第5巻、序文（千九百三十五年度）、第十八章（千九百三十六年度）、附属書（千九百三十七年度）。
24　（1999）「千九百三十七年度日本帝国委任統治地域行政年報」同上、第5巻、98頁。
25　前掲、『南洋群島教育史』、284頁。
26　今泉裕美子（1994）「国際連盟での審査にみる南洋群島現地住民政策－1930年代初頭までを中心に－」歴史学研究会編『歴史学研究』第665号、36-37頁。
27　この間の国際連盟と日本政府との外交上の詳細な動きについては、神山晃令（1989）「日本の国際連盟協力終止と南洋群島委任統治」外務省外交史料館『外交史料館報』第2号、を参照。なお、日本の委任統治が法的に終了するのは1947年4月に南洋群島が米国を管治権国とする国際連合の戦略信託統治地域に指定された時である（等松（1999）、9頁）。
28　前掲、『南洋群島教育史』、714-715頁。
29　南洋庁（1932）『南洋庁施政十年史』（1999年復刻版）、龍渓書舎、126頁。

＜資料＞

コロール公学校　　佐藤　碩成
南洋群島公学校地理書編纂趣意書

一、本教科書ハ南洋庁公学校地理科教授要目ニ基キテ編纂シタルモノナリ。
二、本教科書巻一ハ補習科第一学年第二第三学期ニ、巻二ハ補習科第二学年全学年ニ使用セシムルモノトス。
　　但シ補習科第一学年第一学期ノ郷土地理ハ各校夫々教授事項ヲ異ニスルヲ以テ本教科書中ニハ加ヘサリキ。
三、本教科書ノ書名ハ国定教科書並ニ群島国語読本ヲ勘酌考慮ノ上命名セリ。
四、字詰及行数ハ尋常小学校地理書巻一及群島補習科読本ト同様ニセリ。
五、本教科書ハ其ノ教授分量ニ於テ国定教科書ノ半分位ニ止ムル程度ニ編纂セリ。
六、挿絵ハ成ルベク多ク取入ル、コト、シ殊ニ産業ノ方面ヲ重視セリ。
　　本教科書ノ挿絵出所ハ主トシテ左記ニ依ル
　　　一、尋常小学地理書
　　　一、中等学校地理教科書（文部省検定済ノモノ）
七、假名遣ハ群島国語読本修正発表前ナルヲ以テ現読本中ヨリ左記事項ダケ改正シテ取扱ヘリ。
　　　テニヲハ「わ」、ヲ「は」ニス

八、地名並ニ地理的熟語ニハ成ルベク振假名ヲ附スルコトヽセリ。
九、難解ノ熟語ハ成ルベク使用ヲ避クルコトヽセルモ換言ノ為ニ却ツテ文ヲ冗長ナラシムルモノハ餘儀ナク取入ルヽコトヽセリ。
　　但シ其ノ使用ノ程度ハ尋常小学校地理書ノ範囲内ニ止ム。
十、本教科書使用ニ関シテハ地理附図並ニ南洋群島公学校地理教授書ヲ併セ用フルモノトス。
　　但シ地理附図ハ尋常小学校地理附図ヲ代用

南洋群島公学校地理教授書編纂趣意書

一、本書ハ南洋群島公学校地理科教授資料トシテ編纂セルモノナリ。
二、本書ハ教授細目兼用トシテ編纂セリ。

【図】

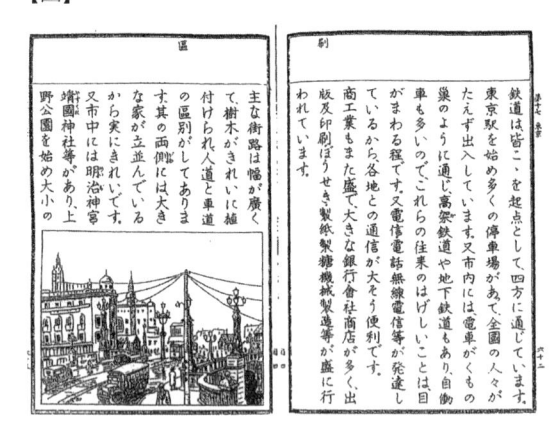

第三次南洋諸島
『国語読本』（巻四）「東京」

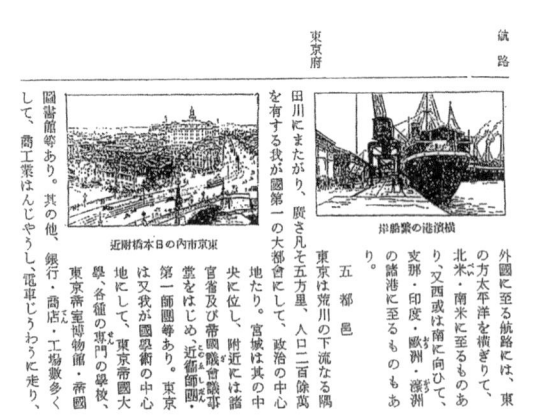

第三期『尋常小学校地理書』
（巻一）「関東地方」

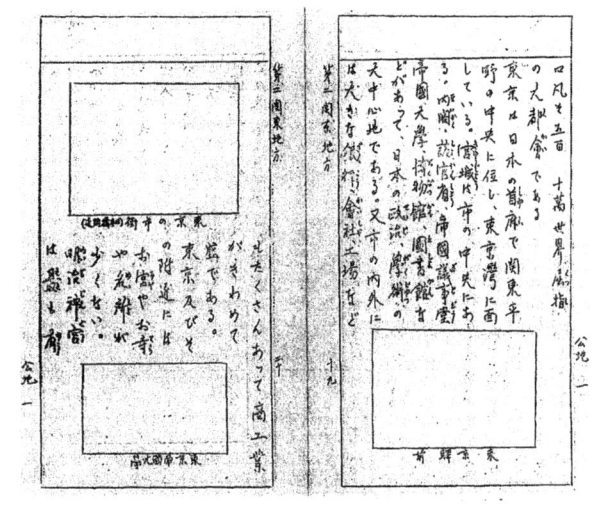

旧南洋群島公学校補習科教科書『地理書』をめぐる諸問題
——委任統治政策との関わりにおいて—— 177

南洋諸島『公学校地理書』(巻一)「関東地方」

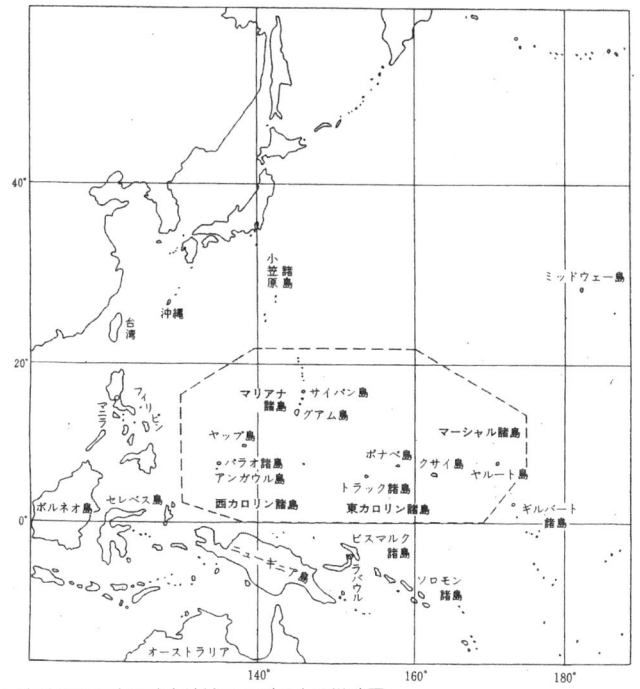

日本統治下の南洋諸島地域および西大西洋略図

Ⅲ．研究資料

在日コリアン一世の学校経験
―― 李殷直氏の場合 ――

李省展＊・佐藤由美＊＊・芳賀普子＊＊＊

1．はじめに

　インタビューの手法を用いた在日朝鮮人の学校経験を記録する作業は、今回で4人目を迎えることになるが、ここで本研究の初期の問題意識を再確認しておきたい。李と佐藤はそれぞれに日本統治下の朝鮮の教育に関する研究を進めるなかで、朝鮮人がどのように教育を受けたのかという当事者の多様な学校経験を明らかにする必要性を痛感していた。そこで、在日一世の多様な学校経験を集積し、それらを当事者と同じ目線に立って分析するとともに、総合化を図ることによって植民地教育の全体像や戦後の日本の教育像、その本質を解明したいと、今からみるとずいぶんと大胆に考えていた。

　しかしながら、現在、学校経験のインタビューを継続するなかで、果たしてそれだけでいいのだろうかと考えるようになってきた。佐藤は日本人として李は「在日コリアン」二世として、あるいは一個人として、韓国・朝鮮人とどのように向き合ってきたのかが問われている、そう考えるようになった。究極的には個々が築き上げてきた人間観とも繋がっていくと思われるが、佐藤には学生時代の「在日」との出会いや韓国の研究者との出会い、李には学生時代の被差別経験と日本と朝鮮のはざまを生きる自己確立における葛藤がある。金時鍾氏のインタビューから加わった芳賀もまた同様であろう。多様な出会いの経験、そしてその蓄積をいかにして研究に反映させたらいいのだろうか。さらに、我々聞き手の側が現在をどのように生きているのか、聞き手の個々の立場性が問わ

＊恵泉女学園大学　＊＊埼玉工業大学教員　＊一橋大学大学院言語社会研究科特別研究員

れてくることもあるだろう。また、当初はこの作業を、従来の「教育史」「教育制度史」の間隙を埋めるものと位置付け、「当事者と同じ目線」に立つということを重要視してきたが、当事者性に依拠して「分析」・「綜合」・「解明」・「補完」という形で「教育史」に回収していいのだろうかという根本的な疑問も浮上している。これらについては今後も我々の間で真摯な対話を継続していかねばならないと考えているが、他方では一人でも多くの学校経験を教育史資料として残しておかなければという時間的制約が私たちに重くのしかかっている。

今回、御高齢にも拘らず2度にわたるインタビューに応じて下さった李殷直氏は、解放後は教育者として朝鮮人連盟、在日朝鮮人総連合会の教育事業と教育行政に深くかかわってこられ、また文学者としても知られる方である。著書に『濁流』、『歴代朝鮮人名将伝』、『新編春香伝』などがあり、特に自叙伝的長編小説の『朝鮮の夜明けを求めて』（全5巻、明石書店）は今回のインタビューと深くかかわるものである。

李殷直氏の日本統治下朝鮮での学校経験は初等教育のみと時間的には限られているが、少年労働という過酷な現実の中で苦学された方である。渡日の経緯を語る中で、「とにかく日本に行けば勉強できる。その一心」だったという発言が非常に印象的であった。また、旺盛な知識欲は現在も衰えることはなく、日本の学校では差別を受けたことは無かった、知識をもった者同士は差別しないというような発言もなされたが、一方でこの幻想はどのようにして構築されたのかと思いつつも、在日経験の多様性の一つとして受け入れ、発言の根拠を考えるべきであると思った。本来、李殷直氏は朝鮮人学校設立とその発展のために貢献した民族学校教育史に残る方であるが、研究テーマの都合上、本稿にはその部分を多く取り入れることができなかった。今後別の形で、纏め上げられる機会にはぜひ新たな視点で取り上げたい。

これまで行ってきた作業から考える際、李省展は自己そのものが歴史的に大きく規定されている存在であると改めて感じた。韓国籍を持つ李にとって、今回までに取り上げてきた4人のうち、李仁夏氏以外の呉炳学、金時鐘、李殷直の各氏は、解放後、朝鮮人連盟、在日朝鮮人総連合会と関係しているか、関係してきた人々である点が、自己の歴史的経験と異なることを痛感させられた。この3人へのインタビューを通じて改

めて「在日」の歴史を考えることにより、「在日」の中の垣根が取り去られる思いがし、また多くを学ぶことができたことを感想として記しておきたい。

2．李殷直氏の学校経験　――インタビュー記録より――

　李殷直（イ・ウンジク）さんへのインタビューは、2011年3月7日、8日の両日、いずれも午後1時半頃から5時頃まで、李殷直さん宅（横浜市内）にて行われた。インタビューには途中、画家の朴民宜[1]（パク・ミニ）さんも同席してくださった。朴民宜さんは李殷直さんのご子息のおつれあいである。李殷直さんには大著の自伝小説『朝鮮の夜明けを求めて』[2]第1巻～第5巻があり、幼少期から解放直後までのことが丹念に描かれているが、今回は教育史資料として収録するという立場からインタビューを行った。小さい頃から日本人商店の小僧として働きながら、勉学を諦めなかった李殷直さんの生き方は、これまでインタビューに応じていただいた方々とはまた異なる、新たな学校経験を収録することになった。

【貧しい農村の生まれ】
　李殷直さんは1917年に全羅北道井邑郡浄雨面梧琴里で生まれた。家族は両親と兄が4人に妹1人の8人家族だった。姉も2人いたが、李殷直さんが子どもの頃には既に嫁いでいて家にはいなかった。両親はともに再婚で、母親の連れ子が戸籍上の長男、父親の前妻の子どもが2番目、母親が後妻として嫁いで来た後に生まれたのが、3番目、4番目の兄と本人、それに妹だった。家業は小作農（米・麦・大豆）だったが、副業として漢方も扱っていた。父親が若い頃、漢方医の付き添いをして歩いていた時に技術を学んだのだという。無学ではあったが、先進的な考えを持った父親と優しい母親に兄弟は育てられた。

両親のこと：生年月日はね、1917年の、戸籍上は10月18日となっていますが、旧暦の7月7日[3]に生まれたんですね。田舎ですから届け出が少し遅れたんです。うちは貧しい農民でしたからね。ただ、僕の父親がね、全然学校に行ったことのない人ですけどね、若い時に東学農民運動って

いうのがあって、それに参加した人だったもんだから……。その当時としては非常に進歩的な運動だったんですよね。そういう運動に参加したぐらいだから、非常に急進的な考え方をしていたんですよ。だから自分は勉強できなくても子供たちを教育しようっていう熱意は大変なものだったんですよ。母親は無論何も知らないですよ。学校なんか行ったことないし。家庭での言語は無論、朝鮮語。田舎だから朝鮮語以外ない。ただ、両親が全然学校に行ったことのない人たちだったけど、その両親とも頭が良かったみたいで、そのおかげで僕も頭が良かったんですよ。小さいときね。

家族の名前：父親の名前は覚えていますがね。母親の名前は全然知らない。名前を聞いたことがないんでね。父親の名前は知っていますがね。母親の名前は聞いたことがない。僕らの子どもの時の朝鮮の農村っていうのはほとんどそうですよ。母親の名前なんていうのは、ほとんど知らない。父の名前はリ・ハマ（李・翰夏）。母親の姓だけは知っています。ソン（宋）氏です。兄弟の名前は兄がウォングニとハックニ、そして僕がサングニ[4]。妹はマニ。サングニは子どもの時の名前です。朝鮮人はね、代々、代が変われば必ず一字を継ぐことになっているんです。それで僕の家柄はね、僕らの代は「殷」の字をね、付けることになっているんですよ。ところが父親が、その進歩的な運動に影響されたもんだから、それをしないで子どもの時、僕の名前をサングニってつけたんですよ。それで子どもの頃はサングニって呼ばれていたんですがね。戸籍に「殷直」となっているもんだから、普通学校に入ってからは戸籍どおりに名乗るようになったから、それで殷直になったんです。兄弟の中で、僕だけどういうわけだか、この殷の字をつけています。父親が誰かに無理やりに薦められたんでしょうね。それでこういう字に僕だけなっているんです。

村の私塾：僕ら兄弟が小さい時にね、ソウルから来た若い青年たちが田舎に小さい塾を作って教え始めたんですよ。植民地になった直後に国が無知だからと言って、若い青年たちが全国的に塾を作る運動があって、その青年たちが田舎に来て塾で教え始めたんです。それで僕なんか五つ

ぐらいの時から教わり始めたんですよね。学校ができる前に。朝鮮総督府が公立普通学校の体制をきちんと整える以前の話。その時に男の子だけ、そういう田舎の塾に通わされたんだけど、教える先生がしょっちゅう警察に引っ張られるような、そういう弾圧を受け始めたものだから、結局、田舎の塾が皆潰れて、その頃、やっとできた公立普通学校に通い始めたんですよ。だから、塾で普通の小学校で教わるような学問を習っていたものだから、朝鮮語が主だけれども日本語もあったんですよ。日本語もちゃんと教わっていたんです。塾の人数はせいぜい一つの塾に20人か30人くらいでした。私が通っていた塾の名前はたしか東光義塾[5]と言いました。僕は小さい時はね、全くおとなしい子でね、村の同じ歳ぐらいの子とはあまり遊ばなかったんですよね。もういじめられるから。小さい子どもっていうのはおとなしい子をいじめるんですよ。だから僕はそういう仲間に入らなかった。他の子とは遊ばないで、塾にへばりついて、それで小さい時から教わったんですよね。もう本当に小さい時から。だから小学校1年生に入る満6歳で、あの公立普通学校の3年に編入したんです。

村の書堂：書堂（ソダン）はね、漢文を教えるところで塾とは違います。塾は新教育を教えていました。書堂には男の子がほんの少し通っているだけでした。特に普通学校が出来てからは、書堂がなくなるんです。書堂に行っていたような子たちは皆、普通学校に行き始めたからね。

遊びなんてない：遊びなんていうのはもう……、貧しい農村でね。遊び道具がある訳がない。学校が僅かな運動用具を備えているだけで。だから遊びなんていうのはもう全く原始的な……。何もないから、僕が小さい時はあんまり遊んだ経験がない。それは子供だから皆でふざけあうような事はあっただろうけれど、それ以外に何にも遊ぶことを知らないような、そういう育ち方でした。この時の朝鮮の田舎っていうのは貧しかったからね。遊び道具がある訳ではないしね、全く原始的な遊びですよ。

【普通学校から丁稚奉公へ】

　貧しいながらも先進的で、教育を受けることを重んじていた両親に育てられた李殷直氏は、私塾で学んだ後、普通学校に入学する。幼い頃から聡明だった李殷直氏は、6歳の時に普通学校の3年生に編入し、5年生で父親を亡くしてからは校長の特別な計らいで何とか卒業することができた。その後、日本人の経営する商店に丁稚奉公に出たが、最初の主人からは虐待を受け、それに耐え続ける日々だった。幸いにも次の奉公先からは可愛がられ、たくさんの書物に出会った。日本に行けば苦学しながら勉強することができると留学の決意を固くした。

普通学校3年生に編入：僕は小学校1年に上がる、まだ6歳の時に公立普通学校の3年に編入しました。できたばっかりの公立普通学校で、校長が日本の人ですよね。その時の授業料が月70銭だったんだけど、田舎だからその70銭が大変な金だったんです。僕が普通学校5年の時に父親が死んだんですが、父親が死んで授業料が払いきれないから、退学する他なかったんですがね。その時の日本人の校長がね、全く面白い人で、同情したんでしょうね。小さい子供が3年に編入して頑張っているもんだから、物凄く可愛がってくれて、その校長が他所に転校したような手続きを取ってくれて、授業料免除で普通学校を卒業できたんです。そういうような少年時代を送ったんですよ。だけど無論、上級学校に進学できるような家庭じゃないですからね。小さい時から日本人の商店の小僧に雇われて、随分長く小僧生活をしたもんです。

普通学校の規模：普通学校の名称は新泰仁公立普通学校[6]。田舎の普通学校だから全部の学年に1クラスしかないんです。クラスの人数は大抵50～60名ぐらい。全部男の子ばっかり、女の子はほとんど就学出来ないからね。3年に編入した時に女の子が一人いたんだけど、それが途中で転校しちゃったものだから全然いなくなっちゃった。朝鮮の農村っていうのは全く酷かったですからね。女の子が学校に行くっていうのはもう本当に稀なんで、都会地以外は。日本人の場合はね、朝鮮に移民して、商売なんかやっている日本人の場合は、義務教育でね、ちゃんとやっていたけれど。その代わり皆小さい学校だけどね、そんな数が多くないか

ら。だけれども100パーセント就学して、女の子もきちんとやってたけど、朝鮮人の場合はもう本当に話にならなかったんです。僕らが幼い頃は。

普通学校の就学率：僕らの子供の時はね、全く貧しくて、総督府の政治っていうのもこの頃はあんまり熱心じゃなかったから、ほとんど学校に行かなかったですよね。だから僕らが育った村で学校に行かれたのは2、3パーセントくらいじゃないですか。都会地はいくらかいいんだけど、田舎で就学したのは男の子が2、3パーセントだけ。学校に入ると、この貧乏たれが学校に行くって、年中悪口を言われたものです。まぁ、酷いものだったですよ。田舎の就学率が高まったのは1930年頃からかな。新泰仁普通学校までは1時間ぐらいかかりました。田舎ですからね。僕らの時はその1時間も歩かなくちゃならない上に毎日だったから、子どもの時は学校に通うのが大変でしたよ。雨の日なんかもう大変でしたよ。

日本人への反感：湖南線[7]という鉄道ができて、僕は新泰仁という町に通うんですが、もうそういう町には日本人が来ていてね、日本人用の小学校がちゃんと別にあって、100パーセントが就学。その時期、朝鮮に移民した日本人がそんなに豊かであるわけがないんだけれど、それでも朝鮮人の生活とは雲泥の差なわけです。だから、日本人に対してはやっぱり民族的な反感がありました。小さい時からそういう雰囲気ですからね。日本人とは付き合った事もないし。だから日本に対する反感は物凄いものでした。

丁稚奉公時代：僕の場合は普通学校を卒業した年に、日本人の家に小僧に雇われているからね。朝鮮に移民した日本人の中には色々な人がいてね。僕が最初に雇われた家は若い人間で、常識というものをもう何も備えていないような人だったから、無茶苦茶にいじめられましたよ。もうしょっちゅう引っ叩かれて、虫けらのように扱われました。僕のその雇い主は、そこそこ頭が良くて、早くに海軍に志願してね、それで曹長[8]ぐらいか何かの位で退役になるんですよね。自分が軍隊で教わった、その暴力行為だけをやればいいっていうふうに、それで自分じゃ、ちゃん

としたしつけをしたつもりでいたんでしょうけれど。優しい日本人もいるんだけれど、植民地に行った日本人っていうのはね、朝鮮人の前で威張って、無茶苦茶なことを平気でやるように仕付けられていたんですね。だから酷いもんでしたよ。その虐待は。でも、日本人に対して反感は持っていたけど、働く場所は日本人の家の小僧に雇われる以外、働く場所がないんだから、だからどんな虐待を受けても我慢する他なかった。それで、そこを辞めて、2度目に行った家の日本人はね、全く優しい人だったから、そこでは本当に大事にされた。叩かれるような事は1回もなかったんだ。主人が持っている小説を僕は片端から読んでいったからね。そこで僕の個性が伸びて、将来勉強しようっていう気持ちになって、それで日本に来る気になったんですよ。

【日本留学への道】

　日本留学はそう簡単なことではなかった。しかしながら李殷直氏の固い意志は諦めることを知らなかった。渡航証明を発行してもらうために25回も警察署に通い、とうとう夢を実現させた。

　日本に渡ってからも、就職差別や特高警察の尋問など朝鮮人学生であるが故の過酷な経験は続いたが、進学先の学校では差別を経験することはなかった。苦学しながらも映画や文芸に親しむ学生生活を送ることができた。

渡航証明：日本に来るためには渡航証明っていうのがいるんですよね。それをもらうためにとにかく25回も警察に行ったんだから。日本に来たのは奇跡みたいなものです。最後は警察の、日本人の刑事がね、渡航係がすっかり同情してね。色んな便法を考えてくれて、それでやっと日本に来ることができたんです。うろ覚えですが、たしか日にちは5月の13日だったと思います。麗水[9]を出て、下関に着きました。もう日本に行けば勉強が出来ると思ったからね。もうとにかく勉強したいもんだから、日本に行けば苦学ができるっていうもんだから。もう死に物狂いでしたよ。

日本名（通名）：日本の名前を名乗るようになったのはこちらに来てから。下関から東京に来るときに、親切な日本人から教わったんですよ。

朝鮮人と名乗ると、もの凄く馬鹿にされるから、それだけ日本語が上手いんだから日本名を名乗れと、そして日本人のふりをしろって、そういうふうに日本人から教わって……。だけど東京へ来てもね、結局、働く所はガラス工場しかないんですよね。かえってね、日本人は朝鮮人が日本名を名乗ることを馬鹿にしていましたからね。だからその、プライドから日本名を名乗る事はしなかった。

創氏改名：朝鮮総督府の政策で、朝鮮人は皆、日本式の名前を付けろっていう命令が出るんですよ。強制的に付けさせられたんです。その時に、「李」[10]っていう、李王家の直系はね、「国本」とか「宮本」と付けたんですよ。でも、その名前をほとんど使ったことがない。役所へ届けを出すときとか、日本名を名乗らないといけない時だけ使ったのであって、普段は使ったことないです。無理矢理付けさせられた名前だったからな。

キリスト教との出会い：朝鮮には非常に早くからキリスト教が入っていたから、朝鮮にはキリスト教信者が凄くたくさんいるんですよ。だけど、家はそういう事とは全然縁がなかったから、その時期はそんなの全然わからなかったけど、日本に来てからですよ、教会に興味を持ったのは。僕は何でも小説を読んでいたから、クリスチャン上がりの、小説を随分読んだから、興味は持っていたね。信仰を持つということは精神を強めるために必要だと、そう書かれたものをいっぱい読んでいたから。友人から誘われて、教会の宣伝用のパンフレットをもらったので、東京で初めて教会に行きました。本郷に中央会堂[11]っていうのがあるんですよ。メソジストの日本人の教会。そこに2、3年間は一生懸命通ったんだけど、やっぱり段々、こんなものは自分とは縁がないっていうふうに自覚したもんだから、行かなくなりました。

夜学の商業学校：東京には夜間の商業学校が多かったです。中学校時代は昼間の学校には通ったことがないけれど、夜学には朝鮮人は割り方、多かったですよ。東京に来て最初に入学したのは日大の付属商業[12]です。本所にある。その次は転校して、駿台商業[13]っていう、駿河台商業

を出たわけです。まぁ、担任の先生以外にはそんなに深く付き合った先生はいないけど、僕はどういうわけだか、担任の先生からは凄く可愛がられました。要するに、おとなしくて勉強が良くできたからだと思うんですけどね。決して悪ふざけしたりしなかったから、担任の先生から随分可愛がられましたよ。

特高警察：日本の政策だったんでしょうね。朝鮮人は日本の警察じゃなくて、特高係[14]が直接担当するんですよね。もう特高係はね、朝鮮人をいじめることが商売だったんだから。苛められましたよ。僕は。もうどこに行ってもとにかく……。汽車に乗るとね、学生時代に汽車に乗るとね、必ず特高が調べに来るんです。もう必ず。そうして、しつこいんですよ。ひどい時には3時間ぐらい、簡単な時でも30分くらいは尋問されました。朝鮮人の学生っていうのは皆、反抗するって言って、独立運動をすると見られていたんですよね。だから酷いもんだった。殴りはしないですよね。反抗すると殴りますけどね。ただおとなしく答えている限りは殴らない。だけど、それは酷いもんでしたよ。連絡船に乗るとね、専門学校以上の学生は皆、独立思想を持っているっていう前提で調べるんです。何かもう、でっち上げようとしてね。罠に引っ掛けて、それで調べるんです。僕はそれで特高に捕まって、大学生時代に放り込まれたことがあるんですよね。随分拷問にもかけられましたよ。

就職差別：朝鮮人は就職なんかできませんよ。もうどこ行っても差別される。朝鮮人を雇うのはね、日本人が来ないような職場。だからガラス工場なんていうのはね、とてもきつい労働だから、日本人が勤まらんから朝鮮人を雇うんです。事務職なんていうのは絶対に雇ってくれなかった。大人になってからは砂糖工場なんか行って働いたことがあるけれど、子どもの時はね、ガラス工場の下端のきつい労働以外はなかった。

日大予科と法文学部芸術学科：夜間部の予科に入ったんですよね、日大の。その時、夜間部の予科は日大しかなかったから、それで日大の予科[15]に入って、それで途中で昼間に転校しました。夜間の予科にいたのは半年ぐらいですね。小説を書くつもりで芸術科に入ったんですよね。予

科は2年間で、学部は4年間通ったよね。昼間に変えたのは、何年だったか忘れたけど、大学卒業したのが23歳だったかな。予科の時は学級数が1学年で2クラス、1クラスの人数が57人。女子学生はいなかったな。夜間の学校ばかり行ったせいか、僕は理科を全然習ったことがないんですよ。だから理科は全く苦手でした。

学校には差別なし：大学に入るとね、専門学校以上になると、学校じゃ朝鮮人を差別しないですよ。学校では就職差別のような、そういう差別は全然なかったですよ。夜間の商業学校もそうでしたね。日本人の学生がね、朝鮮人を差別するっていうことはなかった。勉強がよくできればそれで良いんで、学校っていう所は。一般社会とは全然違うんですよ。だから僕は学校に通い出して、全くその差別されたことないですよ。学校の中じゃ。

文芸部の活動：僕は小説を読むことが好きだったから、文芸部の活動は随分やりましたよ。日大の予科に入ってね、昼間に転校すると文芸部がなかったもんだから、僕が作ってね。色んなところに見学に行ったり、研究会をやったり。日本人の学生と朝鮮人の学生は皆、仲が良かった。僕は映画を観るのが大好きでしたからね、本当に。もう何でも観ました。大学を卒業してからは楽なもんでしたよ。大学卒業ともなると、能力によって採用しますからね。だから朝鮮人だからと言って差別された事はないですね。職場に入ってから。

民族団体：植民地時代、朝鮮人は団体なんか作れませんよ。朝鮮人が団体を作れるのは1945年以後です。だから僕らが大学に行っている頃は民族団体なんてある訳がないです。マルキシズムとか共産主義とか、戦前はね、そういう勉強はできないですよ。弾圧が厳しいから。戦後ですよ、そういう勉強ができたのは。何にもしてなくても、特高に連れられて、僕は大学卒業前、検事拘留になってひどい目に遭ったんですから。協和会[16]とは何の関係もない。留学生は協和会には全然関心ない。僕はその、戦前、東京に来てね、朝鮮人のルンペンがたまる、放り込まれる、そういう団体みたいのがあって、苦学していた時にそこに放り込ま

れて、その関係で知り合いはあるけど、留学生はそういった団体には全然関係ないです。

東京大空襲：3月10日の東京大空襲で本所、深川が全滅した時、僕は本所に住んでいましたからね。本所の横川橋。僕の住んでいる所は全滅。綺麗に焼け出されてしまった。死なないで助かったのが不思議なくらいで。僕は同潤会[17]アパートに住んでいましたからね。鉄筋コンクリートの建物だから、空襲なんか起きても大丈夫だと思って安心していたら、3月10日に綺麗に焼かれちゃっていました。あの時、日本政府の発表じゃ、10万人死んだって言うけど、35万人死んだんです。あの時の政府発表は出鱈目なんです。周りはみんな死んじゃった。空襲に焼かれてからは苦労しましたよ。配給生活ですからね。本当に食べ物には苦労しました。僕はね、飲兵衛だから、学生時代からビヤホールにはよく行ったんですがね。もう戦時中、統制になってから、本当に苦労しましたよ。

神宮大会と拘留：卒業直前にね、戦時中だったけれど、毎年恒例の神宮大会[18]っていうのがありました。日本のスポーツの代表選手たちがみな集まって選手権を争うわけですよ。毎年、バスケットボールは立教大学が優勝です。ソウルの延禧専門学校[19]にチラホラ強い選手がいて、彼らがみな立教大学に入っていたんです。それでバスケットボールはその延禧専門の人たちがいるおかげで立教大がいつも勝つんです。サッカーはね、蹴球の地区大会は決まって朝鮮の代表チームが優勝していたんです。それで毎年、神宮大会になると、東京に来ている朝鮮人留学生たちがね、もう大挙して応援にいったものですよ。僕もスポーツを見るのが好きだから、毎年欠かさず行ったけれど、サッカーの試合はいつも朝鮮が優勝するわけです。それだから、もう圧倒的に強いチームがたくさんあったんだけれど、クラブチームが皆強いもんだから、クラブチームを出場できないようにして、それで職場チームの選手権になったわけだ。当時、日本は日立が強かったんですよね。ところが朝鮮の代表チームが今度は職場チームになって、もう名もない代表チームが、所謂、精米工場なんかの代表チームが来たんですがね、決勝戦で日立と大接戦をやってね、その朝鮮の代表チームが勝ったんですよ。そうしたらその時、東

京に来ている専門学校以上の朝鮮の大学生が2万人ぐらいいたんですよね。それが全部応援に行ってね、まあ大変な騒ぎをしたんですよね。朝鮮代表チームが試合に勝ったからね、まぁ感動した。朝鮮の留学生たちがグラウンドに雪崩れ込んで選手を抱えて踊りあった。そしてその日、本部でグラウンドから引き上げろって言うのに、もう言うことを聞かないで暴れまわったんですよ。何時間も。その時、日本政府はカンカンになってね、それで警視庁が留学生を片端から検束したんですよ。朝鮮人の専門学校以上の学生をもう片端から検束して、僕もその時検挙されてね。学部の3年生の時なんですが、酷い目にあったんですよ。要するに、朝鮮の留学生を検挙すると、警察ではなくて警視庁が調べるんです。そうして「お前ら、独立運動に加担したろ」って訳で、凄い拷問にかけられて酷い調べをするんですよ。僕はそれにやられたんですがね。どうしても実刑にしようって、それで検事拘留になって、とうとう卒業できそうになくなったんだけど、不思議な因縁ですよね。僕を入れた本所の太平警察、そこの特高の主任がね、たまたま日大の予科出身で、そのおかげで、自分が入れたくせにね、僕に同情して釈放するために動いてくれた。とうとうそれで、主任はね、特高の主任を首になって、警視庁の自動車係の主任にさせられたんです。要するに朝鮮人の釈放のために、朝鮮人を釈放させるために警視庁に日参して、そういうことやったもんだから、その特高主任は憎まれたんですよ。

卒論：捕まったのは卒業前だから、釈放にならなきゃ卒業できない訳です。論文は清書している最中ですよ。下書きをしてね。それだから、藁半紙に書いた下書きをね、留置所に入れられた所の、あの刑事が僕の部屋から持ってきて、それで学校の先生を警察に呼んで、それを持たせてくれたんです。皆、特高の主任がやったんです。特高の主任が僕に同情して、学校を卒業させないと可愛そうだっていう訳です。そのために……。留置所で卒論を仕上げたんです。

日本の敗戦：僕は日本が戦争に負けることはちゃんとわかっていましたからね。学生時代から、いろんな論文を読んでいたから。僕の学生時代、既に日本の専門の学者はこんな戦争が長引けば、日本は大変な目に

あうってことを予告していたんですから。総合雑誌にそんな論文が出ていたんです。僕はそれを読んで確信していた。日本の本当の知識人はね、こんな無茶な戦争をしたら日本が潰れるってわかっていたんです。日本の本物の学者たちは。だからそういう警告を、論文なんかを回りくどく書くんだけど、僕はそれ読んでみなわかっていたんです。僕は学生時代よく勉強していた学生だったから、論文を読むのが好きでね、図書館に行ったらそういう論文ばっかり読んでいたから。こんな戦争やっていたら日本は必ず潰れるってこと、僕にはわかりきっていたんです。良心的な学者はみな、それを予告していたんです。だからそういう人たちが、日本の政治を執っていたらね、そんな無茶はやらなかったんでしょうけど、出世主義者ばかりが役人になって、でたらめな政治をやったから日本は潰れたんです。それでも日本は運がいいんですよ。戦争に負けてね、アメリカが占領したから、アメリカ人は大雑把だから、だから日本が何でもアメリカの言うなりになるもんだから、すっかりいい気になって。日本はアメリカに好きなようにやらせたから、こんなに復興したんですよ。アメリカ人が日本人みたいな性格だったらね、日本はひどい目に遭うはずですよ。朝鮮がね、植民地時代にあんなにひどい目に遭ったのは、要するに日本人の性格からそんなになったんです。

軍事教練：軍事教練は夜間部の時はなかったけど、昼間の学校ではもう必ずやらせたんです。戦前の日本の学校の教練は厳しいですからね。新兵さんが軍隊で受ける基礎訓練は学校では必ずやりました。鉄砲を持たされてね、それは厳しいもんでしたよ。僕は、徴兵は関係なかったから。僕よりずっと後で、朝鮮の青年はみな徴兵に引っかかったけど、僕らが学校に行った頃は、まだ僕らには関係がなかったから。それでも学校じゃ、軍隊と同じくやらされるわけですよ。1週間に教練は2回ぐらいですよね。2時間単位でね。

特殊な環境：僕は特殊な環境で育ったわけですよね。あんなに小さい時に学校に行ったってことも特殊なんだけど、あんな小さい歳でね、小僧に行った事も特殊なんですよ。あんなに小さい時に小僧に雇われるはずないですよね。でも家は貧乏だったから、しょうがなかったけど、本当

に小僧に行って、最初に行った家じゃ酷い目に遭いましたよ。何の教養もない男だったから、まあ彼自身がちゃんとした家庭で育ってないんですよ。何も世間を知らない、全くの野育ち。朝鮮に行って、ただ威張ればいいって事だけ教えられて。所謂そういう特殊な環境で僕は育ったんですよね。日本に来られたのは、偶然の幸運みたいなもんだけど、小さい時から本を読むのが好きだったから、日本に行けば勉強できるっていうふうに漠然と思い込んでいたんです。要するにそういう意思だけは強かったですよね。だから念願の学校に行かれたわけです。それでもう奇跡みたいなもんですよ。僕が育った環境っていうのは。

【年表】

1917.8.24	全羅北道井邑郡浄雨面に生まれる。両親は小作農。5男3女の5男。
1922	父親が自宅舎廊房で塾を開設するも、農村赤化運動の嫌疑で閉鎖命令。
1924.9	公立新泰仁普通学校の編入試験受験。日本人校長の独断で3年生に編入。
1927.1	父親逝去。日本人校長の配慮で「もぐり」で学校通学を継続。
1928.3	公立新泰仁普通学校卒業。野良仕事などを手伝い過ごす。
1929.1	郷里で日本人薬屋の小僧となる。2年間勤め、また他の日本人薬屋の小僧として働く。
1933.5	日本への渡航許可降りる。関麗連絡船で渡日、屑屋をする。
1934	上京。本所区(現墨田区)大平の相愛会館に居住し、硝子工場で働く。
1935.1	1月、研数学館の英語講座を受講。3月、同数学講座を受講。
1936	甲種の夜間商業(日本大学附属商業学校)編入試験に2年飛び級で合格。中等学校卒業資格を2年早く取得するために駿河台商業学校へ編入。
1937	日本大学文学部予科合格、2学期から昼間部(予科文科)へ転学。予科文科の文芸部で活動。ゴム工場で働く。
1938	賀川豊彦氏の講演をきっかけに、メソジスト派本郷中央会堂に2年ほど通う。
1939	日本大学文学部予科卒業。本科芸術科に進学。芸術科の雑誌に小説「ながれ」を掲載し芥川賞候補となるも、警視庁検閲に引っか

	かり連載を中断される。卒論のためにソウルを初訪問。日本大学学長の紹介で、京城帝国大学の講師から民族文学の個人指導を受ける。
1940	ソウルで入手した「朝鮮演劇史」を翻訳。春香伝を卒論に計画。
1941	検事拘留され卒論を留置場で仕上げる。大学では繰上げ卒業式が行なわれる。
1942	「学芸通信社」に入社、日本文学者たちに編集者として会う。秋には用紙難で、学芸通信社機能停止。厚生省の中央興生会新聞局へ就職。
1945	朝鮮人連盟(以下、朝連と略記)文化部の仕事に就く。地理教科書執筆。
1946	朝鮮語辞書の復刻、成人向け講座の担当など朝連の職務を行う。東京朝鮮中学校開校。
1947	朝連・江東支部委員長に就任。「春香伝」執筆。
1948	朝連文教部長として、オペラ「春香伝」(藤原歌劇団)の上演や在日朝鮮文学会設立に奔走する。東京朝鮮中学校に高等部を併設。
1949.12	前年からの朝鮮学校に対する学校閉鎖命令に対応し、文部省・東京都教育委員との折衝に当たり、東京朝鮮学校を都立化する。
1951	横浜朝鮮中学校校長となり、翌年にかけて学校存続のため、神奈川県の各種学校認可や高校増設につくす。
1955	在日朝鮮人総連合会(以下、総連と略記)結成される。朝鮮民族学校は総連傘下の各種学校となる。
1960	財団法人朝鮮奨学会理事となる。以後30年間育英事業に携わる。
1975	神奈川大学講師となり20年間、朝鮮語を教える。
1984	『李殷直短編集 任務』(朝鮮文)朝鮮文学芸術出版社より刊行。
1997	『朝鮮の夜明けを求めて』全5部 明石書店より順次刊行。
2002	長編小説『ある同胞商工人の話』(朝鮮文)朝鮮文学芸術出版社より刊行。
2005	『新編 春香伝』高文研より刊行。『物語「在日」民族教育の夜明け 1945年10月~48年10月』高文研『物語「在日」民族教育・苦難の道 1948年10月~54年4月』 高文研

(出典)李殷直氏著作に掲載の各年譜等を参考に作成。

【註】

1　光村図書出版発行の小学校3年生用国語教科書「さんねん峠」の挿絵でも知られる。
2　明石書店、1997年9月　副題はそれぞれ「第一部　植民地の小僧」、「第二部　働きながら学ぶ」、「第三部　青春と大学」、「第四部　生きる模索」、「第五部　生きのびるために」の5部からなる。なお、解放後の自伝小説としては高文研発行、2部大作『物語「在日」民族教育の夜明け　1945年10月～48年10月』2002年、『物語「在日」民族教育苦難の道　1948年10月～54年4月』2003年、がある。
3　新暦では、8月24日。
4　永鎮（ヨンジン）（母親の連れ子）、元根（ウォングン）（父親の先妻の息子）、忠根（チュングン）、学根（ハックン）、そして相根（サングン）（殷直）。名前の最後が母音を含まないn音であるため、呼ぶときはiをつけてニとなる。サングン→サングニ。
5　書堂は1918年の「書堂規則」により朝鮮総督府の監視、取締りの対象となり、1922年頃から減少した。一方で「愛国啓蒙運動」の流れを汲む私設学術講習会や夜学講習会の開設などが教育運動として盛んになる。李殷直氏が通ったという東光義塾は特定できないが、この時期、「朝鮮全土で2,000箇所以上の講習会が開催されたと推測される」（渡部学「朝鮮における「副次」的初等教育施設」（下）、『武蔵大学紀要』2巻、1964年、52頁）とあることから講習会の一種であったとも考えられる。
6　1923年5月創立、井邑郡には当時10校の普通学校が設置されていた。1922年、李殷直氏の父親が塾を閉鎖させられた翌年の創立である。李殷直氏の卒業時は全校生徒数約350名。
7　日本が朝鮮に最初に敷いた鉄道が京釜線（京城―釜山）だった。大田（忠清南道）から論山を経て、全州平野の東側に沿って裡里―金堤―新泰仁―井邑へと至り、井邑から全羅南北道境界を貫いて光州の平野に入り、光州・松汀里等の諸邑を過ぎ木浦港に達する国有鉄道線。湖南は全羅道地方の別名。総督府は鉄道敷設に意欲的で1910年5月測量開始、8月に日韓併合後更に急設の必要を生じ、10月に西側の港町木浦に建設事務所を設け、この方面からも起工した。起工以来4年余を経て1914年1月に井邑・松汀里の竣功を最後として、全線の営業を開始するに至った。京元線（京城―元山）と同時期に建設された。（朝鮮総督府鉄道局編『朝鮮鉄道四十年略史』、1944年）
8　軍隊における階級呼称であり、元帥を頂上に大将の将官→大佐の佐官→大尉の尉官→准士官を経て下士官と下る。下士官中では軍曹が曹長、伍長より上に位する。下士官の下が兵。
9　全羅南道にある漁港町で当時は麗水邑。川崎汽船の関麗連絡定期船開始により商港都市となっていく（民衆時論社編集『朝鮮都邑大観』1937年版、民衆時論社）。麗水半島一帯の多島海に面し風光明媚。壬辰倭乱時に李舜臣が亀甲（コブク）船を指揮して日本軍を破った閑麗水道でも有名である。下関と釜山を結ぶ関釜連絡船が移動の交通機関として知られているが、李殷直氏は麗水から乗船する方が慶尚南道の釜山まで行くより汽車賃が安いから選んだ、との事である。

10 「李」姓のうち、全州においては本貫全州「李」姓が多くを占めているという。「朝鮮人は従来姓を用ひ、内地人は氏を称して来たが、現行民法に於いては、氏の一稱として制定し、姓を認めてゐない。されば朝鮮人も今後速やかに氏を創設すべく昭和十四年十一月十日、民事令中改正の件が公告せられたのである」（『韓国地理風俗誌叢書（92）全州府史上』1942年、景仁文化社復刻版）。朝鮮の家制度伝統文化の姓を破壊し日本式氏を強要したのが創氏改名であり、皇民化政策の中でも最も苛酷な一つであった。李殷直氏は日本（内地）で会社の仕事上は時に「国本」を名乗っていた。

11 1890年プロテスタントの一派であるカナダのメソジスト教派所属の宣教師により文京区本郷に創立された。社会の改革によって人々に神の救いがもたらされるようにと、名称は「教会」ではなく、超教派的立場を示すためにモーゼが荒野でテントを聖所としたことに由来して「中央会堂」（Central Tabernacle=日本の中央の天幕の意）とした。唯物論や無神論を信奉する当時の風潮に対抗するために、学生にも伝道する目的で本郷の地を選んだという。1929年現在の姿に再建され、「本郷中央教会」の名で建物は登録文化財指定を受けている（本郷中央教会HP他より）。

12 夜間部で8月に編入試験の募集があり、李殷直氏は受験を決めた。現在は両国駅（当時は本所区）近くの日本大学第一高等学校となっている。

13 1918年に東京高等受験講習会として発足した、現駿台予備校の前身校。「有名な講義録を発行している建物」と李殷直氏は自伝小説で書いている。4年間で卒業できる甲種商業学校で、李は3年に編入して、5年制学校の4年に入学したと同じ身分（学籍）になった。日大商業と合わせて、中等学校卒業資格を2年間で取得するわけである。

14 特別高等警察の略。各警察署には特高課が置かれており、李殷直氏も故郷で渡航証明書を得るために通った。組織系統としては内務省の直接管理下に置かれ、府県知事や警察部長の指揮を受ける一般の警察とは別個の命令系統を有していた。李殷直氏が検事拘留体験を述べる箇所（神宮大会と拘留）があるが、普通の犯罪であれば身柄が警察から検事局扱いで拘置所に移されるところ、特高関係では身柄を警察に拘留したまま検事拘留となるので留置所暮らしが長引くことになる。

15 　1918年の「大学令」により設置された高等教育機関で、大学本科、すなわち学部に進学する前段階としての予備教育を行う機関。私立大学予科は3年制と2年制の2部を併置する予科も多く登場した。旧制中学卒業が入学資格であった。李氏はまず夜間の予科から昼間の予科へ。そこから日大法文学部芸術学科に入学、卒業する。現在の日大芸術学部前身の専門部芸術科の方が、恵まれた環境であったと殷直氏は語るが、どちらの芸術科も在日朝鮮人が、入りやすく可愛がられた大学であったとよくいわれる（一例としては、金達寿も10歳で来日し中学卒の資格がないので義弟名で受験して日大法文学部国文科に入学・卒業した）。

16 （在日）朝鮮人管理のため官制団体。アジア・太平洋戦争が激しくなるとともに渡日する朝鮮人が多くなり、また、強制連行が始まった1939年に全国すべての都道府県に結成され、強制連行労働者を含めて日本にいる朝鮮人すべてを会員にした。会員は「協和会会員章」がついた「手帳」を携帯していなければならず、またそれを見せないと故郷との往来もできなかった（在日韓

人歴史資料館 HP 樋口雄一の説明文)。
17 関東大震災後に発足した財団法人同潤会が東京・横浜に建設した鉄筋コンクリート造りの集合住宅。近代日本で最初期の鉄筋コンクリート造りの集合住宅として貴重な存在であり、居住者への配慮が行き届いたきめ細かな計画などの先見性が評価されている。殷直氏が住んでいた横川橋(現墨田区)近くの同潤会柳島アパートは 1926 年に建設されたもので、話のように東京大空襲で焼けてしまう。残った建物は老朽化にともない建替が進む一方、歴史的建物として保存運動も起きた。
18 神宮競技場で 1924 年から 1943 年まで、毎年全国競技大会が行なわれた。毎年 11 月の明治神宮例祭を含む一定期間に開かれた。李殷直氏たちが朝鮮職業チーム優勝の喜びで騒いだ時は、明治節 11 月 3 日であった。出場チーム(選手一般)は全国地方別 9 地区と、台湾、朝鮮、関東州を含めた 12 地区ごとに予選を行い選出された。この大会は現在の国民体育大会を創設する際にも影響を与えた。
19 朝鮮の最初のミッションスクール、アンダーウッド学堂(儆新学校)の流れをくむ。植民地期の 1915 年に儆新学校大学部と培材学堂大学部が統合され、延禧大学が設立され、17 年 3 月に私立延禧専門学校として認可された。解放後の 46 年に延禧大学として再出発し、57 年にセブランス医科大学と統合、延世大学校となる。

【付記】

　本稿を作成するにあたり、李殷直さんには御自宅で 2 日間、お食事をご馳走になった時間も含めると 10 時間近くに及ぶインタビューに応じていただいた。御家族の朴民宜さんにも一部、御同席いただいた。93 歳という御高齢にもかかわらず、長時間にわたり戦前の学校経験、解放後の日本での諸活動についてお話くださった李殷直さん、そしてご家族のご協力に深甚の謝意を捧げたい。また、本稿の目的が「学校経験」を教育史資料として記録することにあるため、そこには収録できずに割愛した貴重なお話も伺っている。それについては今後、李、佐藤、芳賀の各自の研究関心に応じて、それぞれの研究に活かされていくことになるであろう。なお、本研究資料の作成は恵泉女学園大学平和文化研究所の研究助成(2010 年度)により行われたものである。

小原國芳の旧外地における新教育啓蒙活動について*

白柳弘幸**

1. はじめに

　帝国教育会会長・成城小学校長の沢柳政太郎は、1925（大正 14）年 9 月 20 日から 10 月 11 日まで、満鉄沿線各地・旅順・大連・青島・済南等へ視察旅行を行う。同行者は帝国教育会幹事・青山師範学校長の瀧沢菊太郎。沢柳は大連にて「新教育に関して」「新教育と成城小学校の実際」等の講演を行った[1]。沢柳は成城小学校を設立し新教育、自由主義教育実践に向けての指導的役割を果たし、1927（昭和 2）年 12 月に亡くなった。

　沢柳を恩師として慕った小原國芳は成城小学校同人たちと『教育問題研究』[2]を発刊し、沢柳の指導の下で新教育の研究と実践の発信に努めた。小原は『教育問題研究』以外に成城在職中に『イデア』[3]、玉川学園創立後に『学園日記』[4]『教育日本』[5]『女性日本』[6]等の雑誌を発行し、それらに身辺雑記の欄を設け、自らの動静について書き残した。これらの雑誌に書かれた記録には、日常生活のことや学内での教育活動にとどまらず、日本国内や外地での教育講演についてもふれ、どこで、誰と会い、何を話した等について述べている。小原が教育行脚と称した一連の教育講演は 1920（大正 9）年 5 月の福島師範学校附属小学校から始まり、1975（昭和 50）年 11 月の鹿児島短期大学で終わる[7]。半世紀以上に及ぶ教育行脚で、国内での訪問先の町村は 1000 を超えた。

　本稿は、新教育こそ真(まこと)の教育と述べ、その普及に生涯を賭けた小原が

＊本稿は、平成 22 年度～平成 24 年度科学研究費補助金基盤研究 (B) 課題番号 22330207「日本植民地・占領地教科書と「新教育」に関する総合的研究～学校教育と社会教育から」（研究代表者：西尾達雄）による研究成果の一部である。
＊＊玉川大学教育博物館

教育講演等のため訪問した外地での足跡をたどり、外地での新教育運動の広がりをとらえる手がかりとするものである。小原の教育行脚は招聘によるものが殆どであったが、自らの記録に主催者、招聘先については殆ど書かれていない。公刊雑誌であるから主催者や招聘先を隠す必要はないのであるが、毎回のように誰々から呼ばれたということを、ことさら書く必要はないと思っていたのであろう。今回、小原の記録をもとに現地発行の新聞記事等より主催者や招聘先、講演題目を明らかにした。

2．外地各地での小原國芳の動静

本章では、①訪問先　②訪問年月日・期間・出典　③小原國芳、他記述（簡略化）　④現地掲載新聞及雑誌記事（簡略化）・掲載紙名・発行年月日の順にあげる。尚、訪問日や訪問期間については東京発着日が記されているもの、現地の日付が混在している。小原の記録や掲載紙上の漢数字は固有名詞以外算用数字に直し、また句読点を入れ、長文を簡略化するため箇条書きにするなどした。掲載紙に小原の姓名の表記や身分等に誤記が見られたが原文のままとした。主催者・招聘先、講習会名には下線、教育講演の題目内容には波線を入れた。

（1）①朝鮮、全羅北道井邑・京城等
② 1924（T.13）8.10 ～ 8.15　[『イデア』 21 号 1924（T.13）9.20]
③全羅北道井邑の禅雲寺で講習会。講習後、京城の視学官高橋君の案内。自由教育問題で議論。新旧両思想の衝突。
④全北高敞郡教育会主催「教育夏季講習会」。同郡石黒面禅雲寺にて、講師は文学士小原國芳氏。演題は『教育の理論と実際』。[『京城日報』1924（T.13）7.22]
・京城基督教青年会では16日午後3時より、小原國芳氏を聘して教育座談会を催す。『脚下に横たはる教育問題』について講演。[『京城日報』1924（T.13）8.13]

（2）①樺太、泊居・豊原・大泊・真岡
②1927（S.2）8.4〜8.16［『イデア』57号　1927（S.2）11.20］
③泊居の室岡視学より講演依頼。2日目午後『親のための教育論』。3日目の晩餐時、個性尊重、芸術論。豊原、大泊、真岡で講演。
④小原國芳氏講演会、真岡で開催。泊居支庁管内教員講習会の講師として招聘された東京成城学園主事小原國芳氏は11日の講習会を終へると真岡に。目下開設中の夏季大学関係者が講演を依頼。［『樺太日日新聞』1927（S.2）8.11］

（3）①朝鮮、釜山・鎮海・大邱・京城・平壌
②1929（S.4）7.19〜8.3［『イデア』77号　1929（S.4）7.20、『学園日記2、3号』1929（S.4）8.1、10.1］
③7月21日、釜山で講演会。7月22日から26日、鎮海・慶尚南道教育会主催講演会。7月27〜29日、大邱、京城、平壌で講演会。
④慶南教育会および昌原郡教育会主催の夏期講習会は22日午前8時より鎮海高等女学校において開催。講師は教育科成城高等学校教授文学士小原國松氏、他2名。参加者は156名［『京城日報』1929（S.4）7.25］
・来る28日午後8時から長谷川町社会館で、京城府主催社会教育問題講習会を開催。講師は小原國芳氏。［『京城日報』1929（S.4）7.27］

（4）①台湾、台北・台中・嘉義・台南等
②1929（S.4）10.19〜11.3［『学園日記6号』1930（S.5）1.1、『第一教育』台湾子供世界社　1929（S.4）12］
③10月26日10時から台北高等学校の記念式。記念講演会講演。三沢先生より依頼。
・10月28日、台中、昼食は州知事や内務部長その他の歓迎会。台中小学校で講演会。
・10月29日、嘉義高等女学校で『皇室について講演』。公会堂で講演、『新教育と労作教育』。
・10月30日、台南第二高等女学校で講演。橋子頭の砂糖会社で講演。夜、台南公会堂で講演、YMCAの主催で『20年後の教育』
・11月1日、台北。指宿君の板橋校の小学生、婦人会に話。11時、第

三高等女学校へ。3時から樺山小学校で台北州教育会の講演。
・11月2日、台北。清水さんの第一高等女学校。第二師範、台北高等学校で講演。
④壮美を誇る　台北高校校舎　落成祝賀会。26日午後1時から……『価値転換』東京成城高校主事小原國芳氏の講演。[『台湾日日新報』1929（S.4）10.24]

（5）①満洲、大連・鞍山・遼陽・奉天他
②1930（S.5）8.5～8.23［『学園日記』14号 1930（S.5）9.1、15号 1930.10.1］
③8月17日、教育専門学校校長の前波先生、朝日教授と……。
・8月18日、夏の長い旅行、満洲から朝鮮、奈良……。
④小原國芳氏の講演　9、11日両日。満鉄地方課では今度我国教育界に名声嘖々たる成城学校及玉川学園の主事小原國芳氏を招聘……。尚、大連の講演終了後は鞍山、遼陽、奉天、撫順、公主嶺、長春、安東等に於いて順次講演会を開く。[『満洲日報』1930（S.5）8.8]
・全人教育の真諦を提唱する　満鉄から招聘されて……玉川塾々長成城高等学校長小原國芳氏はノブ子夫人同伴8日入港のばいかる丸で来連……。[『満洲日報』1930（S.5）8.9]
・小原氏の講演　17日開催。小原國芳氏の『家庭教育の実際』と題する講演は17日午後7時から満鉄倶楽部で開かれる。[『満洲日報』1930（S.5）8.15]

（6）①中国、上海
②1931（S.6）5.30［『小原國芳全集』日本新教育秘史2巻］
③欧州教育視察の帰途、上海に寄港。3時から5時、上海にある4つの日本人小学校と商業学校教師への講演。7時半から9時半まで講演。250名も……恐ろしく真剣。
④掲載紙未見。

（7）①満洲、奉天・新京・哈爾浜・斉斉哈爾・遼陽等
②1934（S.9）10.20～11.23［『女性日本』27号 1934（S.9）11.1　『同』

29号 1935（S.10）1.1］
③小原先生はこの程満洲国文教部の招きにより、10月20日東京発満洲に向はれ……
・10月22日、京城。同窓の高橋君、総督府の朝野さんら出迎え。京城ホテルで話す。
・10月24日、奉天師範の附属小学校見学。陳校長は玉川訪問者。商工会議所講堂で講演。新帝国は「労作教育」に対する熱望がある。
・10月25日、新京。午後、室町小学校で日本人の先生方100名位に『日本精神論』。
・10月26日、新京高等女学校で女性日本の会。『日本女性論』を話す。文教部訪問。自彊学校で講演。18年前から始められた満州の新教育研究校。校主の王荊山氏は新京の自治会長で財産家。新京教育会長の楊氏、科長の馬氏、市内の校長たち500名か。夕刻、文教部次長の西山氏。世界に率先しての徹底的の労作教育で進む計画。
・10月27日、新京女子中学校で講演。『労作教育』が題目。
・10月29日、哈爾浜日本人小学校へ。お母さんかたへ『母のための教育論』講演。第一中学校で満洲人の先生方へ『労作教育論』。夜、哈爾浜師範学校へ。生徒達の歓迎会。
・10月30日、斉斉哈爾。日語専修学校へ。校長は広島高師卒業生の干敬修氏。労作教育が盛んと。
・10月31日、新京、満洲国教員講習所生徒に『労作教育論』。
・11月1日、新京高等女学校へ『日本女性論』。
・11月2日、奉天加茂小学校の先生方へ『労作教育論』。午後、母の会、弥生小学校へ。
・11月6日、午後は講演会、満洲の先生方。夜、教育庁の方々と。
・11月11日、満鉄の学務課、市役所へ挨拶。旅順には恩師松崎鶴雄先生。（旅順の）代用附属小学校はえらい立派な労作教育。
・11月14日、奉天省の校長及優秀教師300名に『労作教育の各科の具体案』。夜、松下兄の実業学校の生徒達へ話。
・11月14日、遼陽。講演会場の女子師範学校へ。遼陽小学校で先生たちと『労作教育論』
④奉天教育会で『労作教育講習』。曩に奉天教育会は東京市外玉川学園

主小原國芳氏に依託し、各小学校職員に<u>労作教育に関する講習</u>を行ひ非常な好評を博したので、今回管下各県の中等初等学校教職員112名に対し……講習会を開催。[『満洲日報』1934（S.9）11.7]
・小原氏講演　10日の分中止。<u>満洲国文教部の招聘</u>により来満　……小原氏は同方面の天候不良に因り……来連の予定日時に遅れるために<u>大連市及び満鉄社会課共同主催</u>の同氏講演中、10日午後1時開催予定の分は之を取り止む。[『満洲日報』1934（S.9）11.10]
・労作教育の花を満洲に咲かせたい　ダルトンプラン教育法提唱の小原國芳氏来連す　……朝鮮経由、満洲各地を吉林、チチハル熱河方面まで視察して11日午後1時半着列車にて来連。[『満洲日報』1934（S.9）11.12]

（8）①中国、青島
②1936（S.11）7.28～8.7［『女性日本』48号 1936（S.11）10.15］
③・7月29日、青島。<u>村地教育会長、塩田、坂西理事</u>。第一の中村校長はじめ校長方。青島中学の鵜飼先生、北島君。第二小学校の榊原君、松下君。吉利青島学園長と横山君の案内で民団と総領事ら挨拶。吉利青島学園長は青島学院で支那学生と日本学生の教育。
・7月30日、四方小学校の母の会。午後は<u>教育会の講演</u>。
・7月31日、午前は滄口の父兄会。午後は青島、<u>教育会で講演</u>。夜は二小の保護者会。
・8月1日、8時から青島学院で、学院の生徒と青島中学校の生徒へ話。10時から第一小学校の保護者会。お昼は教育会の歓迎会。3時半から教育会で講演。
・8月2日、7時から三菱関係の集まり。8時から女学校へ<u>『日本女性の行方』</u>。10時からグランドホテルの婦人会。12時から広島高師の同窓会。2時から<u>教育会の講演</u>。
④掲載紙未見。

（9）①中国、上海
②1938（S.13）1.1～1.11［『教育日本』84号　1938.1.1］
③日時不明、大夏大学の総長、中国や日本の重要な人たちを招いて日支

問題、東亜問題についての懇談会。[『小原國芳全集　教育講演行脚・身辺雑記（2）』]
④掲載紙未見。

(10) ①朝鮮、釜山
② 1939（S.14）12.25〜26［『全人』86 号　1940（S.15）2.10］
③ 12 月 25 日、釜山第一小学校の豊田校長夫妻、社会主事の浦田さんらの出迎え。9 時より一小にて『労作教育論』『国民学校論』。遠く忠北あたりから視学さんたちまでが出席。午後 4 時、第二小学校の父兄会。夜は第一小学校の父兄たち
・12 月 26 日、9 時から 4 時まで。4 時から第六小学校の父兄会。7 時から先生方と晩餐会。
④掲載紙未見。

(11) ①朝鮮、釜山・大邱等。満洲、安東・承徳・撫順・新京・哈爾浜・佳木斯等
本記録は「皇軍慰問 1 万キロ」として、参加した玉川学園学生たちの短文によって構成されている。朝鮮・満洲に派遣されている軍への慰問が中心であった。朝鮮や満洲の各都市で小原による教育講演と学生たちのデンマーク体操、舞踊、合唱の公演が行われた。学生による記録のため自分たちの公演については述べているが、小原の講演についての記録は少ない。こうした講演旅行は国内でもしばしば行っており、前半は小原國芳の講演、後半は学生たちのデンマーク体操や舞踊の公演であった[8]。
② 1940（S.15）6.10〜7.25［『全人』92 号 1940（S.15）9.1］
③ 6 月 11 日、釜山。第七小学校で初めての公演。
・6 月 12 日、三島高女にて最初の公演。　第一高女、昼と夜 1 回。
・6 月 13〜14 日、普州。中学校、農業学校、師範学校。小学校、馬山中学校で公演。
・6 月 15 日、大邱。女子は大邱高女で棍棒体操、舞踊体操。男子は陸軍病院。その後、男女で公立普通学校、大邱の小学校へ。夕食後、公会堂へ、5 回目を踊る。
・6 月 16 日、京城。女子師範学校で棍棒体操、巧緻体操、舞踊、音楽。

・6月17日、安東。午後3時から、安東公会堂で。
・6月18日〜22日、奉天。国民学校、雪見高等小学校、朝日高女、第二女子国民高等学校、女子師範学校、陸軍病院慰問、治安部陸軍病院慰問。
・6月23日、錦州。夜、錦州高女へ。
・6月25日、承徳。日本人小学校にて公演。治安部病院と陸軍病院慰問。
・6月27日、撫順。七条小学校で公演。
・6月28日、新京。2時から協和会館で棍棒体操、体操、舞踊、合唱。夜7時、全満への音楽放送。混声合唱、男声合唱「海ゆかば」等。満鉄クラブで小原國芳先生の『教育立国論』。その後、公演。
・6月29〜30日、哈爾浜。午後4時、満鉄クラブの野外音楽堂で公演。哈爾浜花園小学校運動場で公演。3000人の見物人。
・7月2〜3日、佳木斯。午後2時から日本人学校で公演。夜8時から同校で「母の会」で小原先生が講演。その前に公演。陸軍病院慰問。午後3時から満系の小学校で公演。
・7月4日、牡丹江。午後2時から日本人小学校で公演。夕食後、厚生会館で公演。
・7月6日、延吉。農業学校にて、小原先生の講演と私たちの公演。延吉新富劇場にて、中学、女学校及高等科。陸軍病院慰問。
・7月7〜9日、吉林。小林部隊兵営で公演。午後3時から旭小学校で公演。夜、満鉄厚生道場で講演と合唱。吉林高等師範の生徒さんたちと校歌の交換。治安部病院庭で公演。狭いので合唱と棍棒体操。
・7月10日、新京。午前中敷島高女、午後朝日ヶ丘高女、2時からは錦ヶ丘高女で公演。夜8時から大同公園の屋外劇場で公演。
・7月12日、奉天。千代田小学校で満鉄社員の方のために公演。
・7月13日、鞍山。9時から女学校で公演。夜は千代田公園の野外劇場で公演。
・7月14日、大連。大連の協和会館で公演。
・7月15日、旅順師範学堂訪問。
・7月16日、山田先生の学校（名称不詳）で公演。
④「新体操を実演　玉川学園の一行あす奉天へ　日本体育の改善に撓まざる十年の努力をつづけて来た東京市多摩川区の玉川工学園は絶えず

体操に、音楽に、舞踊に新研究を発表。常に斯界に新鮮な刺激と成果とを捧げてきた……。」[『満洲日日新聞』1940（S.15）6.18]

3．おわりに

小原が外地でどのような新教育啓蒙を行っていたのかを、玉川学園発行機関誌等と現地発行新聞より見た。満洲では満鉄や満洲国文教部、各地の教育会。朝鮮や台湾等では各地の教育会、校長級の方からの招聘であった。これらから小原の教育行脚は当該地の官庁、教育会、校長らによる招きであり、新教育への期待を込めての招聘と受け取ってよい。

本調査の過程で「本居長世氏[9]作品開演　童謡と舞踊とて音楽の会」[『満洲日日新聞』1925（T.15）9.26]、「北沢種一氏[10]の講演会　12日豊原で　東京女子高等師範学校主事北沢種一氏の来豊を機とし、豊原町教育会では……講演会を催す」[『樺太日日新聞』1927（S.2）8.7]、「児童の情操教育に　律動遊戯　権威者小林氏[11]を招聘し講習会を開く　満鉄社会、学務両課の主催で、今回東京より律動遊戯の権威者成城幼稚園主事小林宗作氏を講師に招聘して、……大連大広場小学校において『リトミック講習会』が開催」[『満洲日報』1930（S.5）3.7]など、新教育運動に関わる方々の外地招聘の新聞記事を見出した。本居や小林らが招かれていたことは、外地の公的機関が幅広く新教育を受け入れようとしていたことを証するものと言える。この上に各外地の新教育受容の様子について、当該地の新聞や教育会発行雑誌等掲載記事の精査を加えれば、より詳細な状況が明らかになると思われる。

【註】

1　『満洲日日新聞』1925（大正14）年9月24日から10月7日の記事。
2　『教育問題研究』　1920（大正9）年4月創刊。1933（昭和8）年9月終刊。
3　『イデア』1923（大正12）年1月創刊。1929（昭和4）年10月終刊。
4　『学園日記』　1929（昭和4）年6月創刊。その後『学園日記労作教育研究』に誌名変更し1933（昭和8）年12月終刊。本誌以後の機関誌は玉川学園出版部より発行。
5　『教育日本』　1934（昭和9）年6月創刊。1938（昭和13）年8月終刊。『学

園日記労作教育研究』の後継誌。その後、用紙統制等のため『女性日本』と合併し『全人』となる。
6 『女性日本』 1932（昭和7）年5月創刊。1938（昭和13）年12月終刊。『教育日本と合併し『全人』誌となる。『全人』誌は戦前戦後の一時期は用紙統制のため発行中止となったが、戦後復刊し現在も発行されている。2011（平成23）年10月現在、756号を数えている。
7 玉川学園学園史料室編・私製本『小原國芳教育行脚の記録』。
8 藤井百合「小原國芳と音楽教育—玉川学園の第九と共に歩んだ道（1）—」『論叢　玉川学園女子・短期大学紀要』No.10　1986年　p.51。
9 本居長世（1885〜1945）国学者として著名な本居宣長の子孫。日本の童謡の普及に努めた。《七つの子》《汽車ポッポ》等を作曲。
10 北沢種一（1880〜1931）東京女子師範学校教授。労作教育の理論と実践に取り組む。
11 小林宗作（1893〜1963）日本におけるリズム教育を開拓した。『窓ぎわのトットちゃん』著者黒柳徹子氏の先生。小原國芳とは成城学園での同人であった。

Ⅳ. 旅の記録

台湾教育史遺構調査（その4）

白柳弘幸＊

　本稿の一部に、今日では差別用語とされる言葉が含まれているが、歴史研究上の意義を考えそのまま用いた。

1.「高砂族教育発祥之地」石碑　屏東県満州郷

　当地へは、南北約400キロある台湾の最南端の町、恒春鎮が起点となる。恒春は映画「海角七号 君想う　国境の南」で近年話題になった熱帯性気候の町だ。恒春へは高雄から高速バスで2時間半ほどかかるが、毎日多数の便が出ている。しかし、恒春から「高砂族教育発祥之地」石碑（以下、記念碑）の建つ満州郷へは、定期バスが朝夕1回つまり1日2本のみ。現地の地理にも詳しくないためタクシーを利用し、恒春から満州郷の里徳橋をめざした。訪問したのは11月末であったが、橋の手前にはオレンジやピンクの丈の低い草花が咲き乱れるお花畑が広がる。この地方は、四季春の如くということから恒春という地名が付けられたことに納得する。お花畑の先の里徳橋を渡りT字路を右折、民家が点在する里徳路を数分進むと、道路の右側に記念碑が置かれる四阿（【写真①】）が見える。

　日清講和条約が批准され日本による台湾統治が始まったのは1895（明治28）年5月8日。2ヶ月後の7月16日より、台北の「八芝林街郷紳士ノ子弟十余名ヲ芝山巌ニ集メ我国語ノ伝習ヲ始メ」た。台湾での教育の始まりであった。その後、各支庁で語学校が設立された。翌年5月

＊玉川大学教育博物館

21日、全島14ヶ所に後の公学校の母体となる国語伝習所が設置された。同年8月31日、相良長綱恒春国語伝習所長が学務部宛電報にて猪勝束(てらそ)に原住民教育のための分教場開設の上申をした。それに対して下記の通達が学務部長より届いた。

【写真①】

…今回の挙は将来生蕃地へ教育を施設するに際し善悪共に模範となり且彼をして他日斯道に誘導するの難易も又之に依りて岐るゝ所なれば尋常一般の学校として看過す可らず今般本年度の経費を本所と同一以上の度に配付せられたるも施設上遺憾なきを期せしめたる主旨に有之候間御了知相成度局長命に依り此段申進候也

本島での初めての原住民教育にかける学務部の意気込みが伝わってくる通達である。9月10日の開所式には来賓の他、近隣各社社長、生徒27名、父兄等百余名が出席。教育勅語が奉読され、開始の辞が述べられる。式中、「中村属之を通弁王福に伝へ、王福之を生蕃語に訳述」した。式後運動会が挙行され、生徒たちが旗奪い等を行った。ここに原住民教育が始まった。このため猪勝束は原住民教育発祥の地とされ、統治当初は本島人教育発祥の芝山巌と対比されてしばしば述べられた。現在、芝山巌の本島人教育の始まりについて述べられることは多々あっても、当地の原住民教育の始まりについて述べられることは少ない。当地は現在でも交通の便が良いとは言えず、訪問者はそう多くはないと思われる。しかし、植民地統治下台湾の教育史上忘れてはならない場所と言える。

記念碑の建つ満州郷は、大陸の満州を思い出す地名である。当地から大陸への移民が出たような誤解を受けるが、全く違う。当地の原住民が食べ残した動物の残骸の悪臭のことをパイワン語で「manutsuru」と言い、台湾語の「蚊蟀」(bang-sut)の読みと近く、大陸から渡ってきた

漢人が当地に「蚊蟀埔」という地名を付けた。その後日本統治期に「蚊蟀」の読みが満州に似ていることから満州と呼ばれるようになった。

記念碑（【写真②】）は高さ約100センチの2段の基壇上に置かれ、本体の高さは約210センチ。一番厚い部分で約30センチ。石は満州庄响林産の自然石。両面に彫られている文字は以下の通り。

【写真②】

［前面中央］恒春国語伝習所猪勝束分教場之跡
［前面下・基壇部分］記念碑建設世話人　警務課長石丸卯六（他7名の警察関係者氏名、及寄付金額と発起人12名の氏名）
［裏面中央］高砂族教育発祥之地
［裏面左下］明治二十九年九月十日開始
　　　　　　満州公学校前身
　　　　　　昭和十四年三月建之

　一見して道路に面した側が前面のように思われたが、『理蕃の友』（昭和14年10月）には四阿の奥から見る「恒春国語伝習所猪勝束分教場之跡」の側が載るので、こちらが前面であろう。記念碑前面下の基壇部に「記念碑建設世話人」として警務課長石丸卯六、巡査部長望月聖太郎、巡査石田宗一の名が刻まれる。当地の教育が警察によって取り組まれていたことを証するものである。警察関係者の後に、満州庄長　余雲祥とあり、その後に発起人12名の氏名が続く。記念碑の文字は長く熱帯の過酷な気候にさらされていたため劣化や痛みが進んでいる。記念碑建立経緯は「記念碑建設世話人」として名の載る警務課長石丸卯六が、警務局勤務の横尾視学官の話として『理蕃の友』に下記のように述べている

　　猪勝束は高砂族に対する国語教育発祥の地である……先人苦心努力

の地が、全く世に忘れられた許りでなく……猪勝束分教場の跡さへ、知るもの殆ど無きを知つて、実に唖然慨歎に堪へなかつた。その後、その跡を確かめ、恒春郡役所に、郡守、庶務課長、視学を訪ね、この由来を縷説し之が建碑の必要を慫慂した。

　領有40年が経過した昭和13年、当地警務課長石丸卯六は猪勝束が原住民教育発祥の地であったことを知らずにいた。横尾視学官が記念碑建立を説いたが叶わずにいたことを知り、石丸が横尾の意を汲み建設費用を地域有力者と思われる者に浄財を寄進させ記念碑を建立したのであろう。費用は900円であった。数年前台北県板橋市板橋国民小学「枋橋建学碑」（本『年報』第11号所収）調査時、中京大教授檜山幸夫氏から、総督府は財政難で学校の記念碑などを総督府予算で建立する余裕はなかった。碑文に官が建てたように書かれていても、実際は関係者の寄附によっていたはずと指摘された。本記念碑は警察関係者の主導により、現地の有力者の寄附によって建立されたのは間違いないだろう。

　1999（平成11）年2月、満州郷役所が記念碑保護と地域住民の休憩所を兼ねた四阿を作り涼亭と名付けた。記念碑はこれからも郷土の歴史を語り継いでいくことになるだろう。今回の調査には一橋大学博士課程在籍中の林琪禎氏が同行して下さった。お礼申し上げる。

（訪問日　2010年11月27日　　屏東県満州郷里徳村）

2.「強く 正しく 淑かに」旧台北州立台北第一高等女学校・校訓碑

　旧台北州立台北第一高等女学校（以下、一高女）は台北市内の旧台湾総督府建物を正面に見て、道路を隔て斜め左側に位置した。周辺には旧台北一中（現建国高中）、芝山巌学堂を起源とする旧台北第一師範学校（現台北市立教育大学）を初めとする創立百年を超える学校や公官庁があり、現在も台北市内有数の文教地区である。一高女は、日本人子女のために1904（明治37）年10月、台北市に台湾総督府国語学校第三附属学校として開校。その後、1909（明治42）年4月に台湾総督府高等女学校、1921（大正10）年4月に台北州立台北第一高等女学校となった。

以後、終戦までその校名が続いた。現在は台北市立第一女子高級中学（以後、北一女）となり、台湾屈指の名門校となっている。

　戦前の台北市に設立された高等女学校について語る時、台北州立台北第三高等女学校（以下、三高女）と呼ばれた本島人子女のために開校された学校のことを忘れてはならない。三高女は 1897（明治 30）年 4 月に台湾総督府国語学校第一附属学校女子分教場として開校、1898（明治 31）年 10 月に台湾総督府国語学校第三附属学校、1910（明治 43）年 5 月に台湾総督府国語学校附属女学校、1919（大正 8）年 3 月に台湾公立台北女子高等普通学校、1922（大正 11）年 4 月に台北州立台北第三高等女学校となり、その校名が終戦まで続いた。現在は台北市立中山女子高級中学となり、北一女と比肩する名門校になっている。長々と校名の変遷について述べたが、学校創立は三高女の方が一高女より早かったのである。1921（大正 10）年 4 月の台湾公立高等女学校官制（勅令第 129 号）が公布された時、「高等女学校は内地人の女子に須要なる高等普通教育を為す」と規定された。そのため、日本人子女を主とする台湾総督府高等女学校が台北州立第一高等女学校、台北公立高等女学校が台北州立第二高等女学校となった。その 1 年後、1922（大正 11）年 2 月に台湾教育令（勅令第 20 号）が公布され、中等学校以上の学校で内台人共学が実施された。その時、台湾公立台北女子高等普通学校が台州内で 3 番目の高等女学校となり台北州立第三高等女学校となった。その後、1942（昭和 17）年 4 月、台北市内に 4 番目の高等女学校が開校された

【写真③】

時、台北州立台北第四高等女学校となった。一高女、二高女、三高女のナンバリングは法令施行に沿って振られたものであった。意図的に台湾公立高等女学校官制を台湾教育令施行前に制定したか否かについては、今後の調査に待ちたい。

　前置きが長くなった。一高女の「正しく　強く　淑かに」という校訓が刻まれた石碑（以下、校訓碑）【写真③】は、北一女校門を入り、現在光復楼と呼ばれる校舎と右側の塀に沿った通路にある休憩所のようなつくりの一角に置かれている。校訓碑は約40センチの高さの台座の上に乗り、本体は1メートル程の高さで、幅は約90センチ、約30センチの厚みがある。正面に「正しく　強く　淑かに」と力強い筆致の文字、台座部分に「創立卅年記念」、裏面には「昭和九年秋」と簡潔に刻まれている。校訓碑は、一高女創立30周年の1934（昭和9）年秋に建立されたものであった。校訓碑は、1945（昭和20）年5月31日、米軍の空襲による爆風を受けて横倒しになった。校訓碑を建て直す余裕などないまま終戦を迎え、その後も長く放置され、主の替わった学校関係者から忘れ去られた。しかし、卒業生は校訓碑のことを忘れることはなかった。昭和40〜50年代に母校を訪問した卒業生から、校訓碑が校庭の片隅に放置され「淑かに」の文字部分が土に埋もれガジュマルの根が絡みついている等の報告が国内の同窓会に寄せられた。同窓会を通して学校当局に教育的な善処を求めたが外交関係がないなどの厳しい返事が戻ってきた。

　一高女創立90周年となる1993（平成5）年の秋、日本の卒業生による母校訪問が実施され北一女で大歓迎を受けた。しかし、校訓碑は土に埋もれたままであった。そうした現状を多くの同窓生の多くが悲しんでいるということが時の丁亜雯校長に伝えられた。その後、校訓碑は1995（平成7）年12月に掘り起こされ、きれいに洗われて校庭の一角に置かれた。それは丁校長が「校訓碑は植民地時代の産物だが、学校の歴史の一部であるから、大切にすべきものである。それに学生たちにこのことを知らせることも大事なことである」と考え、校訓碑再建に尽力したからである。1990（平成2）年5月に李登輝氏が総統に就き、台湾の民主化が進んだことも後押ししたのであろう。

　その後校庭の一角に置かれた校訓碑の前に掲示板が立てられるなどし、同窓会関係者から校訓碑移転の願いが鄭美俐新校長に届けられた。

1998（平成10）年、鄭校長が、戦前、奉安殿の建てられていた場所を休憩所のように作り直し、そこに校訓碑を移転させた。このようになるまで、学校当局の関係者には様々な葛藤があったことと思われる。そのひとつに、戦後まもない1949（昭和24）年に、当時の江学珠校長が定めた「公・誠・勤・毅」という北一女校訓碑も構内に置かれていたからであることがあげられる。元一高女教員の西本真一は校訓碑について「卒業生の青春の生の証であり、一高女教育を象徴する唯一の歴史的な資料」と述べる。母校を訪問する卒業生たちは、校門正面にある1933（昭和8）年に完成した校舎（現光復楼）と校訓碑を見るのが何よりの楽しみであるそうだ。しかし、歴史資料は見る人によってはつらい過去を思い出させることにもなることも忘れてはならない。それらを承知したうえで「歴史を知らせる」ため、敢えて整備したのは学校関係者の度量であろう。校舎は1998年3月に直轄市定古蹟として指定された。校訓碑は校舎とともにこれからも長く保存され「歴史を知らせる」ことだろう。
　（訪問日　2008年11月23日　台北市中正区重慶南路一段165号）

【参考図書】

『理蕃の友』台湾総督府警務局理蕃課
『台湾教育沿革誌』台湾教育会
『典蔵北一女』北一女百年特刊編輯委員会編纂
『ニュースみどり』旧台北第一高等女学校同窓会

朝鮮人学徒「志願兵」たちの記念碑「1・20碑」
韓国ソウル　東星中高等学校キャンパス

芳賀普子＊

　筆者は2010年3月から4ヶ月間という変則的短期間であったが、大学院特別研修生の身分で、韓国教育科学技術省の奨学金を得てソウルの西江大学へ留学する機会を持った。韓国語で電話をする勇気が出た頃、かっての朝鮮軍学徒志願兵のお一人全相燁（チョン　サンヨプ）氏のお宅を訪ねお話を直接伺う機会を持った。全相燁氏は、志願兵として引っ張られ入営した部隊で朝鮮人学徒兵たちの反乱を企図した首謀者として名前が記録に残る方である。全氏の案内でソウルの地下鉄「恵化」駅近く、鐘路区恵化洞の賑やかな大学路にある名門東星中高等学校（当時は東星商業高等学校の名称）のキャンパスであり公道に面した一角にある「1・20碑」を訪れた。志願兵たちの名前が刻まれた「大韓祖國主権守護一念碑」の横に説明の金属板がある。

　「1・20碑」は、2週間ほどの短期間の訓練を受けた朝鮮人学徒「志願兵」が一斉に入営させられた日付に由来する。生存者たちが1944年1月20日の日付を取った「1.20同志会」を結成し、「一念碑・1.20碑」として建立したものである。なぜ、東星中高等学校に建て

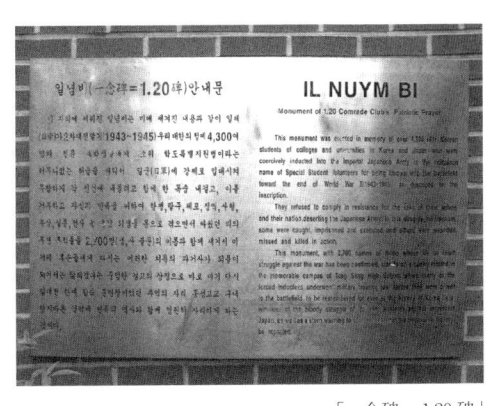

「一念碑＝1.20碑」

＊一橋大学大学院言語社会研究科特別研究員

られたか？　朝鮮各地から集められた学徒兵が訓練を受けた校舎だったからである。学徒兵数は「1.20碑」では4300余名とあり、これが二個隊に編成されて、東星商業高等学校校舎とソウル郊外清涼里にあった京城帝国大学予科校舎に分けて、訓練のために送られた。一個隊を200余名ずつ中隊編成し、1人の中隊長と5～6名の助教を置いた、という。広い教室内を5名一組にして細い角木で区域を分け、そこを青い軍隊用の天幕で被った、という。（2011年「3・11」を経験した現在の日本から想像すると、校舎の入営用訓練所は、避難所のイメージで、青い天幕とは上野などのホームレスのブルーシートテントを彷彿させる。）

　東星中高等学校は現存している有名校で、ソウルでも大変交通の便がよい場所にあるので、ついでの際には立ち寄ってご覧になることをおすすめする。

　アジア太平洋戦争時1943年10月2日の日本人の第1回「学徒出陣」については、神宮外苑での大行進の写真・映像で知られ、現在は「学徒出陣」と打ち込めばYou-Tubeでも見られる。その3ヶ月後44年1月20日には、植民地朝鮮でも朝鮮人学徒志願兵が入営していくのである。日本人の学徒兵の「出征」数（総数は現在でも確認できないが、約10万人といわれる）より、遥かに少ない朝鮮人学徒兵「出征」数だが、日本で戦争を煽る側の言葉「学徒出陣」を使って「わだつみ」を語り継いで60年以上経っても、朝鮮人兵士に関する記録・記述などは日本で少ない理由は、単に学徒兵数だけの問題ではあるまい。朝鮮人兵士、台湾出身兵士と「同じ釜の飯を食って」も、彼らの所在と問題を語らず、見ようとしないままにきた日本人軍隊経験者たちである。我々研究者の課題も、多くの他民族を捲き込んだアジア・太平洋戦争について、植民地出身者だけでなく、日本が動員した兵士たちと共に考え、研究しなければならない地平まで進んでいる。しかし、日本人と軍隊内で苦労を共にした他民族の兵士達でご尊命の方たちは、すでに極わずかとなっている。筆者が、全相燁とこの碑を訪れ、また皆様にも立ち寄る事をおすすめするのは、未だに、全容が解明されていない日本の軍隊による志願兵・徴兵問題から引き起こされた問題は、解放後朝鮮の軍隊・動員問題に、そして東アジアの平和問題につながっていると考えるからである。この稿では軍隊の連続性の問題は除外するが、碑の前に立って考え、新た

研究へ進みたいとの気持ちで訪れた。

　朝鮮人学徒兵たちの手記は、韓国でいくつか出版されており、その一つは日本語訳もある。自分たちを「虐げた」[1] 日帝強占への怒りを前提としたもので、「一念碑＝1.20碑」の説明碑文も、当然ながら日帝への怒りと犠牲者たちを顕彰する文面である。碑の終わりの部分は以下の通りである。

　……いわゆる学徒特別志願兵として、根拠なき虚言を欺きながらも、日本軍へ強制入隊させられ、無残に、各戦線に引っ張られた事に、命を賭けてこれを拒否し、自己と民族のため　抗争、脱出、逮捕、懲役、負傷、失踪、戦死などあらゆる悲惨な生をなめつくし闘った、血の闘争者たち2700名（生死不問）の名前と共にここに（碑を）建て、わが民族の後孫たちに、またこのような恥辱が繰り返されないように、厳粛な警告の象徴として、当時入隊前合宿訓練の場であった追憶の場東星中高等学校構内に民族の歴史と共に永遠に場を占めている。

　（大きな高い「大韓祖國主權守護一念碑」の両面と裏側には2700名の名前が刻まれている。韓国で確認できた名前であり、全体4300余名の約63％である。）

　朝鮮人学徒兵たちが「志願兵」となった経緯を簡単に述べる。43年10月、日本人学生は「徴兵延期特例」を外されて出征して行くが、徴兵制の無い朝鮮においても、軍部と朝鮮総督府は、学徒も兵士として渇望した。38年に布いた「朝鮮特別志願兵令」で約1万6千名の志願兵を動員したのに続き、やはり日本の「学徒出陣」年度と同じ43年に「朝鮮人学徒兵役志願兵」の募集をする。名目は「志願」だが、日本国内と同じような翼賛体制の中、朝鮮総督府の下部機構の道、郡、面などで、徴募地区長が志願数を争い、警察が1軒1軒の家庭状況を把握してしらみつぶしに廻り志願を強制したり、朝鮮半島との連絡船の船内で警察特高係が活躍して、帰省学生（留学生）たちに志願書に捺印させたりした。姜徳相がいわく「大騒動」[2] を演じての、優秀な学徒を引き入れる強制徴兵であった、ことはいうまでも無い。朝鮮の徴兵制は42年公表

され、44年から施行されるが、徴兵制施行前年43年に、朝鮮人学徒たちは志願兵として入隊したのである。

　碑の文面の通り、学徒志願兵たちの抵抗は、志願書に捺印する以前から、色々な形で現れた。東星商業高等学校と京城帝国大予科での訓練が終了して小磯朝鮮総督が参席した壮行式では、学徒兵たちが総督に抗議の声を挙げて会場から引きずられて行ったり、君が代を歌わなかったりした事が、前述の手記『虐げられた青春　日本軍に徴集された韓國人学徒兵　手記』に数名により記録され、全相燁氏の話にもある。碑文で日本軍への抵抗が強調されている通り、この点が日本人兵士と異なる。日本の植民地における志願兵制・徴兵制のための皇民化政策は、彼らにとっては当時から明らかに虚構であった。解放後の反日イデオロギー下では、日本軍に入隊した事自体が非難を受けることであったが、エリート層ならでは、同志会を作り、上記のような碑文をもって、抗争の事実を伝え日帝を批判することもできた。

　44年の翌年は、解放となるがその5年後には、朝鮮戦争が起き、彼らはまた戦場へと出て行くことになるのである。後述のように全氏もそうであった。50年に起きた同族同士の戦争動員を拒否することは不可能であった。動員する側の親日派の「多くは、解放後は反共「民族主義者」にすりかわり、李承晩政権の中枢を占め」[3]た。彼らは分断体制の初期固定化に寄与したからである。

学徒兵たちの抵抗としてあった「平壌学徒兵事件」の首謀者と

　案内して下さった全相燁氏は、1910年5月にお会いした時は89歳、平壌駐屯日本軍第30師団[4]歩兵師団で、軍内で決起して反乱を起こす計画をたてた「平壌学徒兵事件」の首謀者で、唯一の生存者である。当時大同工業専門学校学生（日本では理工系学生は徴兵せず、朝鮮も同様であったが、平壌地区兵事部長は独断で理工系学生も集めたことを後から知った、と伺った）の全氏自宅に、二人の親日派朝鮮人刑事が来て「志願しろ」と責め立てられ、家族への迷惑を恐れ、印を押したとのこと。

　全氏たちが企図した平壌学徒兵事件とは、44年1月に入営させられ

た朝鮮人学徒兵たち（彼らの出身地はほとんどが、現在の朝鮮民主主義人民共和国にある咸鏡南北道と平安南北道）が、同年12月に、軍隊内で反乱を起こす計画を立て、反乱から逃亡となった場合には朝鮮独立軍（当時中国では、延安に朝鮮義勇軍、重慶に光復軍が、満州との国境地帯白頭山には金日成の抗日軍が活躍）に合流しようとした（彼らは白頭山を目指す）のだが、実行直前に発覚、100名以上が一網打尽に捕まり、拷問の末軍法会議にかけられ約30名が45年6月に実刑判決を受けた事件で、当時、日本軍部と検察側は、二・二六事件に次ぐ軍隊内の反乱になったかもしれないと極秘扱いだったという。口コミで日本の朝鮮人たちにも伝わっていた（本号「研究資料」の被インタビュー者李殷直氏も自伝小説『朝鮮の夜明けを求めて　第四部』の中で、この事件について朝鮮総督府東京出張所に確かめに行った事にふれている）。事件の判決文にある被告たちに共通している罪状は次の通りで

「日本帝国ノ覇絆ヨリ離脱独立セシメルコトヲ目的トスル無名ノ　集団ヲ結成シ」

「国体ヲ変革スルコトヲ目的トシテ集団ヲ結成シソノ目的遂行ノ為ニスル行為ヲ為シ」

などである。

では具体的に、「独立セシメ」たり、「国体ヲ変革スル」など、彼らが「集団ヲ結成シ」て、他の部隊の朝鮮人学徒兵たちと組み、どんな事をしようとしたのか？　衛兵所を襲撃して武器を奪う、また自分の部隊を占領し指揮系を攪乱する、毒薬を手に入れ炊事場で使う、司令部まで占領する、というのだ。参謀全氏自身も、2008年『世界』のインタビューで「あまりにも大規模すぎて、実現の可能性は低かった」と述べている。「日本に対する反抗の意味で、一つずつ熱心にやっていこうと考えていた」と続けておられるが、その軍隊内で反抗組織結成は軍隊の形式を取るようになっているのが面白い。参謀の下に作戦隊、連絡掛、食料掛、また出身道ごとに隊を編成して、隊長、副隊長を置き……と、作戦を練り、「抗日！　独立！　と口にするだけでなく、結社を組織して日本と戦おう」と「三千党」（当時の朝鮮人口が三千万人だから）なる党を作り、党の4つの「綱領」の最後は次の通りだった。

一、我々の目標はただ1つ「独立」のみ。「参政権」「自治権」などは

考慮に余地なし。

　という勇ましいもので、ここにある「参政権」は、義務教育と並んで徴兵制と引き替えに「国民」に与えられるもので、彼らの心理ではすでに日本国民である事を拒否していることが分かる。

　しかし、この反乱は決行されなかった。反乱を企図していた仲間一人の実家の使用人の息子が日本軍の補助憲兵で情報を集めるスパイの役割をし、まんまんと「三千党」の反乱企図を聞き出して、当局にたれこんだという訳だった。全氏は「この民族裏切り者は、殺されてもいい奴」と語る。しかしこの裏切り補助憲兵は、朝鮮人ではなれない憲兵へと出世して行く。学徒動員は民族裏切り者も生み出し、前述の政権中枢層のみならず、下請けのような層も巻き込み、解放後の親日派糾弾問題に複雑な影を及ぼしている。

　入営前から抗日独立気運が高まっていたが、契機は幹部候補生試験合格率に現れた民族差別であった。幹部候補生採用試験を、朝鮮人学徒兵たちは簡単に応じないが、期日延期の挙句に受験させられ（優秀な朝鮮人学徒兵をなんとしても幹部候補として育成して翌年の徴兵制に役立たせたいのが日本軍）、ところが結果発表では、「日本人採用率は約八割六分、朝鮮人学徒兵は僅かに1割1分」だった。それぞれの被告への事件判決文には、合格発表について、「内鮮間ニ不當ナル差別アリト曲解シ」朝鮮の独立を考えるに至ったという文面が出ている。入隊後の「幹部候補生採用試験」も、志願兵募集から徴兵制施行に至る中での学徒志願兵動員が、いかに矛盾に満ちたものであるかが表れていた。心底から日本軍隊の幹部になりたくて受験した学徒兵はほんの僅かだった。しかし、勧誘する班長をからかって怒らせたりした挙句受験して、合格率の差に怒るとはなぜか？　日本人兵士より、自分達が劣っているとされた結果に我慢出来なかったのだ。日本軍側としては抗日心のある朝鮮人エリート学生を軍隊内に入れて、武器を持たせ訓練する危険性は承知の上で、募集時には体格検査の上に口頭面接までして、皇民化度を調べた。抗日心ありと見ても、兵力確保のためにまず入隊させたが、皇軍の幹部候補となると、心身共に優秀でも皇民精神が無ければ、合格させられなかった。しかし、皇軍に入営して半年後に、朝鮮人学徒兵からみればお前らは未だダメだ、という試験結果であり、彼らは抗日心が悪いと考えなく、

がまんの限界を感じさせる差別だった。朝鮮軍管区軍法会議平壌師管区法廷で出された判決文には「平壤學兵義擧事件」とある。何に対する義挙か？ 日本軍側が「義挙」と表現しているのも面白いが、学徒兵たちが軍隊内差別に対して義憤を感じ反乱であるからと解釈できる。

そして、仲間達が捕まるのを察した全氏は、軍隊から逃亡して満州との国境を目指して厳寒の山中50日間、約400km 逃避行（想像してみると福島から東京西部までの往復距離で）の末捕まる。懲役8年の判決を受け平壌刑務所に収監され、45年8月15日を迎える。「1.20碑」に書いてある通りの「抗争、脱出、逮捕、懲役」を体験した。矛盾に満ちた兵隊動員制度は、植民地でこそ矛盾を露にして闘われたことを、碑の文面が語っている。

全相燁氏と
「大韓祖國主權守護一念碑」の前

全氏は解放後の北朝鮮で産業局勤務となる。朝鮮独立を計り日帝下で8年の刑を受けたことは功績となったが、しかし、彼は48年に韓国へと脱出する。そして、朝鮮戦争では前線に送られ負傷する…。

個人史と碑の話が一緒になった「旅の記録」であるが、生存者の個人史があってこそ筆者には重要な碑であった。

【註】

1　1.20同志会　鄭琪永（チョン・ギ・ヨン）　編著『虐げられた青春　日本軍に徴集された韓國人学徒兵　手記』青丘文化社　1991年。
2　姜徳相『もう一つのわだつみのこえ　朝鮮人学徒出陣』1997年　岩波書店。
3　姜徳相：前掲書　390頁。
4　朝鮮駐留の日本軍は朝鮮軍といわれ、19師団（司令部は北朝鮮の羅南）と20師団（司令部は当時京城の龍山）2個師団だったが、アジア太平洋戦争末期には編成替えが行なわれて、平壌師団といわれる小規模2万人の30師団も増設された。

【参考文献】

桐山桂一「聞き書き 参謀・全相燁氏の証言」『世界 2008年12月号』岩波書店。
全相燁「証言 平壌学兵事件」『わだつみのこえ 114号』日本戦没学生記念会 2001年。
「平壌學兵義擧事件判決文」朝鮮軍菅區臨時軍法會議平壌師管區法廷 昭和20年6月10日（1945年6月1日付）［わだつみのこえ記念館所蔵］
宮田節子『朝鮮民衆と「皇民化」政策』未来社 1985年。
（上記注の2点以外）

Ⅴ．書評

稲葉継雄著
『朝鮮植民地教育政策史の再検討』

佐藤由美＊

　本著は九州大学韓国研究センター叢書（九州大学出版会）の第1号として上梓された。著者の稲葉継雄氏は日本における朝鮮教育史研究の牽引者の一人である。これまでの著作には、『旧韓末「日語学校」の研究』（1997）、『旧韓国の教育と日本人』（1999）、『旧韓国〜朝鮮の日本人教員』（2001）、『旧韓国〜朝鮮の「内地人」教育』（2005）があり、いずれも「旧韓末」の日本語学校や日本人教育者を対象とし、その全体像を網羅的、系統的に整理する手法で研究を進めて来られた。評者も稲葉氏の研究から多くの教示を受けている。特にその著作には、その時点において収集可能な資料の情報が余すところなく掲載されており、研究を進めるうえで大いに助けられてきた。本著においてもその研究手法は変わらないが、時代をくだって「併合」直後から1930年代後半までが対象である。個々の教育政策の「実際の衝に当たった」朝鮮総督府学務官僚が「個々の教育政策の形成・展開過程」において、どのような考えを持って行動したかを実証したものとなっている。本著の目次は以下のとおりで、各章はモノグラフとなっており、それぞれの章に「はじめに」と「おわりに」がある。

第1章　朝鮮総督府初期の教育政策
　　　　—統監府時代との連続と不連続—
　第1節　統治機構の再編
　第2節　教育の基本方針
　第3節　学校制度

＊埼玉工業大学教員

第4節　教科書・教育内容
　第2章　水野錬太郎と朝鮮教育
　　第1節　水野政務総監の誕生
　　第2節　水野の総督府高官人事
　　第3節　水野の教育政策
　　第4節　臨時教育調査委員会の人脈
　第3章　李軫鎬研究
　　　　―朝鮮総督府初の朝鮮人学務局長の軌跡―
　　第1節　李軫鎬の前半生
　　第2節　学務局長としての李軫鎬
　第4章　山梨総督時代の朝鮮教育
　　第1節　教育政策関連の主要メンバー
　　第2節　教育政策の形成と展開
　第5章　宇垣総督時代の朝鮮教育
　　第1節　朝鮮統治の概要
　　第2節　主要教育政策の展開
　第6章　塩原時三郎研究
　　　　―植民地朝鮮における皇民化教育の推進者―
　　第1節　塩原学務局長の誕生
　　第2節　塩原学務局長の活動
　第7章　朝鮮総督府学務局長・学務課長の人事
　　第1節　歴代学務局長・学務課長の略歴
　　第2節　学務局長・学務課長人事の特色

　第1章から見ていくことにしよう。第1章は、朝鮮総督府初期の教育政策が統監府期とどのような点で連続性があるのか、または連続性がないのかを検証することがねらいである。朝鮮総督府初期とは「併合」から1919年8月まで、寺内正毅・長谷川好道両総督の在任期間を指している。この時期の統治機構は、総督寺内の「「武」の側面における片腕」であった明石元二郎が憲兵警察制度を敷き、「「文」におけるそれ」であった山県伊三郎と宇佐美勝夫が文官人事を手始めに制度改革を行うことによって整備されていった。注目すべきは、旧韓国（統監府期）の「学部」

が総督府下では「学務局」に格下げされたことで、これは山県・宇佐美という内務官僚コンビによって統治機構の再編がなされたためではないかと著者は推測している。また、視学官・視学、教科書の編修官・編修書記が1911年5月4日より新たに設置されたことは学務局の統治機構を充実させることになったという。

朝鮮総督府初期の教育の基本方針は「朝鮮教育令」に明らかである。なかでも第2条の「忠良ナル国民ヲ育成」と第3条の「時勢及民度ニ適合」した教育が肝となるが、著者は、両者は相矛盾するものであり、「忠良ナル国民ヲ育成」することは「非連続」であり、「時勢及民度ニ適合」した教育を行うことは「連続」であると分析する。統監府の支配下にあったとしても大韓帝国が独立国である以上、「忠良」は韓国皇帝に対してのものであり、「併合」後は天皇に対して「忠良」な日本の国民になるわけだから、「連続」ではないとする。ただし、「時勢及民度ニ適合」した教育については、「併合」前の教育が布石となっており、日本政府の政策とも連続性が強いとしている。

次いで、学校制度や教科書・教育内容について個別の検討がなされていく。学校制度では、統監府期の高等学校を前身とする高等普通学校に、漢城師範学校や漢城外国語学校、修学院が吸収されるかたちで継承され、専門学校は既存の工業伝習所や農林学校、医学校等を昇格させるかたちで継承した。各種学校の私立学校や書堂については、「併合」直後は温存政策がとられたが、後に統制のための「私立学校規則」や「書堂規則」が制定され、普通学校や高等普通学校に再編されていった。教科では、修身、国語・朝鮮語・外国語、実業系の各科、体操が、「忠良」と「時勢及民度」の狭間でどのような内容で実施されたかが述べられている。総督府はこの両者を補完し合うものと説明しているが、正確には「忠良ナル国民」を「より効率的に育成」するために、「時勢及民度」が「適宜利用された」のだと著者は指摘している。また、「時勢及民度」は日本（総督府）側の財政事情についても言えることで、財源がないから大幅な革新ができず、結果として「連続」することになったと興味深い分析をしている。

第2章は、「文化政治」期の朝鮮教育を対象にしている。3・1独立運動の後、朝鮮の統治方針は「武断政治」から「文化政治」に転換され、

総督には斎藤実が就任した。「文化政治」と言えば斎藤実という図式が定着しているが、著者は「実質的な第一人者」は政務総監の水野錬太郎であったという。本章ではそのことを立証するために、総督府高官や臨時教育調査会の人事に注目し、水野の人脈によって第2次朝鮮教育令をはじめとする「文化政治」期の朝鮮教育政策が推進されたことを明らかにしている。また水野錬太郎の教育政策は、「治安の維持を大前提とし、朝鮮民衆の民族的欲求を宥めるために案出された」ものであったという。美術学校構想や民立大学設立運動への対応がそれを示している。また、水野は日本人官史に朝鮮語を奨励し、自身も朝鮮語を学んで演説することがあった点にも言及している。

　第3章は、朝鮮総督府で初めて局長クラスのポストに就いた朝鮮人、李軫鎬研究である。李軫鎬は総督斎藤実、政務総監下岡忠治により登用され、第4代学務局長として1924年12月から1929年1月までの約5年間、その職にあった。本章では李軫鎬が日本亡命から帰国し、道観察使、道長官、道知事を経て、学務局長に就任するまでの経緯を明らかにしたうえで、学務局長としての業績、実科教育の推進や初等教育の拡張などについて述べている。韓国では「親日派」の代表格として認知されている李軫鎬であるが、著者は少なくとも学務局長時代の李軫鎬は、「一面一校計画」の必要性を強調したことや、朝鮮人学生の多かった京城法学専門学校の校舎新築費を「職を賭して」要求したことなどから、朝鮮総督府の官僚として朝鮮人のためにできることを巧妙に模索、断行したのではないかと推論している。

　第4章は、「山梨総督時代の朝鮮教育」と題して、同期を「植民地統治中期のターニングポイント」と位置づけ、「実質的教育政策担当者および政策形成過程」を再検討した論考になっている。実質的な教育政策担当者として挙げられたのは、総督山梨半造、政務総監池上四郎、学務局長李軫鎬、学務課長福士末之助で、著者は「李軫鎬がファウンダー、福士末之助がプロモーター」の役割を果たしたとみている。それは李軫鎬が高等文官試験に合格していない特別任用の朝鮮人局長であったため、政務総監とは旧知の間柄で信頼を得ていた学務課長の福士が通常の課長職以上の働きをしていたと推測するためである。この時期の教育政策の特徴として、普通学校の普及「一面一校計画」、実科を重視した教

育内容・教科書の改編、「国民学校」新設の構想、師範学校の改革、青年訓練所の設置、同盟休校対策が挙げられている。特に公立普通学校における「一面一校計画」と実科の重視が山梨総督期の二大教育政策と言えるが、山梨総督自身はこれらの教育政策が実行の段階に入る前に朝鮮を離れたため、「教育史上影が薄い」時期になったと著者は分析している。

第5章は、「宇垣総督時代の朝鮮教育」である。第4章と同様に、総督宇垣だけではなく「政策立案・施行の最前線にあったスタッフの言動を追跡」することで、宇垣時代の朝鮮教育政策の全体像を描くこと、さらに、宇垣時代がそれ以前の山梨・斎藤総督時代、それ以後の南総督時代とどのような関連をもっているのかを究明することが本章のねらいである。宇垣は政務総監の今井田清徳をはじめ、総督府スタッフを同郷の岡山県人で固めたが、学務局のスタッフはそれには該当していない。宇垣時代の学務局長は牛島省三、林茂樹、渡辺豊日子、富永文一と交代し、学務課長は神尾弌春から大野謙一に引き継がれた。宇垣の主要政策である農村振興運動が教育政策と一体となって展開した時期には学務局長には渡辺が、学務課長には大野が就いていた。主な教育政策は教育の「実際化」であり、普通学校における職業教育の強化、卒業生指導、簡易学校の創設、第2次朝鮮人初等教育普及拡充計画、神社参拝の強要、学校教練、歴史教科書の改訂に言及されている。そのうえで宇垣時代の教育政策は、「教育史的にみて、山梨総督時代あるいはそれ以前からの引き継ぎと南総督時代への橋渡しという両側面を併せ持っている」と著者は分析している。

第6章は塩原時三郎研究である。塩原時三郎は南次郎総督時代の学務局長である。皇民化教育の推進者として知られるが、「塩原の言動に焦点を当てつつ、いわゆる皇民化教育政策の実態に迫ろう」とするのが本章のねらいである。皇民化政策については宮田節子による先行研究があるが、「教育関係部分をより掘り下げ」て補完することを目指した章となっている。塩原時三郎が学務局長に就任する背景には、満洲で南の知遇を得ていたことや両者とも国粋主義を標榜する「国本社」のメンバーであったことが挙げられている。活動としては、「皇国臣民の誓詞」と皇国臣民体操の導入、陸軍特別志願兵制度の創設、第3次朝鮮教育令の制定、国民精神総動員運動朝鮮連盟の指揮、教学研修所の創設が挙げら

れた。

　第7章は歴代朝鮮総督府学務局長14名と学務課長13名の人事を分析した章になっている。学務局は総督府予算などの点からみて朝鮮総督府のなかで、「相対的に軽視されていた」部局であったが、人事面からみればどうなのかを考察することが目的である。また、諸政策の「意思決定権が実質的に局長レベルにあった」ことから見ても、注目すべき人事であったと言えるため、「どのようなルート（人脈）で人事が行なわれたのか、彼らは果たして適材適所であったのか。朝鮮総督府の局長級にまで昇進した朝鮮人はふたりしかいないが、その2名がともに学務局長であったのは何故か」を同時に追究している。分析の結果は以下の通りである。歴代学務局長の人事はその殆どが適材適所とは言い難く、他の局長の「並び大名」「伴食局長」などと呼称されていた。朝鮮人が局長クラスに登用されたのも学務局のみで、「「内鮮一体」をアピールするための政治的任用だった感が強い」と言う。学務課長の場合、教育行政経験者が7名はいたが、残りの6名は未経験者だった。局長・課長のいずれにしても「警察行政の経験者が多く、教育行政と警察行政が一体となって展開されたことが窺われる」と指摘している。また、著者が学務局長・課長の来歴を明らかにするために、関係の各府県史を調査したところ、朝鮮（外地）との関連が殆ど触れられていないことに気づいたという。これを著者は「従来の日本史が植民地を視野に入れてこなかったことの反映」ではないかと推察している。

　本著はモノグラフで構成されているため総括に当たる章はないが、全体を通じて、朝鮮総督、政務総監、学務局長、学務課長という縦のラインがどのような人脈で形成されたのか、それぞれの時期にどのような政策が展開されたのかを解明、整理した研究になっている。特に総督府人事の背景に、それ以前のどのような人間関係が反映したのかを明らかにしたことは、従来の研究に新たな視点を加えることになった。

　さらに、本著の特徴、研究史上の意義として以下の3点を挙げることができる。第1に、「看板」ではなく「実質」、「最盛期」ではなく「狭間の時期」を研究対象にした点である。日本の朝鮮統治は「武断政治期」、「文化政治期」、「皇民化政策期」に時期区分され、順に寺内正毅、斎藤

実、南次郎がその「看板」である。しかし、著者は政務総監の水野錬太郎、学務局長の李軫鎬、塩原時三郎などを取り上げている。それは彼らが「実質」的に政策を遂行した人物であったためである。李軫鎬を単独で取り上げた論考は著者のいうように本著が初であろう。また、山梨総督時代、宇垣総督時代は斎藤の「文化政治期」から、南の「皇民化政策期」へと移行する「狭間」にあり、目立たないけれども重要な「橋渡し」を行った時期である。このような点に着目した本著は、先行研究の隙間を埋める役割を果たしている。

　第2に、本著では随所で韓国人研究者による分析・評価、日本人研究者と韓国人研究者双方の見解の違い等を提示している。例えば、「第4章　山梨総督時代の朝鮮教育」のなかで、「教員服務及徳教ノ振作ニ関スル訓示」に対する韓国側の研究解釈を紹介（p.108）している他、「第5章　宇垣総統時代の朝鮮教育」では、農村振興運動について韓国人教育史学者の評価や日韓双方の代表的な見解を紹介（pp.116-117）している。このような日韓双方の研究業績を視野に入れるということは、研究交流の盛んな現在でこそ当然のことのように思えるが、それが難しい時期もあった。本著の註に挙げられた文献名をみると70年代、80年代の韓国人研究者の業績が多く含まれていることがわかる。それは著者が日本人の韓国教育史研究者のなかで戦後初の韓国留学生であり、その後30年以上の長きに亘って日韓の研究交流、教育交流に努めて来られたことと関係しているのではないだろうか。70年代、80年代の韓国人研究者が日本の統治時代をどのように認識していたのかという点においても興味深い。

　第3に、徹底した史料の突き合わせ、整理から多くの情報を読み取る研究手法である。本著が出典とした史料は大きく二つに類別することができる。それは、『元帥寺内伯爵伝』、『寺内正毅日記－1900～1918－』、『公爵桂太郎伝』、『子爵斎藤実伝』、『水野博士古稀記念　論策と随筆』、『宇垣一成日記』、『南次郎』等の「伝記・日記類」と『朝鮮及満洲』、『文教の朝鮮』、『京城日報』、『東亜日報』、『中外日報』等の雑誌・新聞類である。これらの史料は本研究のために発掘した新史料というわけではなく、既にその存在はよく知られており、特に雑誌・新聞類は多くの研究に利用されている。しかしながら、小さな記事を見逃さず、精読と突き

合わせを繰り返し行い時系列で整理することによって、いくつもの新たな情報が読み取れるということ、史料への向き合い方を本著から再認識させられた。

　一方、気になったのは以下の2点である。まず、最近（2000年以降）の研究について殆ど言及されていない点である。おそらくは本著のスタイルとして、先行研究の紹介は必要最低限に止めるポリシーなのであろう。「第2章　水野錬太郎と朝鮮教育」では「第2次朝鮮教育令」について、広川淑子らによる研究（pp.39-40）を、「第6章　塩原時三郎研究」では宮田節子の研究（p.136）を優れた研究として挙げており、それはその通りなのだが、いずれも2000年以前の研究である。また、註を見る限り、出典となっているのは当時（日本統治下）の史料と1990年代の研究論文までで、韓国教育史研究における先学の著者が、後学の研究者の成果をどのように評価されるのかを知りたかった。管見の限りであるが、本著に最も関係の深い先行研究として岡本真希子『植民地官僚の政治史　朝鮮・台湾総督府と帝国日本』（三元社　2008年）がある。なかでも第2部第8章の「朝鮮総督府の高級官僚人事」では、寺内・長谷川・斎藤・山梨・宇垣・南と本著が取り上げている総督や政務総監、局長クラスまでの人事に73頁が割かれており、本著とは問題関心も共通するところがある。さらに関連する研究として、本間千景の『韓国「併合」前後の教育政策と日本』（思文閣出版　2010年）、山田寛人の『植民地朝鮮における朝鮮語奨励政策―朝鮮語を学んだ日本人』（不二出版　2010年）等がある。いずれも刊行は本著と同じ2010年であるが、それ以前に論文化されており、本間の研究は本著の第1章、山田の研究は本著の第2章・第5章と関係が深いので是非、触れて欲しかった。

　次に「皇国臣民の誓詞」と「第３次朝鮮教育令」の関係について、著者は「第６章　塩原時三郎研究」のなかで以下のように述べている。「そしてこの誓詞は、結果的にみて「第３次朝鮮教育令」の３綱領（国体明徴・内鮮一体・忍苦鍛練）を先取りしたものであった」(p.142)。ここでいう「第３次朝鮮教育令」の「３綱領」とは何を指すのだろうか。勅令第103号「朝鮮教育令」（通称：「第３次朝鮮教育令」）は、昭和13年３月３日に公布され、３月４日の『朝鮮総督府官報』（号外）に掲載された。「第１次朝鮮教育令」は「第１章　綱領」と「第２章　学校」で構成されていたが、「第

3次朝鮮教育令」に「綱領」はなく、第1条「朝鮮ニ於ケル教育ハ本令ニ依ル」に続き、第2条は「普通教育ハ小学校令、中学校令及高等女学校令ニ依ル……」とあり、以下の条文も学校に関する規定となる。たしかに3月4日付の朝鮮総督南次郎による諭告のなかには「国体明徴、内鮮一体、忍苦鍛練ノ三大教育方針ヲ徹下シテ」とあるので、本来、「綱領」とすべきところを「先取り」したとも言えるが、より徹底した「皇国臣民教育」のためには、むしろ「第3次朝鮮教育令」は学校制度を規定するに止めておき、「綱領」に当たる「国体明徴・内鮮一体・忍苦鍛練」は、「皇国臣民の誓詞」という独立したかたちで強調する政策であったとは言えないだろうか。「第2次朝鮮教育令」公布の際、「綱領」部分は自明のこととして条文化しなかった。これは朝鮮民衆の反発を牽制するためでもあったが、一度、表舞台から退いた「綱領」は、皇民化政策期になって、教育令の枠を超えて統治政策の最前面に躍り出たという見方はどうであろうか。

論旨には直接関わらない軽微な点を挙げるとすれば、「第3章　李軫鎬研究」中、「1910年8月22日「日韓併合ニ関スル条約」が調印され」(66頁)とあるのは、「韓国併合ニ関スル条約」の誤りではないかという一点である。評者の見落としがあるかもしれないが、本著には誤字・誤植が見当たらなかった。

著者が「緒言」のなかで述べているように「2000年代に入って以降の資料環境の改善」(p. ii)には目を見張るものがある。著者は主として復刻版の相次ぐ刊行を指摘されているが、アジア歴史資料センターによる公文書のディジタル化も挙げられるだろう。今後、これらの資料が多くの研究者に活用され、益々研究が深化することが期待される。

最後に、畏れ多くも今回、大先輩の著書を書評させていただくことになった。評者の力不足のために、本来であれば注目すべき点を見落としてはいないだろうか、正確な読みができていないところはないだろうかと正直なところ冷や汗ものである。ご容赦願いたい。

(九州大学出版会、2010年)

國分麻里著
『植民地期朝鮮の歴史教育
「朝鮮事歴」の教授をめぐって』

佐藤広美＊

1．本書の意義と要約

　本書は、植民地期、朝鮮人児童が通う普通学校で使用された「国史」という歴史教科書の中にある「朝鮮の歴史」の部分を考察する。朝鮮総督府は、国史教科書を編むにあたって、日本歴史とは別の、朝鮮の歴史をどのように記述しようとしたのか。その意図はそもそも何であったのか。いつからはじまり、いかなる内容が描かれ、それはどのような変化をとげたのか。また、この教科書を使用した教師は、朝鮮の歴史のこの部分をどのように受けとめ、教えようとしたのか。著者國分は、これらの点をていねいに分析し実証している。これまでにない新しい研究であろう。
　以下に、本書を要約しながら、その意義をのべていきたい。

（1）「朝鮮事歴」の変遷─朝鮮歴史の読み替え＝変質の試み
　第一に。「朝鮮の歴史」のこの部分を、「朝鮮事歴」という。王朝史中心の朝鮮歴史のことであるが、朝鮮歴史を一国史としてみるのではなく、より矮小化した一地域の歴史にすぎないという見方を表現したいがために、使用された用語であった。朝鮮事歴は、1910年の韓国併合が「やむを得ない結果」であることを、「朝鮮の歴史の本体に入って教える」（教科書編集課長小田省吾）ために導入された。韓国併合の正当性を朝鮮人児童に理解させるために、朝鮮の歴史自体を読み替える＝変質させることを目的としていた。国史の教授は、直接に、「日本歴史」や朝鮮との「関

＊東京家政学院大学教員

係史」による皇国臣民意識の植えつけを行おうとしたが、それだけでは足りないと考え、さらに、朝鮮人児童の歴史意識の根本的「変革」をもとめて、朝鮮事歴を置き、日本への従属意識をより徹底させようとしたのである。國分は、被支配民族に対して、その民族の歴史を用い支配民族の思うがままの思想に近づけるという、この朝鮮事歴政策は、世界の植民地政策史のなかに他に例を見つけることはできない、とのべている。これはきわめて稀有な事例であった。

この稀有な事例には、大いなる矛盾があった。支配民族に都合のよい歴史の読み替えは、当然に、無理が生じる。國分は、この無理と矛盾の経緯を、明らかにしていく。これが本書の第一の意義である。本書は、1920年から1941年までの、朝鮮総督府編纂の普通学校歴史教科書に叙述される「朝鮮事歴」の誕生から削除までを綴る。削除という結果は、この矛盾と無理の集中的表現を意味する。

分析された普通学校歴史教科書は、以下の5つである。

1919年の三・一独立運動後、総督府は、朝鮮事歴教授をはじめる。1920年から22年まで、総督府は、朝鮮事歴のために尋常小学校『国史』とはべつに『補充教材』を編纂する。まずは、この『補充教材』の分析（その1）からはじまる。

つぎに、総督府がみずからはじめて編纂した、1921年・22年の『普通学校国史』（その2）。これは、朝鮮事歴を大日本帝国史の有機的な一部に組み込む試みであった。

続いて、1932年・33年『普通学校国史』（その3）の検討。これは、朝鮮事歴の分量増加の試みであった。

その後、1937年『初等国史』（その4）と、1941年『初等国史』（その5）と続き、朝鮮事歴の削減と削除までが分析される、という内容構成であった。

（2）日本帝国の郷土史としての「朝鮮事歴」

第二に。朝鮮事歴は、「郷土史としての朝鮮事歴」という考え方で導入された。日本歴史の郷土史として朝鮮事歴を扱い、日本への従属を強調しようとしたのが朝鮮事歴であった。朝鮮事歴で、日本との従属関係を強調する「郷土化」を試みた。いつの時代においても日本歴史と関係

があるわけではない朝鮮歴史に、意図的に日本歴史との従属関係をしめす叙述を挿入し、朝鮮半島を大日本帝国と関係ある一郷土として組み込もうとしたものこそ、朝鮮事歴であった。國分は、この朝鮮総督府の政策を、日本内地の郷土教育論や郷土史教授理論の影響を通して分析しようとした。朝鮮事歴と教育思潮との関係をできるだけ読み解こうとした。この点が、第二の意義であろう。とくに、1930年前半は朝鮮事歴の量的拡大が試みられる時期であり、「内地」の郷土教育運動からの影響は大きく、國分は、朝鮮総督府の関係者や現場の教師がその影響をいかに受けたのか、を詳しく分析している。本書でもっとも充実した部分であった。

日本国内の教育理論がいかに植民地教育政策に貢献したのか、あるいは、植民地教育政策はどのように教育理論を利用して、その意図を図ろうとしたのか。植民地教育行政の思惟様式とはどんなものであったのか。あるいは、近代日本の教育理論ははたしてどんなふうに植民地主義に向きあっていたのか。本書は、これらの点への問題提起を含むものであり、読む者をして考えを深めるきっかけを与えてくれる。本書の魅力である。

国内の郷土史教授には、二つの側面があると考えられていた。「各地方の特色ある歴史」を教えるということと、「中央史を具体化した歴史」を教える側面である。朝鮮総督府は、この内、とくに後者の側面を重視し、それを応用し、中央の日本国家の思想を具体化する地方朝鮮史を描こうとして、朝鮮事歴の「郷土化」を試みたわけであった。

また、郷土史教授は、児童の身近な郷土を教えることであり、歴史教授の初歩的教材となりうる直観教授であると考えられた。総督府は、児童に歴史の勉強に関心をもたせるうえで、これは有効な方法であると判断した。さらに、郷土を教えることで日本国家への愛国心を育てるという郷土教育のねらいにも注目した。國分は、総督府学務官僚や在朝日本人教師の言説を通して、郷土教育の考え方に基づく朝鮮事歴政策を実証した。

しかし、実際につくられた歴史教科書は、思惑通りにはいかなかった。重大な問題をかかえざるを得なかった。朝鮮事歴は、①日本との従属関係、②中国との従属関係、③朝鮮の文化史、④朝鮮の政治的変遷、の4つの要素から記述されていたが、実際の叙述は、①や②よりも、③の朝

鮮の文化史や④の朝鮮の政治的変遷の叙述が多くなったという。1930年代前半の郷土教育運動の影響は、朝鮮事歴の記述の分量を多くさせ、日本歴史との従属関係を示す叙述をかえって減らす結果にさえなった。こうした問題が、批判を生み出し、結果的に、1930年代後半の朝鮮事歴の「削減」となり、41年には「削除」されるまでになっていくのである。

総督府の支配に都合のよいように、朝鮮人の歴史意識の根底的な転換を図るために、朝鮮王朝の文化史や政治的変遷を取り入れたのだが、しかし、そのことがかえって、日本帝国の郷土史（＝従属史）を描くことを困難にした、と國分は指摘する。日本歴史の郷土史としての朝鮮事歴は、もともと自己矛盾をかかえた「観念的なもの」であり、破綻はまぬがれがたかった、と結論づけている。

それはその通りであると思うし、重要な指摘である。しかし、そういう歴史を教えられた多くの朝鮮人児童がいることは事実であり、彼ら児童のその精神に宿した影響をいま私たちはどのように想像してみることが大切なのか。また、その「観念的なもの」を信じて疑わず、それを教えた少なくない在朝日本人教師の責任は、いったい、いかなるものとしてとらえたらよいのか。國分の、もうひと言が、ほしかった。

（3）現場教師の批判─朝鮮事歴は日本歴史の単一性を傷つける

第三の意義は、教育政策の機能とその影響を教育現場の実際に降りたって、分析しようとした点である。法令─政策─教科書─教師の考え─学習指導案といった流れでいえば、後半の、教科書─教師の考え─学習指導案の分析を行ったことである。この場合、「教師の考え」は、朝鮮教育会や初等教育研究会という官製的性格が濃厚な教師集団のことであった。

國分の分析で、とくに、あらためて驚きをもって知った事実は、教育現場にいる朝鮮教育会に所属する在朝日本人教師たちの方が、総督府よりもはるかに、「日本国家の中央史としての地方朝鮮史」（郷土化＝朝鮮の日本従属史）の徹底化をもとめ、主張していたということである。彼らは、総督府編纂の教科書の矛盾を衝き、朝鮮事歴は日本歴史と異なる朝鮮歴史の系統性や優秀性などの独自性をかえって浮かび上がらせてい

ると指摘した。朝鮮事歴を日本歴史に挿入すると、日本歴史の単一性を傷つけてしまうとし、総督府をきびしく批判した。たとえば、1937年、朝鮮事歴の題目が外され、削減された改訂時、ある教師は削減を支持し、以下のようにのべた。

「然し郷土史研究が我が国各地方に存するものであり、唯朝鮮の国史教育のみが、特別なる題目を設ける必要はない。時勢は還り、かくする事が返つて一視同仁の大御心にも添ひ奉らぬ時勢となつて来たのである。(中略) 普通学校の児童が内地関係の国史よりも朝鮮関係の国史を喜ぶ言ふ様な事が微塵も存しないのである。大人の感じる以上に児童は既に日本人となり国史教育を受けてゐるのである。而して朝鮮史に関する取扱は従前の如き独立せる課によりては十分なる取扱をなし得ない。国史に於ける郷土史朝鮮は、国史ありての郷土史であつて、朝鮮自体の郷土史の一節ではあり得ないのである」(193〜194頁)

1941年の『教科書編輯彙報』は、これまでの朝鮮関係の教材には、国史の発展そのものに関係のない朝鮮の史実が含まれており、「国史教育を二重化するが如き失敗」を犯してきたとのべている。この認識は、上記現場教師たちの朝鮮事歴記述への批判に基づくものであったろう。國分はそのようにのべていると思う。1941年の『初等国史』からの朝鮮事歴の「削除」は、こうした教師の声を受けてのものであった。

在朝日本人教師における植民地主義思想とその責任はいかなるものか、思いを深くする事実との出会いであった。國分は、この問題をどう考えているのだろうか。お聞きしてみたい。

2．いくつかの要望と疑問

つぎに、私自身が不勉強なところもあり、今後教えをいただきたいとの願いを込めて、いくつかの要望と疑問をのべさせていただく。

(1) 社会的背景について

一つ目は、社会的背景と朝鮮事歴の変遷との関係を、もう少し書き込んでほしかったということである。とくに、① 1919年の三・一独立運

動と朝鮮事歴の誕生との関係、②1930年前後の農村漁村振興運動・自力更生運動（山梨・宇垣総督下）と朝鮮事歴の分量増加との関係、③1938年以降の内鮮一体化の皇国臣民化政策（南総督下）と朝鮮事歴の削除の関係について、である。個々の総督府関係者の言説を取り入れることは大切なことであるが、もっと厚く社会的背景を論じて歴史分析をしてほしかった。とくに②と③は、強く要望したい（拙稿「植民地朝鮮における教育行政官僚の思想─渡邊豊日子と塩原時三郎を中心に─」『「大東亜戦争」期における日本植民地・占領地教育の総合的研究』平成10・11・12年度科学研究費補助金（基盤研究（B）（1））研究成果報告書、研究代表槻木瑞生、2001年、参照）。

　國分も指摘（110頁）するように、1930年代の朝鮮における農村漁村振興運動や自力更生運動は、あきらかに郷土教育を組み入れようとした総督府主導の運動であった。郷土を愛し、郷土の産業に従順に従事する労働力を養成するために、郷土教育＝朝鮮事歴の教授はぜひとも必要と認識されたのではなかったか。農村更正・産業振興策との関連をもっと追求してほしかった。國分の記述は、その点でむしろあいまいさがあり、「その一方で、1930年前後の総督府の教育政策への関心は、思想問題や卒業生指導などにもあったため、郷土教育だけに政策が集中することはなかった」（94頁）という指摘などは、かえって記述の一貫性を損ねていたように思う。

　1938年以降の南総督時代、とくに塩原時三郎学務局長のもとでの教育政策の大転換は、あきらかに朝鮮事歴の削除に大いに関係していると思うのだが、どうだろうか。「皇国臣民」の造語を生み出し、志願兵制度（1938年）に適う朝鮮人を養成しなければならないという総督府に突きつけられた時局の要請は、これまでの教育政策の考え方を一変させるものではなかったか。朝鮮人を皇国軍人として形成するという、「日本人化」の究極の姿＝徴兵制度の設置を近い将来に見すえての教育政策の展開がはじまったのが1938年である。朝鮮事歴の「削除」もこうした社会的背景を考察して、はじめて真に解きうるように思えてならない。

（2）日本国内における郷土教育運動との関連

　國分の「内地」の郷土教育論の整理がやや気になった。海老原治善の

古い研究によれば（『現代日本教育実践史』1975年）、1929年からはじまった世界恐慌によって日本は不況のどん底におち、農村の生活不安は一段と深刻になったとのべ、それが郷土教育運動が起こる原因であったとする。まず、こうした視点を國分はもちえていたのかどうか。

　つぎに、海老原は、郷土教育運動は三つの潮流があったとする。第一は、観念的でかつ主観的情緒的、心情的な郷土教育論とその実践である。北沢種一や入沢宗寿がその担い手である。社会的矛盾が顕在化しない都市新学校や師範学校附属小学校での実践とされ、「郷土」は体験や直観といった教授＝学習上の方法原理に解消されたという。あわせて、観念的に、郷土を愛することで愛国心を形成させようとしたという。國分は、この潮流に注目し、これらが朝鮮に受容されたのではないのかと推測している。問題は、あと二つの潮流にたいして、國分は十分な注意を向けていないことである。

　第二の潮流は、科学的郷土教育論である。雑誌『郷土教育』（1930年〜）を発行した郷土教育連盟がその例である。客観的実在としての郷土、悩みに満ちる現実の郷土を認識対象にすえようとしたとする。第三の潮流は、マルクス主義の立場に立つ、郷土教育実践への批判である。羽仁五郎、浅野研真、本庄陸男などが論陣を張った。彼らは、愛国心を強調する郷土教育論を批判し、真実の姿は「郷土を喪失した者」とは「第一にプロレタリアート」であり、「第二に植民地民族」であったと指摘した。郷土は喪失したのではなく、奪われたのである、とのべた。

　これら郷土教育運動全体は、やがて変質し、地域研究から郷土愛へ移り、愛国心教育の代名詞となっていったと、海老原は結論づけていた。

　重要なことは、「内地」の郷土教育運動には、植民地批判があったという事実である。朝鮮における郷土教育の受容は、こうした第二、第三の潮流を慎重に回避したということではなかったか。そのような予想が成り立つように思われるが、國分は、どのように考えるだろうか。

　それにしても、朝鮮の現実は、第二、第三の郷土教育論をもとめる客観的基盤を有していたと思われるのだが、実際の思想状況はそれをまったく許さなかったということなのだろうか。史資料が見つからぬ以上、それは確かめようがないのか、どうか。

（3）1940年・41年の『初等国史　第5・6学年』と1944年の『初等国史　第5・6学年』について

　國分は、1937年の『普通学校国史』は、それまでの朝鮮事歴の独立単元を廃止したとのべているが、内容まで削除したわけではなく、日本歴史単元の中に内包されたとしている。1940年・41年『初等国史』は、先に述べた朝鮮事歴の4要素がバラバラになって記述されているとし、その意味から朝鮮事歴は「削除」されたと結論づけている。しかし、日本との従属した関係史は残されているとした。したがって、日本との従属関係史が残されているのであれば、「削除」という指摘はやや疑問である。朝鮮事歴の1要素である従属関係史の内容自体が、さらにていねいに、検討される必要があるのではないか。

　とくに問題にしたいことは、1940年『初等国史』は第5学年用であり、1941年『初等科国史』は第6学年用であった、という事実である。國分は、この事実にもっと注意深くあってもよかったのではないのか。この時、総督府は、これまでのやり方をあらため、国内の歴史教育の常識を捨て、神代から現代までを5年生と6年生の両学年で繰り返して二度教える「循環法」（磯田一雄『「皇国の姿」を追って』皓星社、1999年）を採用した。第5学年は「国体明徴」を、第6学年は「国運発展」を、それぞれ目的に編纂された（磯田一雄）。第6学年『初等国史』は、東アジアとの関係史をことのほか重視している。私は、それは同じ時期の国内の国定教科書の記述をこえる、大東亜共栄圏構想に応じた植民地支配者独自の国史編纂の試みであったと考えている（拙稿「朝鮮総督府の国史教科書と国定国史教科書」『日本植民・占領地の教科書に関する総合的比較研究』平成18年度〜平成20年度科学研究費補助金（基盤研究（B）（一般））研究成果報告書、宮脇弘幸研究代表者、2009年）。1940年の第5学年の『初等国史』と1941年の第6学年『初等国史』、さらに1944年の再改訂版『初等国史　第5・6学年』における、日本と朝鮮の関係史の記述の比較分析はもっと重視してよいように思われる。朝鮮事歴の目次単元は消えたとはいえ、1940年以降の『初等国史』4冊における従属関係史の内容比較分析は残された課題であると思えたのだが、どうだろうか。

（新幹社、2010年）

Ⅵ. 図書紹介

笹川紀勝・金勝一・内藤光博編
『日本の植民地支配の実態と過去の清算』
―― 東アジアの平和と共生に向けて

西尾達雄*

　これまで植民地支配の実態に関する研究は、数多くなされてきている。近年特に増えてきたのが、「植民地近代化論」であり、二項対立批判からの「客観主義」的研究である。その中にあって本書の視点は明確である。「どのように統治され、どのように抵抗したのか」である。それは、次のように示されている。

　第1に、「日本の植民地支配」で実際に何が行われ、それについてどのように評価すべきかについて、朝鮮半島の三・一独立運動裁判の判例の中にみえる「日本の植民地支配」の実態の検証を中心に置きつつ、植民地法制の理解、そして反植民地・抗日独立運動を支えた「抵抗の思想」の本質や日本の植民地支配が被植民国に与えた文化面への影響などを事実に即して実証的に研究し、日本の植民地支配の本質を総合的に理解することに重きを置いた。

　第2に、こうした日本の植民地支配についての実証研究を踏まえた上で、日本の植民地支配と侵略戦争が東アジア地域にもたらした「惨禍」を見つめ直し、東アジア地域の国々と日本との「真の和解」(平和構築と共生社会の実現)の道を探ることを目指した。

本書の構成

　目次は以下の通りである。表記はまま（後述）。（　）内執筆者、訳者。

　はしがき（笹川紀勝・金勝一・内藤光博）

---
*北海道大学教員

【資料】三・一独立宣言書（1919年3月1日）

第Ⅰ編　日本の植民地支配と植民地法制
　　第1章　植民地朝鮮の法体系と三・一独立運動(鄭肯植－田中俊光訳)
　　第2章　植民地初期の朝鮮総督府の法制定策と
　　　　　　　朝鮮民事令第11条の改正（李昇一）
　　第3章　植民地支配下の「3・1独立運動」の裁判における
　　　　　　　法適用と以後における植民地法制の変化（朴井源）

第Ⅱ編　植民地支配における抵抗の思想と文学
　　第4章　韓国独立運動勢力の三一運動の認識
　　　　　　　―中国関内地域を中心に（韓相壽）
　　第5章　日・韓近代文学に現れた3・1独立運動（芹川哲世）
　　第6章　20世紀初頭、韓中日における
　　　　　　　知識階層の反植民地論の政策の比較（金勝一）
　　第7章　日本の植民地統治と台湾人の政治的抵抗文化
　　　　　　　　　　　　　　（王泰升－阿部由理香訳）

第Ⅲ編　判例を通して見える植民地支配の実態
　　第8章　3．1独立運動の判決
　　　　　　　―植民地法制研究の一つの視点（笹川紀勝）
　　第9章　三・一独立運動事件における判例の分析
　　　　　　　　　　　（リー・マージ　クリスティン）
　　第10章　水原地域の3．1運動と
　　　　　　　民族代表の関連性について（趙成雲）
　　第11章　台湾における植民地支配と判例
　　　　　　　―政策の実現と司法の役割（後藤武秀）

第Ⅳ編　植民地支配における文化の変容
　　第12章　朝鮮博覧会（1929年）と
　　　　　　　台湾博覧会（1935年）の比較（河世鳳）
　　第13章　植民地時代の法と言語文字生活（晋永美）

第14章　日帝強制占領期（1910 − 1945）の美術文化政策（金大烈）

　第Ⅴ編　日本の植民地支配と「過去の清算」
　　第15章　三・一独立運動と日本国家の「戦後歩哨責任」（小林武）
　　第16章　日本の戦後補償裁判と植民地支配（内藤光博）
　　第17章　「東アジア共同体」構想─幻想か現実か（石村修）

あとがき（内藤光博）

　このように本書は、5編17章で構成されている。各編の柱については、次のように述べている。
　1. 日本の植民地支配の特質を明確にし、植民地支配下での独立運動の判例分析の前提を提示するために、とくに朝鮮半島における植民地法制の検討を行った（第Ⅰ編）。
　2. 三・一独立運動や反植民地運動を支えた思想的背景（抵抗の思想）を探ることである。ここでは、韓国独立運動勢力の思想、日韓の文学の中で語られている三・一独立運動、日中韓の知識層の反植民地思想、台湾における政治抵抗文化を検討した（第Ⅱ編）。この点について、とくに朝鮮独立の思想を明瞭に表し、本書でもしばしばとり上げられている1919年3月1日の「三・一独立宣言書」を「資料」として冒頭に掲載した。
　3. 三・一独立運動裁判の判例分析と、台湾における日本の植民地支配に関連する裁判の判例分析である。ここでは、判例の中から浮かび上がる植民地支配の実態を実証的に分析した（第Ⅲ編）。
　4. 植民地支配により被植民国の文化がどのように変容させられたかという研究である。ここでは、朝鮮と台湾における博覧会の比較分析、日本の植民地政策における言語政策と美術文化政策を検討した（第Ⅳ編）。
　5. 以上の実証分析を踏まえて、日本の植民地支配と戦後補償裁判を分析することにより日本の植民地支配の法的・政治的責任を明確にすること（過去の清算）、そして東アジアの平和構築と共生社会の考察である。ここでは、日本国憲法を足がかりに日本の植民地支配の法的責任を考察し、「東アジア共同体」構想を検討した（第Ⅴ編）。

本書の概要

　以下、各章の概要を紹介しておきたい。
　第1章では、まず、近代法史の時期区分から植民地法制が統監府の法制をベースに構築され、1945年の植民地解放まで続いたことを踏まえて、植民地法制と三・一独立運動の関係を課題としていることを示している。植民地法制の基本原則では、統監と総督が基本的に機構や権限の面で大差なかったこと、日本は併合前に朝鮮に帝国憲法を施行せず、大権を委任された総督が統治する方針を確立させていたこと、朝鮮は台湾や他の植民地と異なり大日本帝国内の異法地域として存在したことを指摘し、刑事法制では、近代化という美名の下に日本法が依用されつつも、朝鮮の特殊な事情を尊重するという名目で特例が定められ、これが抑圧的な機能を果たしたことを明らかにしている。また民事法制でも日本の民事法令を依用するとともに朝鮮の制度、慣習、民度などを鑑みて特例を設けて調和を図ったとしており、これによって同化政策を推進したと述べている。
　第2章では、民事法に関する研究が進んでいないことを指摘し、その課題を検討している。従来の研究では慣習法政策を'同化主義'として把握していたが、植民地時代の朝鮮の慣習は、朝鮮在来のものを維持したものではなく日本民法の影響によって歪曲された姿を見せる、'植民地的慣習法'であったこと、朝鮮民事令第11条の改正をめぐり生じた朝鮮総督府と日本政府間の葛藤が、朝鮮の特殊性を植民法制に反映させようとする過程において現れたものであったことなどを明らかにしている。
　第3章では、三・一独立運動の裁判における法適用と以後における植民地法制の変化について言及している。独立運動を内乱罪ではなく騒擾罪とした理由を加担者が多数であったため現実的に受け入れがたかった点と大日本帝国が植民地統治の真相を意図的に隠すための苦肉の策であったことを指摘している。そして三・一以後弾圧法制は逆に強まる結果になったとして、量刑の強化、海外における独立運動に対する処罰法

令が出されたこと、「検閲標準」による表現の自由等の侵害と抑圧、「朝鮮人旅行取締に関する件」による民族運動の規制、治安維持法の強化などを明らかにしている。三・一がもたらした課題として、1）大日本帝国による韓国支配の不法性に対する認識、無効であったこと、2）三・一に関わる北朝鮮の関連資料の確保と分析、その交流と共同研究の推進、3）現代韓国の法制と法文化への影響などをあげている。

　法制度の検討の後に4～7章に思想、文学研究が入っており、読み始めは違和感があったが、読む内に解消された。
　第4章では、独立運動勢力の三・一認識に言及している。三・一の淵源として、開港以来蓄積された国権守護運動の歴史的経験を位置づけるとともに、反侵略、反ファシズムを標榜した東方被圧迫民族の解放運動の嚆矢と受け止めたとしている。また、三・一運動を失敗と認識し、それを教訓として三・一以後高揚した大衆に依拠した全民族的闘争を評価しようとする認識があったこと、30－40年代の中国関内地域の独立運動勢力も臨政樹立を三・一運動の歴史的所産として評価するようになったことを指摘している。
　第5章では、三・一運動を題材とした日韓近代文学作品が分析されている。韓国人作家の三・一という非暴力の行動を銃剣で殺戮し弾圧していく姿や三・一による逮捕・服役・拷問・出獄の中での人間的葛藤の描写は、その現実感が前編の法制度の中で作られていることを想起させ読み応えがある。また朝鮮育ちの日本人作家の作品は、贖罪観と良心が示され、植民地下に生きる民族の悲哀と痛憤を感じさせるものである。
　第6章では、20世紀初頭、韓中日における知識階層の反植民地論の性格が比較検討されている。社会主義者、キリスト教徒、文学者、無政府主義者などの各国の知識人の反植民地論に対して、その思想的限界をバッサリと切り捨てている。また、「20世紀初頭」という表現で示されているのは、「日韓併合前」であり、三・一との関わりでいえば、1910年代の思想状況が大きな影響を及ぼしていると考えられるが、その点の言及はなかった。それについては、本会2009年度のシンポジウム「三・一独立運動と植民地教育史研究」での三ツ井崇の報告及び年報での小論が参考になるように思う[1]。

第7章では、日本の植民地統治と台湾人の政治的抵抗文化と題して、なぜ当時、台湾での抗日は「独立」を求めることがなかったのか、「台湾独立」を主張することで、台湾社会における日本政府への不満を動員する力とはなり得なかったのかが分析されている。1895 年から 1902 年までの軍事鎮圧によって多くの青年たちの尊い命が奪われたが、なぜ台湾は親日的といわれるのか、そこには、厳しい弾圧体制の中での台湾の孤立した状況、1920 年代以降の台湾人政治エリートの抗日目標と戦略の転換もあるが、それ以上に大きかったのは、1945 年以降の国民党政権による台湾統治の影響を指摘している。

　第 8 章～ 11 章は、本編の中核部分であると考えられるが、判例分析を中心課題としながらも、11 章を除いて、現状では資料整理の段階であり、先行研究による分析にとどまっているのは残念であった。8 章では、植民地裁判所における判例に関わる先行研究から「植民地人にとって支配者が法に制約されるという実際を見ること」の意義と「植民地人が問えるなら、彼は何を恣意か、何が責任かを問いうる」という視点から植民地における判例研究の必要性を指摘し、その膨大な判例資料分析の足がかりとして三・一に関わる判例分析研究があることを明らかにしている。

　9 章では、『判例における三・一独立運動史』（鄭光鉉著）に挙げられている 33 件の判例を列挙しその特徴を述べている。三・一に適用された主要法令は保安法と出版法であり、「内乱罪」ではなかったこと、ほとんどの 1 審、2 審の有罪判決は高等法院への上告が行われたがすべて棄却されていること、地方法院の有罪判決の量刑は、具体的に提示されていないこと、保安法違反事件の量刑は、懲役 5 月から 6 年までであり、無罪判決もあったこと、判決の中で死刑判決は 1 件だけであったことなどを指摘している。

　10 章では、水原地域の三・一運動に対する従来の見解に対して、'民族代表'の役割を再検討し、初期段階における民族代表の役割があったこと、展開過程で農民中心の運動になっていったこと、土地調査令などによる経済侵略で農民層の没落が浸透し、植民地統治に対する不満が充満していたことなどが農民中心の暴力的闘争の背景であったことなどが

指摘されている。

11章では、台湾台中地方法院の判決原本から台湾領有初期における日清条約及び台湾及び澎湖島住民退去条規の定める不動産処分規定と私人間契約との対立関係について検討し、台湾における植民地支配と判例について言及している。一事例であるが、条約と私人間契約の優先度を法律論的に立ち入ることなく、最終判断が下されているところに特徴があるとしながらも、条約により私人間契約を解除されるべきであることは論を待たないと論じた第一審判決から領有当初の裁判所が条約に示された国家政策の実現に協力する性格を帯びていたと結論づけている。

12章では、朝鮮と台湾の博覧会を比較し、両者が統治メカニズムの国家権力主導のメガイベントであるという点で共通しているが、いくつかの点で両者の違いを指摘し、本国日本人との関わりに言及している。博覧会による本国への植民統治実績報告の意図は台湾の方が朝鮮より強かったこと、博覧会に対する批判的態度は朝鮮の知識人は強かったが台湾ではほとんど見られなかったこと、台湾博覧会に対する「内地」日本人が無関心で台湾在住日本人に失望と怨望を抱く様相があったこと、台湾は朝鮮にステレオタイプなイメージを持っているが朝鮮は台湾に関心がなかったこと、近代化をアピールした台湾に対して伝統を基調とした朝鮮という特徴があったこと、「台湾本位」あるいは「我が台湾」という語法は在台湾日本人の思考方式の典型として示されるが、内地からは地域主義として批判を受けていたこと、こうした違いが植民地以前の国家と地方という差異から現れていることを指摘している。

13章では、日帝植民地統治の中での言語文字生活と文化活動の変遷を歴史的に整理しながら、日本による侵略と植民地支配の影響を明らかにしている。日本は、日朝修好条規以来日本語を強要してきたこと、日帝の言語政策に韓国を永遠に植民地化しようとする意図があったこと、言語抑圧の中で民族言語を擁護する運動が強まっていったこと、民族言語としてハングルを強調する中で漢文への関心が弱くなったこと等を指摘し、こうした偏向的変化は強圧的で意図的変化であり、漸進的なものではなく、これが今日の韓国の言語文化に課題として残されていると述べている。

14章では、日帝支配期の文化芸術に対する植民地政策を武断期、文

化政治期、日帝末期に区分し、武断期の強烈な民族文化の抑圧、文化政治期の朝鮮美術展等による日本文化の強制、末期の皇民化政策下の「時局」の中での親日美術の推進というようにその特徴が変わっていくことを指摘し、一貫して日本人化のための手段であり、同化政策の一環であったとしている。

　15章〜17章は、本書のもう一つの核心的分野であり、「過去の清算」に関わる法的課題を論じている。15章では、日本国家の「戦後補償責任」に関わる課題について、責任回避論の根拠となっている帝国憲法下の「国家無答責」の法的問題、違憲性及び「立法不作為」の責任論をポツダム宣言、日本国憲法から折出しており、日本国憲法が過去の侵略戦争と植民地支配への歴史的反省に立って、帝国日本が世界の人びとに与えた苦痛を除くことを戦後国家の立脚点としたことが、補償立法義務の存在を明示しているとしている。その意味で2002年の小泉・金日成（ママ、後述）による日朝平壌宣言で植民地支配の損害と苦痛に対する補償として経済的援助で補填すればよいとし、国民個人の補償請求には門戸を閉ざしてしまっているように読めるところがあるとして、両国政府に国民を顧みることのない国家の姿勢がうかがえると指摘している。

　16章では、「植民地主義」と「侵略主義」の所産である戦後補償問題について、日本政府の「責任感と反省の欠如」を指摘し、その根本的に問われているのは日本政府の植民地支配及びアジア太平洋戦争に対する「歴史認識」であるとしている。その解決に向けて「法の壁」が立ちはだかっているが、戦後補償裁判での被害回復事例などからその展望が示されている。その成果を発展させるためには「戦後責任」の視点から憲法学的な理論構成が必要であるとしている。

　17章では、これまでの章で検討された課題を踏まえた、植民地支配への総括を前提として「東アジア共同体論」が検討されている。新たな覇権を求めようとする新植民地主義的再編の危険性を指摘しながら、その展望を、アメリカの影響力の極小化と北朝鮮との本格的対話にあるとし、主役は「アジア市民」であり、ASEAN諸国が具体的推進役であることが望ましいとしている。

若干のコメント

　本書は、笹川氏らによる20年以上にわたる資料収集活動と日本・韓国・中国・台湾・アメリカの研究者たちとの共同研究の成果がまとめられたものである。笹川氏らは、2000年に日韓の学者による「日本統治下の裁判」に関する共同研究会をソウルで開いている。そこで「三・一独立運動」で拘束された人たちの裁判の判決調査が始まったという。笹川氏はその10年前から、韓国の金哲洙・ソウル大学名誉教授、金勝一東国大学兼任教授（当時）らの協力を得て、韓国各地で、三・一運動で逮捕された人々の裁判記録を調べている。先行研究を分析する一方、韓国の政府記録保存所、国史編纂委員会のマイクロフィルムを調べ、約1600の判決文を見つけ、事件ごとに、予審関係、地方法院（地裁にあたる）、覆審法院（高裁）、高等法院（最高裁）の各判決をリストアップして、先行研究の著書とも照合して一覧表を作成している。このうち主な判決文を『三一独立運動判決精選』として三分冊4巻にまとめ1999年に限定して出版している[2]。その成果は本書でも紹介されている。また、笹川氏らは、2001年に始まる国際学術会議で韓国併合条約の国際法上の検討を行っており、不法論を展開してきた。現在も合法論との対立状況が続いている[3]。

　本書は、このような研究の中で、「判例の分析のためには、日本の植民地支配の実態と本質を見極めることが不可欠である」という認識のもとに、広く、法律学、歴史学、文学、民俗学などの研究者の協力を得たものである。

　こうした経緯を踏まえて本書をふりかえると、植民地法制、抵抗の思想・文化、判例分析、博覧会・言語・美術に見る文化変容、過去の清算と戦後補償、という構成は理解できる。しかし、各編の意図と諸論文間の関連性や議論あるいは共通理解が必ずしも明確ではなく、各自の主張を展開した感が否めない。また、柱の中核である三・一に関わる判例研究を通して、独立運動家たちが具体的にどのように裁かれたのかという点では、課題提示になっていたのは残念であった。ないものねだりかも

知れないが、三・一運動および裁判がもたらした文化や芸術への影響については、文学関係論文には明確に示されているが、その他の分野に関わる論文では感じられなかった。また植民地支配の日常生活への影響については、民法関係研究がまだ端緒についたばかりだということであり、今後の研究が待たれる。

　また、表現上の不統一や誤字にも気になるところがあった。特に、「三・一独立運動」というキーワードについてである。あえて統一しなかったのか、「三一」、あるいは「3・1」、「3.1」というように執筆者によって表現が異なっている。歴史用語を日本（語）で出版する時と現地（語）で出版する時の統一ルールがまだできていないのかも知れない。また、重要語句の誤字があったことは残念であった。訳語とかかわって「原山」は「元山」であり、「破業」は「罷業」である。訳語ではないが、平壌宣言とかかわる部分での「金日成」とあるのは「金正日」である。

　各章の概要に示したとおり、全体として、植民地における法支配がどのように作られたのか、植民地支配が生活、文化、芸術という具体的活動にどのように現れているのか、そうした歴史的事実を示そうとしたものであり、学ぶところの多い内容であった。特に、第1編の植民地法制は植民地における諸現象を分析する前提であり、第5編の戦後補償の課題は、私たちが植民地・占領地の歴史研究をする現代的意義を示すものであろう。

　「過去の清算」こそ、わが国がアジア諸国と「和解」し「共生」するための前提であるという問題意識は共感できるし、そのための実証研究の積み重ねが必要なことも同意できる。教育における植民地支配の実態を解明していくという私たちの研究にとっても本書は一読に値するものである。最後に　池明觀・元東京女子大学教授の『三一独立運動判決精選』序文を示しておきたい。

　「（この三・一運動は）自分の国を武力で支配した日本を憎んではならないと言う。日本と朝鮮と中国が真の『東洋平和』を打ち立て、『世界平和』『人類幸福』に貢献したいと言う。そして日本をアジア支配の『邪路』から引きだすこの戦いに暴力を使ってはならないと言う。日本を糾弾するためではなく、三・一独立運動の精神に従って日韓関係の正しいあり方、『東洋平和』、『人類幸福』を求めるためである。このような発

想がいったいどこからきたのであろうか。そうして彼らはいのちを失い傷つきまた捕われた。この彼らを裁いた法廷の記録をこのたび日本の社会に向けて公開しようとするのである。それは日本を糾弾するためではなく、三・一独立運動の精神に従って日韓関係の正しいあり方、『東洋平和』、『人類幸福』を求めるためである」[4]。

(風行社、2010 年)

【註】

1 三ツ井崇 三・一独立運動と教育史研究 植民地教育史研究会年報12 皓星社 2009 年。
2 浅野健一 三一独立運動から学ぶ「東洋平和」「日本支配下の裁判」に関する日韓共同研究会の報告 2001 年1月9日。
http://www1.doshisha.ac.jp/~kasano/FEATURES/2001/touyou.html
3 笹川紀勝、李泰鎮編著 『韓国併合と現代 ― 歴史と国際法からの再検討』明石書店 2008 年。
4 注2に同じ。

王徳威著
『叙事詩の時代の抒情　江文也の音楽と詩作』

岡部芳広*

　江文也は1910年5月に日本統治下の台湾淡水で生まれ、4歳で父の仕事の関係でアモイに転居、旭瀛書院尋常科を卒業の後、長野県上田に移り住み、旧制の長野県立上田中学校、そして東京の武蔵高等工業学校電機科に学んでいる。音楽には上田中学時代から親しみ、高等工業学校時代には東京音楽学校のお茶の水分教場夜間部にて作曲や声楽を学び、山田耕筰に、そしてその後には橋本國彦に師事している。高等工業学校を出てからは、オペラへの出演や「第二回音楽コンクール」声楽の部で第二位となるなど、声楽家としてのキャリアを積む一方、作品を音楽コンクール作曲の部に出し続けた。しかし、二位は取れても一位を取ることはできず、本人は自分が「日本人ではないから」と周りに漏らしていたという。しかし、1936年26歳の時、第11回オリンピック・ベルリン大会芸術競技に作品を出品し、その《大交響管弦楽のための台湾の舞曲　作品1》は、師匠である山田耕筰など他の日本人作曲家の作品を抑えて選外佳作を得ている。そして1938年に北京師範大学音楽系教授に招聘され、何度か中国と日本を行き来するが、日中戦争終結後は北京にとどまり、日本にも台湾にも帰ることはなかった。終戦と同時に、蒋介石政権から「漢奸」として10カ月投獄されるが、その後は北京の国立芸術専科学校音楽系教授として、1949年の中華人民共和国成立後は天津の中央音楽院作曲系教授として教育活動と作曲活動を両立させていく。しかし、1957年に「右派」のレッテルを貼られて教学・演奏・出版の権利を剝奪、そして1966年からの文化大革命により批判闘争の対象となり、強制収容所へと送られた。収容所での苦役により病を得、障

*相模女子大学教員

がいをもつようになるが、1976年に文革が終結すると名誉を回復され、中央音楽院教授に復帰する。しかし、心身に受けた痛手は大きく、5年後の1983年73歳の秋に、脳梗塞により北京で亡くなっている。

　本書は、

プロローグ
1　植民地的コスモポリタニズムから「想像の郷愁」へ
2　儒教音楽の政治
3　叙事詩の時代の抒情
エピローグ

という構成で、江文也の音楽作品の作風に対する考察と、彼の詩作に対する論考から成っている。

　プロローグで著者が「江は植民地台湾に生まれ育った人物であり、ヨーロッパの前衛音楽に刺激され、日本でのさまざまな経験を仲立ちにしてヨーロッパ＝モダニズムを身につけた、その第一人者だった。」と述べているように、江文也は日本を取り巻く近代音楽史上、確かに特異な存在であった。台湾に生まれながらも、中国大陸で日本語による初等教育を受け、日本で中学、高等工業学校で学び、同時に音楽を鍛錬し、後にその活動と教育の場を中国に求めた。日本ではどうしても獲得できない一等賞、オリンピックの芸術競技における受賞、台湾出身の「日本人」としての中国での就職、そして植民地出身であるがための受難・・・。彼の人生を語るには、植民地・民族・モダニズム・ナショナリズム・コスモポリタニズムなどというキーワードが必要となるが、本書ではそれらがどのように彼の音楽や詩にからみあっているのかが興味深く考察されている。

　江文也の創作活動には、ロシア出身の亡命作曲家チェレプニンの存在が深く影響しているのだが、チェレプニンは、中国が「『シューマンやショパン、シューベルトを生み出した文化』との間に共通するものを何一つ持っていないという事実」から、「西洋の古典音楽がたどった流れを、中国は現代に到達するまで繰り返す必要はない」と考えており、当時中国の西洋音楽界の中心的存在であった黄自などヨーロッパで音楽教育を受けた音楽家と立場を大きく異にしていた。そういったチェレプニンの態度

は、つまり、「西洋モデルを大がかりなやりかたで中国へ移植」するのではなく、「民族的な様式の光を浴びながら再生されている最新のヨーロッパ音楽の傾向と、中国の音楽とを結びつけること」であり、それを「もっとも効果的な音楽の近代化」と考えたのであった。本書は、日本でも中国でも結局「よそ者」であった江文也が、どのように自己の民族的アイデンティティを求め、どのように表現しようとしたのか、そしてそれが宗主国日本、日本傀儡政権下の北京、終戦後の中華民国、そして中華人民共和国へと、住む「世界」が目まぐるしく変わる中で、どのように変容し、それが彼の住む「世界」でどのように受け入れられた（られなかった）のかが考察されており、江文也についての論考が少ない中、貴重な著作といえる。

《1　植民地的コスモポリタニズムから「想像の郷愁」へ》では、江文也が植民地であった台湾に生まれながらもその故郷を早くに離れ、中国や日本で育ったという特殊な事情にもとづいた、彼の作品の特殊性について述べている。

　江文也が植民地出身という立場で、いっぽうではモダニズム、もういっぽうではナショナリズムという、相反しかねない極めて強烈なふたつの思潮に対して、どのように折り合いをつけたのかということには、関心を払う価値があろう。植民地主義(コロニアリズム)は政治的にも経済的にも排他的であり、さらに文化的にも統制的であり、それは国家規模というより地域として展開される。そうした意味で、日本の作曲家たちは近代的技法をヨーロッパから導入したのだか、それは西洋でのやり方が主導権を得たものであり、無意識のうち日本の植民地的従属性を証拠立てるものであった。

　これはつまり、西洋音楽の技法を身につけることは、江文也にとって、自分の音楽の中で、「西洋」→「日本」→「台湾」という序列を明確にすることであると筆者は述べるが、そのジレンマを昇華するかのように、彼は西洋音楽の技法に依りながらも「東洋の響き」を「想像の郷愁」のなかに追い求めていくのであった。

　また、江文也は孔子の礼楽思想や儒教音楽の研究家でもあり、1942

年に『上代支那正楽考　孔子の音楽論』でその研究の成果を世に出したが、《2　儒教音楽の政治》では、彼の儒教音楽についての態度を、「和」「仁」「法悦」などのいくつかのキーワードを用いて考察している。注目せざるを得ないのは、古代「礼楽」がつねに国家とともにあったように、「礼楽」を創作活動に活かした江文也も例外ではなかったという点である。日本の勢力下で大東亜共栄圏の政治キャンペーンにからめとられることになっただけでなく、日本の呪縛から逃れてからも、「孔廟大晟楽章」を中華民国総統蒋介石に献呈するも「漢奸」として捕らえたこと、文化大革命で批判の対象となったことなど、彼の音楽活動は常に政治に翻弄され続けたのである。

　また江文也は、音楽家としての活動を始めたころから、詩人としても才能を発揮しており、その詩作は生涯を通しておこなわれた。長野の上田中学時代に恩師から、浪漫派詩人である島崎藤村についての影響を受けており、許常恵によれば江文也は藤村によって抒情詩の世界に導かれたとされている。その江の詩作についての論考が、《3　叙事詩の時代の抒情》である。愛国主義と革命精神が席巻した時代の要求であった叙事詩の世界にではなく、江は抒情の様式に自らの表現を求めたのであった。「抒情のディスクールは、ことばと音楽の創造的な力そして人間の知覚の自由を、優先的地位におくことを可能にする」という筆者の規定を是とするなら、江文也は前述したように政治に翻弄され続けながらも、そのなかで自らの自由な表現を追い求め続け、ディアスポラという自覚を持ちつつも「想像の郷愁」のなかに自らのアイデンティティを見出そうとしたのではないだろうか。

　江文也とは、台湾人なのか、日本人なのか、中国人なのか。そういった「区別」が意味をもつのか、もたないのか。東洋人にとっての西洋音楽とは、また、西洋音楽にとっての東洋とは。そして、音楽と政治、芸術家と政治について、などなど。江文也という人物について考えるとき、数々の問題意識が見え隠れする。近代という短い時空において、江文也はモダニズム、ナショナリズム、コスモポリタニズムといういくつもの座標軸を提示し、そのなかで創作活動をおこなった。「江文也とは何か」という課題だけでなく、「現在の我々にとって江文也とは何か」を考えさせてくれる一冊であるといえよう。　　　　　（研文出版、2011年）

阿部洋編著
『日本植民地教育政策史料集成（台湾篇）』
第 95 巻〜106 巻

弘谷多喜夫*

　先ず、『日本植民地教育政策史料集成（台湾篇）』についてであるが、全12集・総120巻が予定されており、2007年2月から刊行が開始され、2011年10月現在までで、第1〜第7集と別集（1）、巻数にすると67巻ほどが出されている。編集代表は、阿部洋国立教育政策研究所名誉所員で、編集委員は、上沼八郎、近藤純子、佐藤由美、佐野通夫、弘谷多喜夫の各氏である。阿部洋氏は、かつて同史料集成「朝鮮篇」全74巻（1987から1991年）を刊行しており、その姉妹編ともいえる。台湾総督府および管下の各種官庁から出された教育施策関係報告書や統計類、各種学校要覧類や教育関係著書・小冊子のほか、『公文類聚』『枢密院会議文書』『外務省茗荷谷研修所旧蔵記録』等所収の各種公文書、さらには『隈本繁吉文書』などの個人文書も加えられている。ただ、『台湾総督府公文類纂』（国史舘台湾文献館所蔵）中の教育関係資料は含まれず、その抽出整理は課題として残されている。

　さて、今回通覧した上記史料集成の第95巻〜106巻は本年1月に刊行された最新刊で、別集（1）にあたる。各集の最初の巻の冒頭には「解題」が収録されており、別集（1）には阿部洋氏のものが収録されている。

　以下この「解題」を参考にしながら内容の紹介と若干の評を試みたい。

　別集（1）は＜台湾教育関係公文書＞（総12巻）と銘打ち、日本統治下台湾における教育関係公文書を整理したものである。所収の公文書の大部分は、国立公文書館および外務省外交資料館所蔵の公文書中から抽出されている。前者のものでは、主として『公文類聚』、『枢密院会議文書』および『御署名原本』のものを中心に収集しており、後者のもの

*浜松学院大学短期大学部教員

では、『外務省茗荷谷研修所旧蔵記録』中の『拓務省記録』と『内務省記録』を中心にしている。

これらから採られた公文書は、大きく分けて台湾教育令関係、台北帝大関係、戦時期の教育政策関係のもので、それぞれ順に第95～100巻、第101～103巻、第104～106巻にまとめられて入っている。

それぞれにどんなものが所収されているか大まかに述べておくと、最初の＜「台湾教育令」関係文書＞（総6巻）と題されたものでは、第一次台湾教育令（大正7年）関係文書（第95巻）、改正台湾教育令（大正11年）関係文書、（第96巻）、台湾教育令中改正（昭和8年）関係文書（第97巻①）、台湾教育令中改正（昭和10年）関係文書（第97巻②）、台湾教育令中改正（昭和10年）関係文書（第98巻）、台湾教育令中改正（昭和16年）関係文書（第99巻）、台湾教育令中改正（昭和18年）関係文書（100巻）が順に収められている。

次の＜台北帝国大学関係文書＞（総3巻）には、同　創設（昭和3年）関係文書（101巻）、同　整備（昭和11年）関係文書（102巻）、同　拡充（昭和14・16・18年）関係文書（103巻）の順にまとめ収められている。

最後の、＜戦時期台湾の教育政策関係文書＞（総3巻）には、義務教育制度の施行関係文書（104巻①）、志願兵制の施行関係文書（104巻②）、徴兵制の施行関係文書（105巻）、戦時下の教育非常措置関係文書（106巻）の順にまとめられている。

公文書の一つひとつは、例えば、台湾教育令の制定に関するもの（第95巻）では、内閣総理大臣名で閣議に提出された請議案、請議案に付された拓務局参考書、枢密院委員録、枢密院審査報告、枢密院会議筆記、枢密院決議　同理由説明書、各種総督府参考資料、枢密院の通告、内閣の奏請、勅令の裁可、総督の諭告などの各文書である。

戦時期台湾の義務教育制度の施行に関するもの（第104巻①）では、総督府の実施要綱案、総督府評議会答申、さらに総督府説明書、説明資料、統計資料などに含まれている各種文書などである。

私は、この書評を書くにあたって、改めてかって私が書いた2つの論文を読み返した。ひとつは、昭和47年（1972）3月発行の『教育学研究』第39巻第1号に掲載されている、「台湾・朝鮮における第二次教育令による教育体系の成立過程」（共著者　広川淑子　鈴木朝英）である。も

うひとつは、1973年発行の北海道大学教育学部紀要第22号に掲載されている「日本統治下の台湾、朝鮮における植民地教育政策の比較史的研究」（共著者　広川淑子）である。

　そうしたのは、これらの論文の視点やあるいは論考についてではなく、使用した資料や文献について振り返っておきたかったからである。

　前者では、私の扱った台湾では「台湾教育令の制定」と「台湾教育令の改正」という２つを論述しているが、これに使った資料は、隈本繁吉手稿「台湾教育令制定由来」（大正11年5月）のみであった。「教育令の制定」に関しては例えば、「総督府が設置した台湾教育調査会が起案した教育令案（及び以後の修正・改案）と審議の経過は明らかではないが云々」述べている。この資料は恐らく本史料集成が課題として残した『台湾総督府公文類纂』から探す他ないであろうが、阿部洋氏が解説で示されているように、本史料集に所収の諸資料では、閣議に提出された請議案、請議案に付された教育令案の趣旨やその背景、制定の経緯などについて拓務局がまとめた『（秘）台湾教育令参考書』から伺うことが出来る。

　「教育令の改正」についても私は、「すでに台湾教育令の改正について審議を進めていたから7月（大正10年）直ちに成案にして中央政府に提出した。この成案は明らかではないが云々」としている。本史料集では、成案および中央政府との案のやり取りの仔細を知ることが出来る。

　後者では、執筆時に資料で困難を感じたことのひとつに戦時期の統計や資料が少ないということがあった。このため、例えば、「台湾でも、志願兵として大学や専門学校の学生も応じていったと思われるが、明らかではない。又、1945年からは徴兵制の実施による召集が開始されることになっていたが、これについても資料的に明らかではない」と述べている。

　これらの点に関しても上記で紹介したように、104巻②、105巻にそれぞれ膨大な関係公文書資料が所収されている。また「台湾でも国民動員計画が立てられ、毎年数万人の新規労働力需要は、徴用令の発動と又学生の勤労動員によって供給された。しかしこれについてもこれ以上は明らかではない」としている。同じようにこの点についても106巻の所収公文書が明らかにしてくれている。私の論文から30年がたっている、その間に研究者の努力によって史料の発掘収集は格段の発展をみた。本史料集はその到達点を示すものといえよう。　　　　　（龍渓書舎、2011年）

上甲まち子・李俊植・辻弘範・樋口雄一著
『植民地・朝鮮の子どもたちと生きた教師　上甲米太郎』

佐野通夫＊

　上甲米太郎という名は、朝鮮植民地教育研究者にとっては親しみ深い名前である。早くは1966年に新藤東洋男、池上親春共著『在朝日本人教師の闘いの記録』（人権民族問題研究会）が出され、1981年にはそれを増補した新藤東洋男『在朝日本人教師』（白石書店）が出されている。

　上甲米太郎は1902年愛媛に生まれ、京城高等普通学校附設臨時教員養成所を経て、20歳で朝鮮の学校教師となった。30年に「教育労働者組合準備会事件」の首謀者として治安維持法違反容疑で逮捕され、西大門刑務所に勾留、2年の獄中生活の後、懲役2年執行猶予5年の判決を受けて出獄した。

　上甲は何故逮捕されたか。上甲は警察の取調べや裁判所の裁判過程で、次のように語っている。すなわち、「自分はもともとキリスト者としてすべての人が平等に生きる地上天国の問題に関心を持っていたが、社会科学の本を読み、地上天国が実現されないのは結局資本主義社会制度であるからだということを知り、反資本主義の理念であるマルクス主義を受け入れるようになった。特に東京で「プロレタリア教育の研究、建設」を掲げて出帆した新興教育研究所を通して当時日本で展開された教育労働者組合運動を知った。その運動を植民地朝鮮でも適用する実践運動に身を投じる決意をするようになった」というものである（40〜41ページ、李俊植執筆）。

　そして1930年には、同年9月に新興教育研究所が創刊した『新興教育』を知り合いに配布したり、元教え子に読書会の企画を持ちかけたりしている。また、第2号と第3号には、文章を投稿している。執筆者名が×

＊こども教育宝仙大学教員

××と匿名にされている第3号の「朝鮮の一教員より」という文章では、朝鮮人児童の入学の際に「コンミッション」を取るなど、金儲けにしか興味のない「日本帝国主義者の手先」である日本人教員を批判するとともに、教員たちに対して闘争を呼びかけている。

　こうした彼の活動が当局の目にとまり、同年12月、かつての教え子で当時京城師範学校に通っていた趙判出（チョバンチュル）とともに逮捕されることになった。

　「朝鮮人に対する愛情を反帝国主義教育運動の次元で実践した最初の日本人教師であった」というのが、本書所収の李俊植の評価である（53ページ）。

　出獄後は教職に就くことはなく、釜山で土建会社の帳簿付け、保険の外交員を経て晋州で京城日報の支局員などをする。しかし、この後、特別高等警察の指示で三井系列である北海道釧路の太平洋炭坑の朝鮮人労務係として転職する。日本の戦時労働動員の一翼を担うことになったのである。この転職について、樋口雄一は「彼のような前歴のある者に対して企業側が積極的に雇用するとは考えられない。また、彼が自ら職を得るために求職活動をしたとも考えられず、……朝鮮社会のなかに日本人の治安維持法違反者がいることは警戒の対象にもなっていた。特高は上甲が晋州からいなくなることを望んでいたとも考えられる。企業も特高も利害が一致して上甲を採用することにしたと考えられる。また、この時点では上甲が特高の指示を拒否することができるような環境になかったと思われる。……上甲はできるだけ朝鮮人の立場に立とうとしていたと考えられるが、きわめて限界のあることであった」と記している（110ページ）。太平洋炭坑では争議があり、上甲が首謀者でないかと疑われたこともあったようである。1944年、朝鮮人労務者とともに三池炭坑に移され、敗戦直後は三池炭坑の人事係として働いていたが、活発な組合活動のため解雇された（1949年）。その後は、紙芝居屋をし、また失業対策事業で働き、全日自労（全日本自由労働組合）の活動をくり広げ、「日本子どもを守る会」の全国組織と大牟田地域での活動に参加する。この間、1955年に日本共産党から朝鮮人が離脱するまでは朝鮮人とともに地域活動をくり広げていた。1963、4年頃からは大牟田市内の朝鮮人集住地区で生活し、日常的に朝鮮人と暮らし始め、1966年に

は東京八王子に転居、日朝協会などで活動し、1987年に亡くなる。この間、金嬉老事件の裁判の証言なども行なっている。

このような上甲の生涯は、朝鮮植民地教育研究者だけでなく、広く植民地研究者に知られるべきものである。しかし、上掲の諸書はすでに入手困難になって久しい。一方、上甲は京城高等普通学校附設臨時教員養成所を卒業した翌年の1922年から日記を付けはじめ、1930年を欠きながら、32巻の日記が残されている。2003年にはこの上甲の日記が学習院大学東洋文化研究所に寄贈され、上甲研究はさらに深まっている。

本書は次のもくじに見られるように、この上甲の生涯を、長女の回想、日韓の歴史研究者による考察、上甲の日記・手紙・写真で綴ったものである。時宜に適した本書により、幅広い人たちに上甲の生涯が親しく伝わることであろう。

もくじ
まえがき

父を語る（上甲まち子）
　　はじめに／生い立ち／大洲時代キリスト教入信の頃／教員養成所時代／咸安公立普通学校時代／兵士時代／冶炉公立普通学校時代／昆明時代／『新興教育』・治安維持法違反による検挙／西大門の刑務所時代／出所後・晋州時代／北海道時代／戦後・パージ・紙芝居屋さん／上京して／おわりに

在朝日本人教師上甲米太郎の反帝国主義教育労働運動（李俊植）
　　はじめに／教育者の道／キリスト教信者からマルクス主義者へ／教育労働運動の構想／おわりに

在朝日本人の日常生活—上甲米太郎日記を読む（辻弘範）
　　はじめに／上甲米太郎日記との出会い／上甲米太郎について／上甲米太郎に対する評価／上甲米太郎日記を読む（一）日記の状態など／（二）本文を読む／おわりにかえて

上甲米太郎の問いかけるもの（樋口雄一）
　　はじめに／植民地支配を告発する上甲／キリスト教と人を愛すること／三・一運動の脚本を書く／治安維持法違反容疑での逮捕経過と西大門刑務所での経験／太平洋炭鉱から三井三池炭鉱へ／上甲の戦後活動と朝鮮人／まとめ

あとがき

資料
　　上甲米太郎日記（部分）
　　教育労働者組合事件の判決
　　事件の経過概要／被告の身上調査、其思想／証拠物其他（上甲米太郎が交わした手紙）
　　新興教育研究所事件判決
　　読書歴
　　年譜

　なお、2011年に刊行された日本コリア協会・愛媛『植民地朝鮮と愛媛の人びと』にも「第2部　朝鮮に生きた愛媛の人びと」として日本コリア協会・愛媛会員　澄田恭一による「植民地教育と戦った日本人教師　上甲米太郎」が収められている。

（大月書店、2010年）

# VI. 彙報

2011年1月から2011年12月までの本研究会の活動を報告する（文中、敬称略）

（1）組織・運営体制

本研究会には、会則7条によって本『年報』奥付に記載の役員が置かれている。運営委員の任期は3年、『年報』編集委員の任期は2年である（第9条）。本年は編集委員が交代する年にあたった。運営委員は任期中であり職務を継続した。

　　　代表：西尾達雄
　　　運営委員
○書記・通信部：（議事録・通信・WEB更新支援）井上薫・北川知子
○企画・編集部：（年報編集・叢書計画案・シンポ企画等）弘谷多喜夫・前田均
○研究・資料部：（年次研究テーマ（科研）、定例研究会等）田中寛・渡部宗助
○宣伝・販売部：（年報の販路拡大など）小黒浩司・松浦勉
　　　　事務局長：（総務・渉外・各部との連絡調整）白柳弘幸
　　　　事務局員：（HP担当）山本一生／（研究業績作成）小林茂子
　　　　　　　　　（会計）合津美穂／（会計監査）清水知子・陳虹彣
　　年報編集委員会：（委員長）佐野通夫
　　（委員）岡部芳広・黒川直美・弘谷多喜夫・前田均

尚、佐野通夫会員が年報編集委員長に就くため研究部員を離任し、後任に中川仁会員。また、次年度研究大会が岡部芳広会員の勤務校（相模女子大）で開催されるため、事務局長と連絡を取り合うため事務局長補佐とし、運営委員会に出席することが了解された。

　本年の主な活動は以下の通りである。
　1）研究会総会（年1回、研究大会時に開催）
　　2010年6月18日（土）こども教育宝仙大学
　2）運営委員会（研究大会準備、日常的会務のために2回開催）
　　①6月18日（土）こども教育宝仙大学（第14回研究大会準備等）
　　②10月15日（土）大東文化大学大東文化会館（第14回研究大会準備等）

3）研究部（研究例会を1回開催、企画、運営）
①10月15日（土）大東文化大学大東文化会館
4）編集委員会
　本年は編集委員交代の年であった。例年3月の研究大会時に新編集部が発足し運営にあたるが、今年は3月11日の大震災のため研究大会を6月開催とした。編集委員人事は3月の総会で承認を得るべき事項であるが、総会が開催されなかったため例外的に運営委員会のみの承認とし、6月の総会で正式承認を得た。運営委員会承認後3月末から新メンバーで活動を開始した。本年は、委員会は開催せず編集委員専用メーリングリストを開設し、メールにて業務を行った。

(2) 第14回研究大会の開催

　第14回研究大会は当初2011年3月26日（土）から27日（日）、中京大学（名古屋市）で開催される予定であった。しかし、3月11日に発生した東日本大震災による被害が首都圏の電力供給をマヒさせ、関東地方各地で計画停電がおこるという事態となった。開催を2週間後に控え、開催地の名古屋市に向かう首都圏の交通機関にどのようなことがおこるか予測できなかった。参加者の多くが首都圏在住であることを考慮し、中京大での開催を中止し、6月18日（土）20日（日）こども教育宝仙大学（東京都中野区）で行うことになった。
　1日目は午後1時半から5時過ぎまで「植民地と新教育—1920年代を中心に—」のテーマでシンポジウムが開催され会員内外約30名が参加した。シンポのパネラーとして台湾の研究から岡部芳広会員、朝鮮の研究から韓炫精会員、満洲の研究から山本一生会員の各氏が発表。司会及びコーディネイターは佐藤広美会員が担当。3氏から台湾、朝鮮、満洲で発行された「教育会雑誌」等にどのような新教育関連の記事がとりあげられていたかについて紹介され、討論が行われた。シンポ終了後、総会を行い、その後、懇親会が地下鉄丸の内線中野坂上駅近くの韓国料理店にて行われた。
　2日目は午前9時から午後1時近くまで6名の会員による「自由研究発表」が行われた。中京大開催で進めていた時の発表予定者は4名であった。その後、研究大会が6月の開催となり、例年行われている6月定例

会での発表を予定していた会員もいると予想し、発表者の再募集を行った。結果下記の 6 名が発表した。

1) 黒川直美（専修大学大学院博士課程単位取得中退）：「『満洲国』就学者数の推移とその分析」

2) 宋　群（大東文化大学博士後期課程）：「関東州における日本語教育—初等教育（1919～1928 年）を中心に—」

3) 本間千景（仏教大学・京都女子大学非常勤講師）：「1930 年代農村更正計画と社会教育—嶺南明徳会編『簡易農村教本』を中心に—」

4) 葉　慧君（大東文化大学大学院日本語言語文化専攻博士後期課程）：「日本統治時代における『台湾人』の日本語の使用状況について—アンケートから見る言語生活を中心に—」

5) 藤森智子（田園調布学園大学）：「日本統治下台湾の『国語講習所』の教育 —新竹州関西庄の事例から—」

6) 金　志善（東京大学大学院人文社会系研究科）：「東京音楽学校の内地での機能と台湾における中等音楽教員」

(3) 第 15 回研究大会の準備

　研究大会は近年、首都圏とそれ以外の都市で隔年開催している。2010 年 10 月 30 日の運営委員会において、第 15 回研究大会開催を 2012 年 3 月 17 日(土)、18 日(日)の 2 日間、神奈川県相模原市にある相模女子大学で開催したい希望を岡部芳広会員に打診。大学側の施設利用の許可を得た。

　シンポジウムについては運営委員会で相談し、本年度シンポジウム「植民地と新教育—1920 年代を中心に—」との連続性をとらえるため「植民地と新教育—1930 年代を中心に—」という提案が出され、了承された。パネラーとして台湾の研究から林初梅氏、朝鮮の研究から尹素英氏、日本の研究から永江由紀子氏の案が出された。後日、3 氏とつながりのある会員が打診し了解を得た。また、コーディネイターは佐野通夫会員が行うことになった。

(4) 年報『植民地教育史研究年報』の発行について

　第 13 号『植民地と児童文化』を皓星社から 2011 年 3 月 30 日付で出

版した。特集は前年度、こども教育宝仙大学で行われたシンポジウム「植民地と児童文化」であった。この他、研究論文1本、研究ノート、研究資料、旅の記録、書評、気になるコトバ、研究活動報告、彙報で構成した。

(5)「研究会通信」の発行

研究会通信「植民地教育史研究」は、第34号（2011年3月8日付）、第35号（2011年5月25日付）、第36号（2011年9月25日付）の3号を発行した。

第34号では、中京大学で行われる研究大会シンポジウム趣旨、同自由研究発表の紹介、『年報』第13号の紹介等について掲載した。第35号では、こども教育宝仙大学で行われることとなった研究大会シンポジウムのお知らせ、同自由研究発表の紹介、『年報』第13号の紹介、『年報』第14号の原稿募集等について掲載した。第36号では、第26回定例研究会の案内、第14回研究大会・総会の報告、新入会員の紹介、会員研究業績等について掲載した。

(6) 科研進捗状況

平成18～平成20年度科学研究費補助金「日本植民地・占領地の教科書に関する総合的比較研究—国定教科書との異同の観点を中心に—」の後を受けて採択された、平成22～平成24年度科学研究費補助金「日本植民地・占領地教科書と『新教育』に関する総合的研究～学校教育と社会教育から」の2年目にあたる。本科研には会員有志二十数名が参加している。本年度は中間年にあたり、資料収集と資料文献の整理を活動の中心とし、都内の大学等で2回会合を持った。各自の研究進捗状況、問題設定、目次構成について報告が行われた。

(7) 定例研究会の開催

10月30日（土）午後2時より、こども教育宝仙大学にて第25回定例研究会が開催された。発表者は5名。内4名が留学生であった。定例研究会は例年2回開催しているが、前述のように3月11日の東日本大震災のため3月の研究大会を6月の定例研究会時に開催したため、定例会は10月の1回のみの開催となった。

(8) その他

　運営委員会及び年報編集委員相互の日常の諸連絡や相談事については それぞれのメーリングリストによって行われている。

（事務局長　白柳弘幸）

編集後記

　2011年の3月11日から1年になる。あの日からこれまで、ほんとうにいろいろなことがあった。本研究会の研究大会も、3月末に名古屋で予定されていたが延期され、6月に東京での開催となった。本研究会会員には、東北の大学に勤務している研究者や、在学している学生もおり、無事だということがわかるまでしばらく時間がかかったが、皆無事で何よりであった。中には台湾からの留学生もいたが、郷里のご家族の胸中はいかばかりであっただろうか。台湾もしばしば地震にみまわれる土地であるが、かの留学生もさぞや驚いたことだろう。台湾での地震といえば、近いところでは1999(平成11)年9月21日の「921大地震」と呼ばれるもので、今でも台湾の友人たちとの話のなかで、「921のとき自分は……」などというフレーズをしばしば耳にする。この地震は中部を中心としたものでマグニチュード7.6ということだが、1935(昭和10)年4月21日にもマグニチュード7.1の地震が起こっている。この地震でも台湾中部は大きな被害を受けたのだが、このときにおこったとされる出来事が、「美談」として日本の国語の国定教科書に掲載されている。崩れた家屋の下敷きとなって命を落としたとされる、公学校三年生の詹德坤(せんとくこん)は、息絶えるまで決して台湾語を口にせず「国語」をしゃべり、君が代を歌いながら亡くなっていったという「君が代少年」である。この件については村上政彦氏の『「君が代少年」を探して』という新書に詳しいが、総督府による植民地教育と、それを巧みに利用する文部省との連携が「見事」である。今回の震災で台湾は、200億円を超える義捐金を集めてくれた。植民地期の台湾と日本、そして現在の台湾と日本、それぞれにおける事実から、将来の日本と台湾との関係をどう描いていくのか、自分なりに考えてみたい。台湾の皆さんに感謝の気持ちを表しますとともに、被災された方々に心からお見舞い申し上げます。
　　　　　　　　　　　　　　　(岡部芳広)

　本書の各所にも散見されるように、2011年3月11日の地震は私たちにとって未曾有の体験でした。日本植民地教育史研究会においても、「彙報」にあるとおり、大会を延期するという事態にいたりました。「通常」ならば、この大会で新しい編集委員会を組織し、その年度の年報の制作に取りかかるのですが、大会が開催されず、暫定的に運営委員会の決定で新しい編集委員会を組織し、私が委員長の役を仰せつかることになりました。

　大会が開催されていないということは、委員会の集まりも持てないということです。かつて「出向くより電話で済ます便利な暮らし」という電電公社の宣伝がありました。今は「集うよりメールで済ます便利な暮らし」なのかもしれませんが、やはり一堂に会して、知恵を出し合って、ことを進めていくのと、誰かが発案し、メールで同意を得て、進めていくというのでは知恵の出方が違います。ましてや、私は本年報の編集に携わるのは初めての経験。編集委員だけでなく、代表や運営委員の知恵もお借りしながら、なんとか原稿募集等に取りかかりました。喜ばしいことに7本の研究論文の投稿があり、査読の結果、6本が掲載となり、ごらんの通りの立派な年報となりました。研究論文の投稿が多かったために、「気になるコトバ」は休載しました。「気になるコトバ」を楽しみにされていた方には申し訳ありません。

　本年報への投稿は事前に大会、研究会での報告を義務づけてはいませんが、ぜひ研究会等の場での他の会員の意見も参考にして、よい投稿がなされることを期待しています。

　来年度は、運営委員の選任時期であり、運営委員は3年、編集委員は2年という任期の違いから、編集委員会にも若干の人員の交代が予想されます。投稿くださった方々、編集委員をお引き受けくださった方々、そして編集担当の皓星社・晴山生菜さん、今の困難な出版事情の中で本年報の出版を引き受けてくださる藤巻修一社長に感謝します。
　　　　　　　　　　　　　　　(佐野通夫)

著者紹介

有松しづよ
志學館大学専任講師。教育史専攻。「植民地朝鮮の大和塾と日本語教育」(『国際教育文化研究』9、2009)、「日本統治末期の朝鮮女性と日本語教育」(『飛梅論集』9号、2010)など。

李省展
恵泉女学園大学・大学院。「『文化政治』と朝鮮―1920年代を中心として」(趙景達編『植民地朝鮮―その現実と解放への道』、東京堂、2011、9)、「キリスト教と社会―ミッションスクールとナショナリズム」(『東アジア近現代通史―アジア研究の来歴と展望』別巻、岩波書店、2011、9)、「帝国・近代・ミッションスクール―ピョンヤンにおける「帝国内帝国」と崇実学校―」(駒込武・橋本伸也編『帝国と学校』、昭和堂、2007、4)、『アメリカ人宣教師と朝鮮の近代』(社会評論社、2006、1)。

岡部芳広
相模女子大学准教授。1963年、大阪市生まれ。神戸大学大学院総合人間科学研究科博士後期課程修了。博士(学術)。台湾近現代音楽教育史専攻。『植民地台湾における公学校唱歌教育』(明石書店、2007)、「台湾の小学校音楽教育における1962年改訂国民小学音楽科課程標準の意味」(『音の万華鏡 音楽学論叢』藤井知昭・岩井正浩編、岩田書院、2010)。

黒川直美
主婦。専修大学博士課程単位取得中退。専門は中国史。満洲国期の教育について研究を進めている。

小林茂子
中央大学・非常勤講師。沖縄移民教育史、社会科教育。『「国民国家」日本と移民の軌跡―沖縄・フィリピン移民教育史』(学文社、2010)、「占領期沖縄における農林高等学校拓殖科の役割とその意義―拓殖科設置から廃止までの経緯を通して―」(『日本の教育史学』第53集、2010)。

佐藤広美
東京家政学院大学教授。1954年。日本近現代教育思想史、博士(教育学)。『総力戦体制と教育学』(大月書店、1997)、『興亜教育 全8巻』(監修、緑陰書房、2000)、「国定国語教科書と植民地」『植民地言語教育の虚実』(皓星社、2007)など。

佐藤由美
埼玉工業大学人間社会学部教授。教育史専攻。日本統治下台湾・朝鮮における教育政策とその実態について研究を進めている。最近の研究に『日本植民地教育政策史料集成(台湾篇)』第6集、解題「日本統治期台湾における各種教科書の編纂」(龍渓書舎、2008)、「日本統治下台湾からの工業系留学生―林淵霖氏の場合―」(埼玉工業大学人間社会学部紀要8号、2010)、『教育人間科学の探求』所収「植民地教育令の理念と制度―朝鮮教育令の制定をめぐって―」(学文社、2011)がある。

佐野通夫
こども教育宝仙大学教員。1954年生まれ。教育行政学。『子どもの危機・教育のいま』(社会評論社、2007)『日本植民地教育の展開と朝鮮民衆の対応』(同、2006)、『アフリカの街角から』(同、1998)、『＜知＞の植民地支配』(編著、同、1998)、『近代日

本の教育と朝鮮』(同、1993)。

白柳弘幸
玉川大学教育博物館　日台近代教育史・自校史（玉川学園史）。「台湾の博物館における教育事情の調査」(『玉川大学教育博物館紀要』8号、玉川大学教育博物館、2011、3)。「台湾国民学校期修身教科書教材「心を一つに」についての一考察―「誉れの軍夫」の修身教科書教材採用経過―」(『帝国日本の展開と台湾』創和堂出版、2011、4)。

西尾達雄
北海道大学教員。朝鮮近代学校体育政策、スポーツ政策を中心に研究。現在「植民地における教育とスポーツ」に関心を持っている。『日本植民地下朝鮮における学校体育政策』(明石書店、2003)、『身体と医療の教育社会史』(共著、昭和堂、2003)。

芳賀普子
1941年仙台生まれ。2010年一橋大学大学院言語社会研究科博士課程卒。朝鮮戦争時北朝鮮人民軍動員についての論文で博士（学術）。一橋大学言語社会研究科特別研究員。出版会社自営。

韓炫精
東京大学大学院基礎教育学研究博士課程。日本女子大学非常勤。児童教育史・教育のメディア専攻。「植民地期朝鮮における子ども雑誌研究」(教育学会発表、2008)、「解放後韓国における教育史学の変遷」(『教育学会特別課題委員会報告書』2009)。

弘谷多喜夫
浜松学院大学短期大学部教員。1942年山口県生まれ。専攻：教育史。研究テーマ：近代国民国家と植民地教育、近代教育学理論の再構築。最近の論文：国立中央図書館台湾分館編印『台湾学研究国際学術研討会：殖民與近代化　論文集』掲載「戦後（1945－92年）における台湾の経済発展と教育：世界史における近代植民地支配の遺産と関わって」。

藤森智子
田園調布学園大学。「日本統治下台湾の「国語講習所」における日本語教育－新竹州「関西庄国語講習所」の教案・日誌（1937）から－」『日本語教育史論考第二輯』冬至書房、2011年6月、〈1930年代国語講習所教科書《新国語教本》之分析〉国立中央図書館台湾分館《台湾学研究》第11号、2011年6月、「日本統治下台湾における国語普及運動－「国語講習所」をめぐる総督府の政策とその実際（1930－45）－」慶應義塾大学大学院法学研究科博士論文、2011年2月。

松岡昌和
一橋大学大学院言語社会研究科博士後期課程／日本学術振興会特別研究員（ＤＣ）。1979年生まれ。専門は歴史学。研究テーマは日本占領下のシンガポールにおける文化政策。「日本軍政下シンガポールにおけるこども向け音楽工作」(『アジア教育史研究』18、2009)。

山本一生
1980年生まれ。日本学術振興会特別研究員（ＰＤ）。主な業績「戦前期山東省青島における近代学校形成に関する研究」(東京大学、博士論文、2011)、「帝国日本内を移動する教員」(『日本の教育史学』52号 2009)など

CONTENTS

Forward .... NISHIO Tatsuo

I. Symposium: Colonies and 'New Education'—Mainly on 1920's—

Conference Purpose .... SATO Hiromi

The Trend of New Educational thought; an Analysis on "Nanman Kyoiku (South Manchuria Education)" .... YAMAMOTO Issei

New Education on 'Taiwan Kyoiku' and 'Dai-ichi Kyoiku' .... OKABE Yoshihiro

New Education in Colonial period of Korea -based on the Articles about Language Teaching Method of <Bunkyo no Chosen> .... HAN HyunJung

II. Research Papers

Social Conduct in the National Language Training School in Taiwan Under Japanese Rule —A Case Study of the Journal of Guanxi-zhuang National Language Training School(1937) in Hsinchu .... FUJIMORI Tomoko

Study of the Biographies in the Primary Textbooks in Colonial Period of Korea
.... HAN HyunJung

"Koukokushinminka" of Korean Mothers in the Colonial Korea and Education of Kokugo
.... ARIMATSU Shizuyo

Change of the Number of the Elementary School Attendance in " Manshu-koku'
.... KUROKAWA Naomi

"Intellectuals" in Singapore under Japanese Occupation: A Consideration of Their Involvement in a Newspaper for School Children .... MATSUOKA Masakazu

Problems on "Geography Textbook" for Ko-gakko in Japanese Southern Islands : in Relation to Mandate .... KOBAYASHI Shigeko

III. Research Material

School Experience of the First Generation Koreans in Japan: a Case of LEE Unjik
.... LEE Sung Jeon, SATO Yumi, HAGA Hiroko

Obara Kuniyoshi's Instructional Activities of New Education in Japanese Colonies
.... SHIRAYANAGI Hiroyuki

IV. Field Work Report

Research of Colonial School Education in Taiwan (No.4) ··· SHIRAYANAGI Hiroyuki
Memories of Elite Korean Students Inducted into the Japanese Army ··· HAGA Hiroko

V. Book Review

INABA Tsugio; The History of Colonial Education Policy in Korea : A Re-Examination
.... SATO Yumi

KOKUBU Mari; History Education in Colonial Korea ·························· SATO Hiromi

VI. Book Recommendation

SASAGAWA Norikatsu, KIM Seung-il, and NAITO Mitsuhiro; The Actual Condition of Colonial Rule of Japan, and the Atonement for the Past ···················· NISHIO Tatsuo

David Der-wei WANG; The Lyrical in Epic Time: On the Music and Poetry of Jiang Wenye
.... OKABE Yoshihiro

ABA Hiroshi; A Collection of Historical Materials of Educational Policy in Japanese Colony (Volume of Taiwans) Vol.95 ~ Vol.106 ······································ HIROTANI Takio

JOKO Machiko et al.; JOKO Yonetaro–A Teacher Lived with the Children of Colonial Korea
.... SANO Michio

VII. Miscellaneous ·· SHIRAYANAGI Hiroyuki

Editor's Note ·····································OKABE Yoshihiro, SANO Michio
Authors ···

植民地教育史研究年報 第14号
Annual Reviews of Historical Studies of Colonial Education vol.14

植民地・こども・「新教育」
Colonies・Child・'New Edication'

編集
日本植民地教育史研究会運営委員会（第Ⅴ期）
The Japanese Society for Historical Studies of Colonial Education

代　　表：西尾達雄
運営委員：井上薫・小黒浩司・北川知子・白柳弘幸・田中寛・
　　　　　弘谷多喜夫・前田均・松浦勉・渡部宗助
事務局長：白柳弘幸
事務局員：小林茂子・合津美穂・山本一生
第14号編集委員会：佐野通夫（委員長）・岡部芳広・黒川直美・
　　　　　弘谷多喜夫・前田均
事務局：玉川大学教育博物館研究調査室
〒194-8610 東京都町田市玉川学園6-1-1
TEL 042-739-8656
URL http://colonialeducation.web.infoseek.co.jp
E-mail：hiroyukis@tamagawa.ed.jp
郵便振替：００１３０−９−３６３８８５

発行　2012年3月17日
定価　2,000円＋税

発行所　　株式会社 皓星社
〒166-0004　東京都杉並区阿佐谷南1-14-5
電話：03-5306-2088　FAX：03-5306-4125
URL http://www.libro-koseisha.co.jp/
E-mail：　info@libro-koseisha.co.jp
郵便振替　00130-6-24639

装幀　藤林省三
印刷・製本　㈲吉田製本工房

ISBN978-4-7744-0468-4 C3337